普通高等学校
应用型教材
·新闻传播学·

陆佳怡 / 著

新闻学基础
历史与理论

THE BASIC ELEMENTS
OF JOURNALISM

中国人民大学出版社
·北京·

写在前面

写作本书的原动力是“新闻历史与理论”课程的讲授。2015 年秋，我被学院安排给大一非新闻学专业本科生上 4 学分的基础史论课程“新闻历史与理论”。这是一门“厚重”的、令师生都有点“头疼”的课程。为什么这么说，原因在于，这门课程涵盖了国内新闻传播院系普遍开设的“中国新闻史”“外国新闻史”和“新闻理论”三门新闻学核心课程的内容，而且必须在学生刚入学的大一上学期用 64 学时讲授完，这对于入职不到一年的我而言，确是“重任”。

在接下这门课的讲授任务后，我经过整整 5 轮的备课、讲授与调研，讲课思路逐渐清晰，课程大纲日渐成熟。其间，我购买并阅读了大量新闻史论类教材、专著和译著，受其启发，我尝试按照人类新闻活动的历史演进为基本脉络，将重要的理论知识点穿插进特定的历史时期，根植于具体历史情境阐释核心理论的内涵、实践与现实意义，这也成为了本书的特点，可以归纳为：

第一，中外融通。本书的整体框架因循人类新闻活动发展的历程，以人类社会产生以来的新闻传播活动为源头，追溯和讲述基于不同媒介（语言、文字、印刷、电子）的新闻传播活动。其中，会涉及新闻传播活动背后的政治、经济与文化等诸多影响因素，旨在为学生提供更丰富的知识图景。与以往的书写不同，本书在讲述口头新闻、手抄新闻和印刷新闻的发展历程时，基于新闻信、新闻书和新闻纸的发展脉络，将中国古代新闻传播活动纳入其中，让学生用比较的眼光来看待中外新闻历史的发展、断裂与接续问题；在讲述五四以降中国新闻业和新闻教育时，引介当时国内知名报纸和知名报人的国际交流，分析美国密苏里新闻教育模式对初创的中国新闻教育的影响，真正做到中外融通。

第二，史论结合和论从史出。本书内容包含史实和史论两个方面。史实，即人类新闻活动发生、发展的实际过程，其中包括重要新闻事件、重要新闻人物、新闻媒介和新闻制度；史论，即对人类新闻活动发展历程的分析和评述，概括某段历史进程中的核心理论知识点，揭示历史发展的内在规律。比如，本书在讲述西方主要国家历经革命、确立言论出版自由的史实后，分析了新闻出版自由概念的历史演进过程，进而评述西方主要国家新闻出版自由实践的局限性。在本书中，如果把史实维度的人类新闻活动历程看成一条直线的话，那么史论维度的核心理论知识点，比如新闻出版自由、新闻真实、新闻客观，就是标示于这条直线的重要节点。史论结合、论从史出，旨在让学生从人类新闻活动的演进中理解理论知识点，形成自己的观点，增长智慧。

2019 年，在讲授完 5 轮“新闻历史与理论”课程后，我着手写作本书。7 月，我主动联系了中国人民大学出版社翟江虹老师，提交了出版此书的论证报告，翟老师很快给予了回复，并相约在人大社面谈。在面谈过程中，我详细介绍了写作此书的动因，以及当时已经开始的针对“新闻历史与理论”课程的线上线下混合式教学改革的想法。经过商讨，最后决定此书的写作和出版与实际课程的教改相配合，书名定为“新闻学基础”。2019 年底、2020 年初突发的新冠肺炎疫情使得春季学期的课程全部改为线上教学，这也“逼迫”我立刻开展混合式教学改革。在这年春季学期的“外国新闻史”课程中，我采用慕课＋直播的方式，开始探索新闻传播学基础课程的混合式教学模式。疫情期间的线上教学节约了很多通勤时间，2020 年上半年，我大致完成了本书初稿。2020 年秋季学期，基于春季学期的混合式教学尝试和书稿的写作，全新的混合式课程“新闻学基础”正式首轮开课。与此同时，随着线下课堂的恢复，加上承担了较为繁重的科研、学科建设等任务，书稿又被搁置一旁。

2021 年寒假直至春末，我将本书初稿进行了整体性修订和完善，7 月中旬将终稿交付出版社。其间，我的学生张子晗、耿婉桐、戴嘉慧和马如玥作为第一批读者，既认真阅读了全书，给出修订意见，还协助我完成了注释和索引工作。2022 年寒假，我收到了本书责任编辑陈希老师的反馈意见。陈老师细致地列出了疑问列表，我查阅相关史料，一一核对和修订。在这个过程中，我的博士同学涂凌波和胡睿在阅读完书稿后，也给出了中肯的修订建议，在此一并感谢。

作为一名教学一线的高校教师，在媒介技术快速迭代发展、新闻样态日益多元的当下，面对作为互联网原住民的“00 后”群体，对于如何讲好新闻传播学科的基础课程，我时常感到“压力山大”。不过，通过讲授这门“厚重”的课程，我也掌握了基本的应对方法：面对变化，回到历史情境中去找源头、找原理，让学生在回溯人类新闻活动历程中打开视野，进而获得在数字时代应对新闻业态诸多变化的学科底气。

陆佳怡

2022 年 2 月 27 日于北京金台路

目录

CONTENTS

第一章

口头新闻与手抄新闻

【本章学习要点】

1. 了解语言和文字的传播特点。
2. 理解并掌握口头新闻和手抄新闻出现的媒介基础与时代背景。
3. 理解并掌握口头新闻和手抄新闻具体个案的特点与历史意义。

第一节 口头新闻

大约 10 万年前，语言产生，被认为是人类社会第一次信息革命的标志。语言的产生，使人类可以更加明确、复杂且抽象地表意。自从有了语言，人类便开始讲述从来没有看过、听过和接触过的事物，具有了“讨论虚构故事”的能力。这种“虚构”能力的重点不只是人类能够进行“想象”，更为重要的是能够进行共同“想象”，这种“想象”为人类的大规模合作奠定了基础。

回看人类历史长河，可以发现，无论传播技术发展到何种高度，语言依然是承载信息的主要载体。语言的出现满足了人类与生俱来的表达与诉说的需求，也为口头新闻传播奠定了基础。但是，建立在语言基础上的口头新闻传播稍纵即逝，相关史料难以保存。口耳相传的口头新闻准确性不足，传播的广度也十分有限。“长跑者和旅行者可以将国王的死讯传到三百英里①之外，但这肯定已是口头传播的极限。”②

表 1-1 以时间为序简要总结了语言与文字的形成。

表 1-1　语言与文字的形成

约公元前 10 万年	约公元前 4 万年	约公元前 8000 年	约公元前 3100 年
智人出现，语言形成	美洲出现人类定居点，新闻主要通过口头传播	农业形成，出现更稳定的社会。集会场、旅行、信使、喊叫者、烽火和鼓成为新闻传播的辅助手段	出现已知最古老的书写体系：美索不达米亚乌鲁克王朝的泥板文书和埃及人的象形文字。人类开始用符号表示语言

资料来源：斯蒂芬斯．新闻的历史：第 3 版［M］．陈继静，译．北京：北京大学出版社，2014：1.

一 长跑者-信使

公元前 490 年，古希腊战士菲迪彼德斯（Pheidippides）从马拉松一路跑回雅典，给雅典人带来了希腊军队在与波斯军队的激战中获胜的消息。菲迪彼德斯全程跑了约 42 千米，宣告完消息后，便力竭而死。后来，希腊人为了纪念这位战士的壮举，在 1896 年举办首届现代奥林匹克运动会时设置了马拉松项目，全程距离即为菲迪彼德斯当时所跑的千米数。

在世界的另一端，美国亚利桑那州的霍皮族（Hopi）印第安人至今仍保留着每年秋季举行长跑比赛的习俗。这一习俗可以追溯至 1 000 多年前，当时北美的印第安人族群中，有一些人被称为庆典长跑者（ceremonial runners）。他们的主要任务是在部落与部落之间传递消息，尤其是当部落之间发生冲突、战争即将爆发之际，这些长跑者作为信使（messenger），起到了发布信息、建立联盟关系的作用；此外，他们还会以奔跑的方式，即“身与心参与庆典活动”，祈祷来年风调雨顺、谷物满仓。③

二 喊叫者

在普通公众不具备读写能力的时代，欧洲、北美洲、亚洲和非洲的村落里都曾有

① 1 英里约合 1.6 千米。

② 斯蒂芬斯．新闻的历史：第 3 版［M］．陈继静，译．北京：北京大学出版社，2014：23.

③ Hopi Culture Preservation Office. Running in Hopi History and Culture［EB/OL］.（2012-02-09）［2020-06-16］. https://jan. ucc. nau. edu/hcpo-p/running. pdf.

这样一类人：他们经常手持摇铃，每天早晚奔走于村落各处，向村民宣告来自村落首领的指令。这类人被称为“喊叫者”（criers），他们是部落首领的发言人，传递和发布各种指令、消息。比如，在美国中西部的温纳贝戈族（Winnebago），部落首领严格组织的各项活动，会在每天早晚经由喊叫者传达给村民。村民们通常会根据喊叫者发布的命令行事，喊叫者一定程度上起到了增强部落凝聚力的作用。①

除了发布政令，喊叫者还经常发布广告、号召集会。13 世纪的法语诗《巴黎的喊叫者》（Les Crieries de Paris）中，描述了喊叫者如何在巴黎各个街区高声传递讣闻、皇室条令和新鲜葡萄酒上市的消息。② 在印度东北高地的卡西族（Khasi），面对村民之间的争端，喊叫者通常会等到天黑所有村民回家后高声宣布消息：“喂！各位乡亲、老少爷们儿、老爷子、小伙子、半大小子、小小子……大家注意了！现在有一场争论。喂！为了……我们要齐聚一堂。喂！为了……我们要认真商议……”③ 村民们便会聚集起来，共同商讨如何解决争端。

鉴于喊叫者身份的特殊性，他们通常会受到法律保护。据称，在英格兰，对喊叫者做出任何不法举动都会被视为是对国王的不敬，重者甚至会被视为“叛国”。④

三 吟游诗人

在口头新闻传播时代，除了传递官方信息的信使、充当部落首领发言人的喊叫者之外，还有一类典型的口头新闻传播者——吟游诗人（bard）。他们通常会在某些人的资助下，以诗歌的形式，吟唱资助者的善行，或是追忆资助者的祖先。这类吟游诗人通常出现在印欧语覆盖的广大地区。⑤ 比如，印度的吟游诗人，“把本地新闻和王室新闻带到一个个村庄”，尤其擅长“用诗歌讲述亲历之事”⑥。在中世纪的苏格兰、爱尔兰和威尔士，假如资助者最后没有兑现其承诺的资金数额，那么吟游诗人就会创作讽刺诗

---

① BIEDER R E. Native American Communities in Wisconsin，1600—1960：A Study of Tradition and Change［M］. Madison：University of Wisconsin Press，1995：39.

② 斯蒂芬斯．新闻的历史：第 3 版［M］. 陈继静，译．北京：北京大学出版社，2014：25.

③ 同②18.

④ BBC News. Top Town Crier to Be Crowned as Hebden Bridge Hits 500［EB/OL］.（2010-08-20）［2020-06-16］. http://news.bbc.co.uk/local/bradford/hi/people_and_places/arts_and_culture/newsid_8931000/8931369.stm.

⑤ WEST M L. Indo-European Poetry and Myth［M］. Oxford：Oxford University Press，2007：30.

⑥ 同②19.

歌，嘲讽资助者。

在文字尚未出现的时代，吟游诗人通过口头传播的诗歌传递着各地的历史风貌、风土人情。

四 咖啡馆

公元 1600 年左右，咖啡传入欧洲。17 世纪 40 年代，威尼斯地区出现了第一批咖啡馆，之后，英国和荷兰相继于 50 年代和 60 年代出现咖啡馆。咖啡提神醒脑，有助于谈话者深入交流。很快，咖啡馆成为人们交换信息的场所。

1650 年左右，犹太人雅各布在牛津开了英国第一家咖啡馆。1652 年，伦敦第一家咖啡馆开门迎客。到 17 世纪末，伦敦已拥有约 550 家咖啡馆。18 世纪，伦敦已拥有成百上千家咖啡馆，顾客们只需花 1 便士就可以买到一浅杯咖啡，围坐在一起，寒暄叙旧、交换新闻。在法国，首都巴黎的第一家咖啡馆“普罗科佩咖啡馆”（Le Procope）于 1686 年开业，1720 年连锁店达到了 380 家，1800 年达到了 800 家。[①]

随着咖啡馆数量的急剧增加，逐渐形成了因地理位置、客人身份的不同而颇具特色的主题咖啡馆。比如，在伦敦，圣詹姆斯教堂和威斯敏斯特周边的咖啡馆是政治家经常光顾的地方；圣保罗大教堂附近咖啡馆的顾客则以教士和神学家为主；文学界人士通常在科文特花园（Covent Garden）的威尔咖啡馆聚集；皇家交易所周围的咖啡馆挤满了生意人，他们在咖啡馆里讨价还价，完成交易。对于当时身处伦敦的人来说，最快了解各个行业最新消息的一个方法，就是一天光顾几个不同主题的咖啡馆。

当然，作为信息交换中心的咖啡馆也逐渐成为流言的发源地。1661 年，牛津的学者开始抱怨，随着咖啡馆的流行，学术研究止步不前，“讨论的尽是基督教会的新闻和风流韵事”[②]，剑桥也好不到哪里去。

1680 年，伦敦便士邮政制度建立。由于当时尚未开始使用门牌号码标示地址，咖啡馆经常被人用作通信地址。人们在取信的时候，通常会顺手买一杯咖啡，顺便聊聊最近的新闻，这进一步确立了咖啡馆作为信息交换与流动中心的地位。

---

① 斯丹迪奇．从莎草纸到互联网：社交媒体 2000 年［M］．林华，译．北京：中信出版社，2015：159.

② 斯蒂芬斯．新闻的历史：第 3 版［M］．陈继静，译．北京：北京大学出版社，2014：26.

五 说书人

在 17—18 世纪，口头新闻除了在咖啡馆等公共场所广泛传播之外，还出现在兴盛于同时期的私人文化空间——沙龙（Salon）中。“沙龙”是意大利语，本意是“大客厅”，传入法国后开始指贵族女性接待名流、学者的聚会场所。

在当时的欧洲优雅女主人的客厅中，既有文化又掌握信息资源的说书人（nouvelliste à la bouche）热情地向沙龙的座上宾分享着自己打听到的各种政治、文学、艺术和社会新闻；与此同时，说书人还主持宾客们交换各自听到的新闻。在巴黎久负盛名的杜布莱夫人（Marie-Anne Doublet）的客厅里，出生贵族家庭的路易·小巴秀蒙（Louis Petit de Bachaumont）充当着说书人的角色。据称，小巴秀蒙还将从杜布莱夫人沙龙中获得的各种新闻搜集起来，编制成新闻信集并出版发行。[①]

在以上五个口头新闻案例中，信使、喊叫者和吟游诗人通过奔跑或游走传递着新闻，光顾咖啡馆的客人和沙龙的参与者分别以加入公共空间和私人空间讨论的方式分享着新闻。其中，信使、喊叫者和吟游诗人可以被看成是人类社会最早的新闻专业人士；在咖啡馆和说书人的口头新闻传播活动中，由于消息来源和传播渠道的多样化，新闻和流言同时存在，犹如当下的社交媒体空间。

第二节 手抄新闻

文字的出现是人类社会第二次信息革命的标志，也是人类进入文明社会的标志。文字的发展，大致经历了两个阶段。大约公元前 3100 年，象形文字出现；公元前 1500 年前后，文字朝两个方向发展：一是继续完善象形文字，使之抽象化，形成现在世界上唯一的现代象形文字体系——汉字；二是原始象形符号逐渐转变为各种以字母为基础的拼音文字体系。[②]

---

① 小巴秀蒙一直被认为是记录 1762—1787 年间法国巴黎上流社会名人轶事的新闻信集 *Mémoires secrets pour servir à l'histoire de la République des Lettres en France, depuis 1762 jusqu'à nos jours*（*Secret Memoirs Serving as a History of the Republic of Letters in France from 1762 until Our Days*）的作者，但是据史料考证，该新闻信集是在小巴秀蒙去世（1771 年）后在伦敦匿名出版的，而且其中记录的很多事件都发生在小巴秀蒙去世之后。

② 陈力丹．世界新闻传播史［M］．3 版．上海：上海交通大学出版社，2016：5.

如果说语言是事物的直接符号，那么文字则是符号的符号。“语言和文字是两种不同的符号系统，后者唯一的存在理由是用于表现前者。”① 相较于语言，文字具有可记录性，伴随着人类的迁徙，可以将信息传递至更远的地方。可以说，文字使传播不再受限于“人”的记忆，文字拓展了信息传播的空间，延伸了信息传播的时间。

最早克服记忆过载问题的是美索不达米亚南部的苏美尔人（Sumerian）。他们在公元前 3500—前 3000 年间发明了一套可以在人脑之外存储和处理信息的系统，这套系统是现存最早的象形符号之一。经分析，这套印在泥板上的象形符号有两种类型，一类代表的是数字，分别表达 1、10、60、600、3 600，以及 36 000；另一类代表的是人、动物、商品、领土、日期等。但是，这套最早的书写体系并未被用于新闻传播和文学创作，而是记录商品、账务和税务等商业信息。目前所能找到的最早被写在泥板上的信息是“29 086 单位大麦 37 个月库辛”。这句话最有可能的解读为：在 37 个月间，总共收到 29 086 单位的大麦，由库辛签核。②

公元前 3000—前 2500 年间，苏美尔文字系统加入了越来越多的符号，由只能部分表意（partial script）的象形符号发展成为能够完整表意（full script）的文字，即楔形文字（cuneiform）（见图 1-1）。

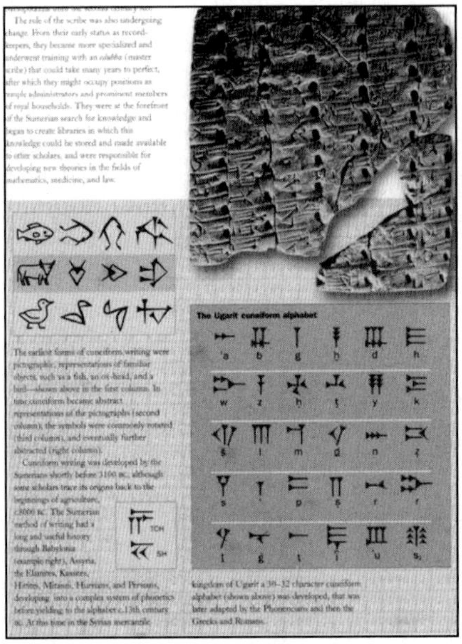

图 1-1　楔形文字

---

① 索绪尔．普通语言学教程［M］．高名凯，译．北京：商务印书馆，1999：47.

② 赫拉利．人类简史：从动物到上帝［M］．2 版．林俊宏，译．北京：中信出版社，2017：121.

楔形文字是在两河流域独特的地理和气候条件的影响下出现的。巴比伦和亚述地区冲积平原的黏土适于造砖，并被做成可供书写的泥板。两河流域还有着大量的芦苇，芦苇秆被削尖后锋利如刀，适于刻写，垂直或斜向运力，同时用力向下压，便可在黏土上留下楔形线条，刻写好的黏土经过暴晒，适宜长期保存。到公元前2500年，国王已经能用楔形文字颁布法令，祭司则用它来记录神谕。差不多同一时间，埃及也发展出另一种能够完整表意的文字——古埃及象形文字。另外，中国在大约公元前1200年、中美洲各地在公元前1000年—前500年间，也都发展出了能够完整表意的文字。

尽管相较于语言，文字具有更强的稳定性，适于远距离传播，但是直到公元前5世纪，在希腊乃至全世界识字的人都还很少。因此，在传播新闻的效果方面，书写还比不上交谈。公元前3世纪，书籍和读者群产生；公元前2世纪时，书籍已趋成熟，但仅流传于极少数受教育阶级；公元前55年，伴随着一批训练有素的抄书人的出现[①]，基于文字的新闻传播逐渐占据主导地位。

一 罗马的新闻

（一）《每日纪闻》

公元前59年，盖乌斯·尤利乌斯·恺撒（Gaius Julius Caesar，公元前100年—前44年）当选为罗马共和国的执政官。事实上，在罗马共和国时期，每年罗马人民大会（Roman Assemblies）[②] 中的百人会议都会选出两名执政官，两人分别拥有否决对方决定的权力，理论上防止了权力滥用。恺撒靠贵族出身和强有力的政治关系，在任期内占据强势地位，另一位执政官马库斯·卡尔普尔尼乌斯·比布卢斯（Marcus Calpurnius Bibulus）则一直处于弱势地位。恺撒当选后，为了打击掌握实权的元老院的贵族派，命令将元老院闭门会议的记录，即《元老院纪闻》（*Acta Senatus*）对外公开，同时创办了现在已知的最早、最著名的“官报”——《每日纪闻》（*Acta Diurna*，也称

---

① 伊尼斯．帝国与传播［M］．何道宽，译．北京：中国人民大学出版社，2003：100－101；伊尼斯．帝国与传播［M］．曹定人，译．台北：远流出版公司，1993：134－135.

② 罗马共和国时期的立法机构，它与罗马元老院是当今西方议会两院制的雏形。罗马人民大会由四个独立的人民会议构成，即区会议、百人会议、部族会议和平民会议。

《罗马平民每日纪闻》)。

> 罗马帝国执政官于公元前1世纪下令颁布官报《每日纪闻》。它是一种手抄布告，公布于罗马和各省公共场所，内容为公民投票、官吏任免、政府命令、条约、战争和宗教新闻等。公元476年西罗马灭亡，《每日纪闻》随之终刊。[①]

据史料记载，《每日纪闻》每天被张贴在古罗马公共广场上，每期只有一份。《每日纪闻》中的“diurna”（每天）一词后来成了英文单词“日报”（journal）和“新闻业”（journalism）的词根。在内容上，《每日纪闻》除了刊载官方信息外，据当时读过的人称，还包括政府公告、法庭新闻、婚丧嫁娶、官方庆典、建筑工程、社会杂闻，以及煽情新闻。尽管内容由官方审定，但是抄录和传播不受限制。因此，尽管没有一份完整的《每日纪闻》留存至今，但我们依旧可以从中世纪教士保存下来的文献中找到《每日纪闻》的内容。

在政治上，恺撒通过公布《元老院纪闻》和创办《每日纪闻》，巧妙地削弱了元老院的神秘性和权威性，巩固了自身的统治地位。

（二）西塞罗新闻信

如果说《每日纪闻》是最早的“官报”，那么流行于古罗马时代的新闻信（newsletter）就是最早的民间“报纸”。诚如李彬教授所述：“新闻信不同于一般的书信，它主要用于向各行省的达官贵人通报罗马的情况，所以它是把地方与中央连为一体的信息纽带。”[②] 在当时众多的新闻信之中，西塞罗新闻信最具代表性。

公元前51年，根据新颁布的反腐败法的要求，古罗马政治家马库斯·图利乌斯·西塞罗（Marcus Tullius Cicero，公元前106年—前43年）不得不离开政治中心罗马，前往偏远的行省担任总督。当时，他被派往西里西亚（Cilicia）[③]。就任后不久，西塞罗就向身处罗马的好友写信抱怨道：“我在一个消息迟迟不到的地方。”因为对于西塞罗而言，只有从罗马的新闻中才能判断自己何时能回到政治中心，这至关重要。之后，西塞罗的朋友政治家凯利乌斯开始给西塞罗写信，向其提供来自罗马的新闻。这些信成为记录两千年前罗马手抄新闻的重要史料。

---

① 中国大百科全书总编辑委员会《新闻出版》编辑委员会．中国大百科全书：新闻出版［M］．北京：中国大百科全书出版社，1990：270.

② 李彬．全球新闻传播史（公元1500—2000年）［M］．2版．北京：清华大学出版社，2009：17.

③ 又译奇里乞亚，位于今土耳其东南部。

从内容上看，西塞罗新闻信主要来源于《元老院纪闻》和《每日纪闻》，同时还收集了罗马广场上的布告、宣言和流言，这导致西塞罗一度向凯利乌斯抱怨收到太多的“闲言碎语”。也正是这些“闲言碎语”，令历史学家开始怀疑凯利乌斯寄给西塞罗的新闻信应该不只服务于西塞罗一人。因为如果专供西塞罗一人阅读，肯定会突出政治新闻，省略其他无关紧要之事。因此，西塞罗新闻信的复本很可能还出售给其他读者。凯利乌斯后来专门花钱雇了一个名叫赫里斯图斯（Chrestus）的抄写人①，他可以被看成是那个时代的职业新闻工作者。

在罗马共和国的最后几十年和之后的罗马帝国时期（公元前 27 年—公元 1453 年），统治者将新闻看成是政治斗争的武器，例如恺撒通过对外公布《元老院纪闻》来削弱当时掌握实权的元老院，努力实现自己掌握绝对权力的野心。就这一点而言，恺撒早就参透了新闻的政治功能。伴随着帝国版图的扩张和人类活动范围的拓展，适于远距离传播的手抄新闻的优势得以凸显。更为重要的是，由传抄《每日纪闻》和民众间传递新闻信构成的手抄新闻传播网络使小型社区逐渐成长为大型国家，将国家强化成帝国——当远在偏远行省的罗马人读到手抄新闻时，便获得或维持了对罗马的认同，进而使社会结构的凝聚力得到了增强。

二 文艺复兴时期的手抄新闻

（一）富格尔新闻信

富格尔新闻信（Fugger newsletters）是指 15—16 世纪由德国知名工商业和银行业家族富格尔家族的两位兄弟屋大维·塞古都斯·富格尔（Octavianus Secundus Fugger，1549—1600）和菲利普·爱德华·富格尔（Philipp Eduard Fugger，1546—1618）所收集的手抄新闻信（见图 1-2）。这些手抄新闻信主要是由熟人和代理人发给富格尔家族，屋大维收集了 1568 年至 1600 年间的新闻信，他去世后，菲利普继承了这一收藏。屋大维的收藏有所遗漏，菲利普则用自己的私人收藏进行补充，同时继续收集新闻信。随着富格尔家族的没落，1656 年，富格尔家族图书馆被出售给皇家图书馆（今奥地利国家图书馆），包括其中珍藏的 1568 年至 1605 年的 15 000 多份富格尔新闻信和 1 000

① 斯丹迪奇．从莎草纸到互联网：社交媒体 2000 年［M］．林华，译．北京：中信出版社，2015：48.

多份其他资料。①

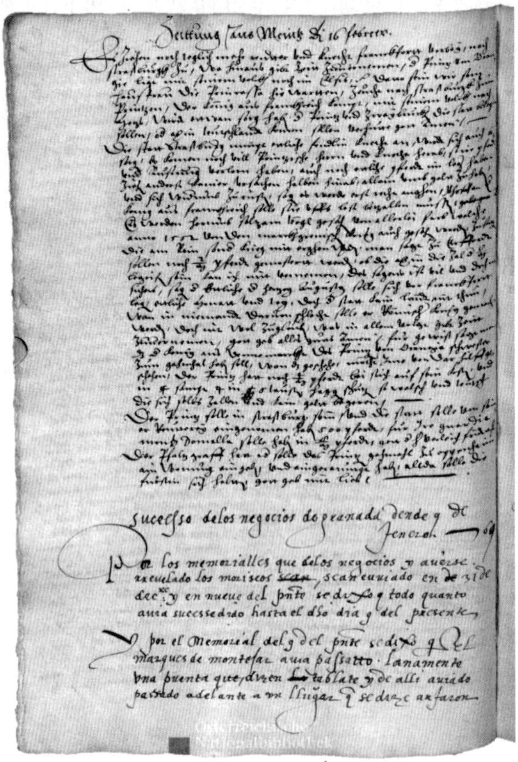

图 1-2 1569 年的富格尔新闻信

资料来源：https://fuggerzeitungen. univie. ac. at/faksimiles/1569? page=.

保存下来的富格尔新闻信上都有日期和发送地点。这些发送地点除了当时欧洲的主要城市外，还有美洲、北非和亚洲的一些城市。新闻信长短不一，有的长达六页，有的短至几行，通常依据话题分段。新闻信所涉及的话题非常广泛，包括政治和军事信息、庆祝活动、宫廷仪式、宗教和忏悔、犯罪和经济信息，在内容结构上类似于现代报纸。这表明，富格尔新闻信不只服务于富格尔家族的商业运营，还满足了他们对时事和社会趣闻的好奇心。

奥地利科学基金会（FWF）资助的富格尔新闻信研究团队发现，富格尔新闻信的抄写者一职并非由专人担任，富格尔家族只是偶尔雇用一些作者，为自己提供新闻信服务。这些作者中有职业作家、罗马教廷驻外大使的秘书、宫廷大臣和远征军参与者。② 从留

①② Fuggerzeitungen. About the Fugger Newsletters [EB/OL]. (2014-05-21) [2020-06-16]. https://fuggerzeitungen. univie. ac. at/en/about-fugger-newsletters.

存至今的富格尔新闻信来看，后期的新闻信的主要发送地点为当时的信息中心——安特卫普、科隆、罗马和威尼斯。而且新闻信的语言逐渐呈现简洁、不偏不倚等特点，类似于现代专业新闻的语言特点。

富格尔新闻信是16世纪最为完整的有偿新闻体系，也是专属于私人的手抄新闻体系，富格尔家族并未把新闻信转售出去，这些新闻只是服务于富格尔家族和商业伙伴。从富格尔新闻信所涵盖的广泛话题可以看出，相较于古罗马时代的西塞罗新闻信，富格尔家族生活在比罗马共和国更广阔的社会中，他们的视野更广阔，这与15世纪末新航路的开辟、海洋贸易的开展和地球村的逐渐形成不无关系。

（二）格塞塔

16世纪地中海地区的威尼斯是世界贸易与信息交换中心，富格尔家族也曾将威尼斯视作重要的信息中心。因为商业与行政管理特别发达，威尼斯成为16世纪初最重要的中心城市，连接着近代新兴世界最活跃的各部分，来自威尼斯以外的商人与外交官将新闻带到了这个繁忙的交通和信息枢纽。在此背景下，威尼斯出现了被后世称为现代报纸先驱的手抄新闻纸（newssheet）——格塞塔（Gazette）[①]。

格塞塔的英文“Gazette”来源于16世纪威尼斯的一种硬币，意大利语写作“gazzetta”（见图1-3）。当时购买一份这样的新闻纸，或者请人当众高声朗读新闻纸，价钱都是一个“gazzetta”，因此这种新闻纸被称为“格塞塔”。此后“Gazette”一词具有了报纸、公报的含义，并经常出现在报刊名称中。比如，英国第一份真正的现代报纸《牛津公报》（*Oxford Gazette*）就使用了这个词。

图1-3　16世纪威尼斯硬币格塞塔

收藏在英国伦敦公共档案馆的格塞塔，既不包含外交信息或私人信息，也没有签

① The Editors of Encyclopaedia Britannica. Gazette [EB/OL]. (2002-08-23) [2020-06-16]. https://www.britannica.com/topic/gazette.

名，显然不是书信。格塞塔的内容主要包括：小道消息、琐事、非官方的民间消息、最近探险的消息、商业广告，以及耸人听闻的犯罪报道、奇迹和巫术等。① 至于这些新闻出自谁手，目前尚无定论：有的历史学家认为格塞塔由政府定期制作，也有的历史学家认为格塞塔的内容大多出自匿名信源，因此其内容的准确性值得商榷。

从形式上看，格塞塔已经具有了一些现代报纸的基本属性。例如它对开 4 页，“是一张以简朴的风格写成的手抄大纸，采用了一些缩写”。尽管没有报头，但是每份格塞塔都包含各种新闻，新闻标题由日期与城市构成，比如：“1566 年 9 月 16 日，来自墨西拿的信息；9 月 26 日，土耳其人在匈牙利的海上行动，来自威尼斯；9 月 28 日，教皇和枢机主教的新闻，来自罗马”。到 1566 年春，威尼斯已经开始出现定期制作的格塞塔（见图 1－4），“每周发行，发行日几乎都是周六”②。

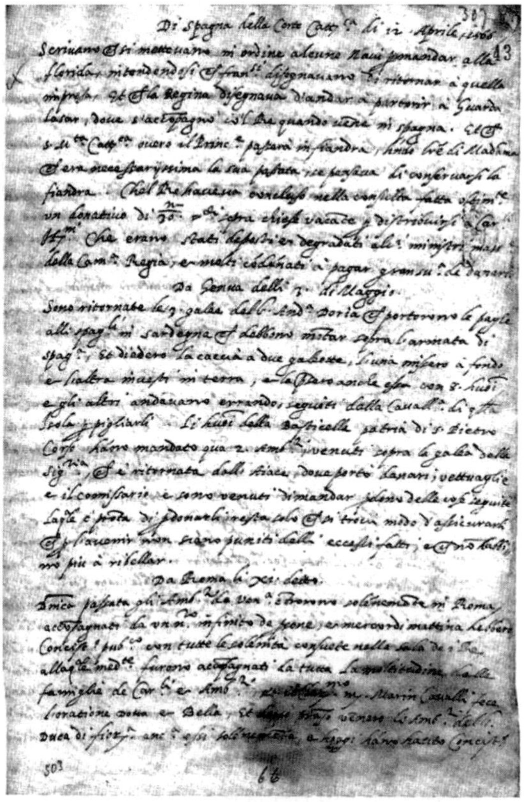

图 1－4　1566 年，威尼斯出现的每周发行的手抄新闻纸

① The Editors of Encyclopaedia Britannica. Gazette [EB/OL]. (2002－08－23) [2020－06－16]. https://www.britannica.com/topic/gazette.

② 斯蒂芬斯. 新闻的历史：第 3 版 [M]. 陈继静，译. 北京：北京大学出版社，2014：104.

尽管威尼斯的格塞塔还不算是真正意义上的报纸，但它直接影响了欧洲其他地方的手抄新闻纸的出现。16 世纪后期，德国、法国、英国和荷兰都开始出现每周定期制作的手抄新闻纸。更为重要的是，格塞塔的制作形式直接影响了印刷时代的来自荷兰的印刷新闻纸——科兰特（Coranto）。可以说，以富格尔新闻信和格塞塔为代表的文艺复兴时期的手抄新闻是手抄新闻传播时代的尾声，现代新闻事业将伴随着大航海时代开启的现代文明而登场。

【推荐阅读】

[1] 斯蒂芬斯．新闻的历史：第 3 版 [M]．陈继静，译．北京：北京大学出版社，2014.

[2] 赫拉利．人类简史：从动物到上帝 [M]．2 版．林俊宏，译．北京：中信出版社，2017.

[3] 斯丹迪奇．从莎草纸到互联网：社交媒体 2000 年 [M]．林华，译．北京：中信出版社，2015.

[4] 索绪尔．普通语言学教程 [M]．高名凯，译．北京：商务印书馆，1999.

[5] 克劳利，海尔．传播的历史：技术、文化和社会：第 5 版 [M]．董璐，何道宽，王树国，译．北京：北京大学出版社，2011.

[6] 伊尼斯．帝国与传播 [M]．曹定人，译．台北：远流出版公司，1993.

[7] 李彬．全球新闻传播史（公元 1500—2000 年）[M]．2 版．北京：清华大学出版社，2009.

【思考题】

1. 在中国，曾出现过哪些类似“长跑者-信使”“喊叫者”“吟游诗人”和“咖啡馆”的口头新闻传播案例?

2. 在互联网时代，是否存在类似“说书人”的口头新闻传播者?

3. 口头新闻与手抄新闻各有哪些特点，两者之间有哪些区别?

【关键词】

《每日纪闻》(《罗马平民每日纪闻》) *Acta Diurna*

吟游诗人 bard

庆典长跑者 ceremonial runners

科兰特 Coranto

喊叫者 criers

楔形文字 cuneiform

富格尔新闻信 Fugger newsletters

盖乌斯·尤利乌斯·恺撒 Gaius Julius Caesar

格塞塔 Gazette

马库斯·图利乌斯·西塞罗 Marcus Tullius Cicero

新闻信 news-letter

手抄新闻纸 newssheet

说书人 nouvelliste à la bouche

《牛津公报》 *Oxford Gazette*

菲迪彼德斯 Pheidippides

第二章

印刷新闻和定期报刊

【本章学习要点】

1. 理解并掌握印刷新闻和定期报刊出现的媒介基础与时代背景。
2. 理解并掌握科兰特的媒介特点与历史意义。

第一节 印刷新闻

在获得西班牙王室的资助、发现美洲大陆之前，哥伦布曾先后找过葡萄牙、意大利、法国和英国的可能投资者，但都被拒绝了。1492 年 10 月 12 日，哥伦布发现美洲大陆，在当时的西班牙，这绝对是个大新闻，这条新闻也以各种方式传播开来。

口头新闻：

1493 年 3 月，哥伦布率领两艘幸存的船回到欧洲，他的惊人事迹也被口耳相传。探险家本人显然做了很多公关工作。他参加宴会庆典，享受贵族款待，前往西班牙宫廷时与巴塞罗那街头欢呼的人群交谈，由此传播了发现新大陆的新闻。①

① 斯蒂芬斯．新闻的历史：第 3 版［M］．陈继静，译．北京：北京大学出版社，2014：55.

手抄新闻：

一封 3 月份送达佛罗伦萨的书信报告了发现新大陆的消息，称那里的居民“一丝不挂，只以树叶遮羞”。哥伦布本人讲述探险的手抄新闻最为详尽。3 月 14 日还在“尼娜号”（Nina）上航行时，他就写了一封（也许是两封）信，寄给西班牙王室。[①]

事实上，早在哥伦布发现美洲大陆之前，已经有人通过陆路到达过美洲。根据现有的史料，最早踏上美洲大陆的是亚洲人：他们徒步穿越了连接西伯利亚与阿拉斯加的冰架，比哥伦布或维京人早 4 万年左右到达美洲。他们的后代在美洲大陆繁衍，也就是印第安人。这些最早发现美洲大陆的人很可能是以口头传播的方式传递这一新闻，但美洲大陆与亚洲相隔遥远，口头新闻无法准确传递信息，而且当时还没有出现文字，因此也没有文字记录流传下来。

哥伦布发现美洲大陆的这一新闻得以在西班牙乃至欧洲大陆广泛传播，除了口头新闻和手抄新闻以外，很大程度上得益于在哥伦布发现新大陆之前到达西班牙的印刷机。据记载，印刷机比哥伦布早 23 年到达了西班牙。[②] 因此，哥伦布写给西班牙王室的手抄新闻信在巴塞罗那排版、印刷和发行，而且很快就被翻译成不同版本在罗马、巴黎、安特卫普和佛罗伦萨等地传播，扩大了这一新闻的传播范围和影响力。

印刷新闻：

我发现很多岛上住满了人……这些人……无论男女，全都赤身裸体，好像刚降临人世；唯有一些妇女以树叶或布片遮蔽私处。他们没有铁器，也没有任何武器。他们似乎不好相处，倒不是因为他们体型丑陋、姿态怪异，而是他们都出奇地胆小……[③]

当时已经传遍欧洲的古登堡印刷机将哥伦布发现新大陆的新闻传遍了欧洲，同时这些印刷文本也流传了下来，成为记录这一 15 世纪最大新闻的史料。

一 古登堡印刷机

1440 年至 1450 年间，来自德国美因茨的约翰内斯·古登堡（Johannes Gutenberg，1398—1468）（见图 2－1）发明了欧式活字印刷机。古登堡出生于美因茨的一个贵族家

---

① 斯蒂芬斯．新闻的历史：第 3 版［M］．陈继静，译．北京：北京大学出版社，2014：55.

②③ 同①56.

庭，后因贵族与城市行会之间的激烈斗争而离开美因茨，在 1430 年左右来到了现位于法国东部的斯特拉斯堡，与人合伙做过“圣镜”生意，即专门为朝圣者生产可以捕捉教堂顶端“圣光”的镜子，同时经过反复实验，掌握了活字、油墨和最为关键的冲模技术。[①] 1448 年，古登堡在输掉一场合同官司后回到了美因茨。两年后，他在当地富商约翰内斯·福斯特（Johannes Fust，1400—1466）的大力资助下，建立了印刷厂，开始印制 42 行版《圣经》：将《圣经》印制成每页两栏，每栏 42 行，每本共 641 页，分两卷装订。此外，每本《圣经》的边框上还都用手工绘制了装饰花纹。据记载，当时古登堡的印刷厂共印制了大约 200 本 42 行版《圣经》，大约有 40 至 50 本留存至今，分别收藏于世界各地的图书馆。

图 2-1　约翰内斯·古登堡

在当时，古登堡本人并未将印刷技术视为手工抄写的替代品，而只是把它看作一门手艺。但就技术本身而言，古登堡印刷机每小时能印制 250 页纸，大大提高了书籍与文本的复制效率与准确率，从而带来书籍价格的下降，使原本由上层阶级垄断的知识经由大量廉价印刷品进入中产阶层，进而提高识字率与文化水平。[②] 更为重要的是，古登堡印刷机（见图 2-2）出现后不久，就遇上了 15 世纪末的地理大发现，在 15 世纪中后期传遍欧洲，而后又伴随着西班牙、葡萄牙、荷兰商人贸易范围的全球扩张，传至世界其他地方。

① 吴璟薇．德国新闻传播史［M］．北京：人民日报出版社，2017：23.

② The Editors of Encyclopaedia Britannica. Johannes Gutenberg［EB/OL］.（2000-02-05）［2020-06-20］. https://www.britannica.com/biography/Johannes-Gutenberg.

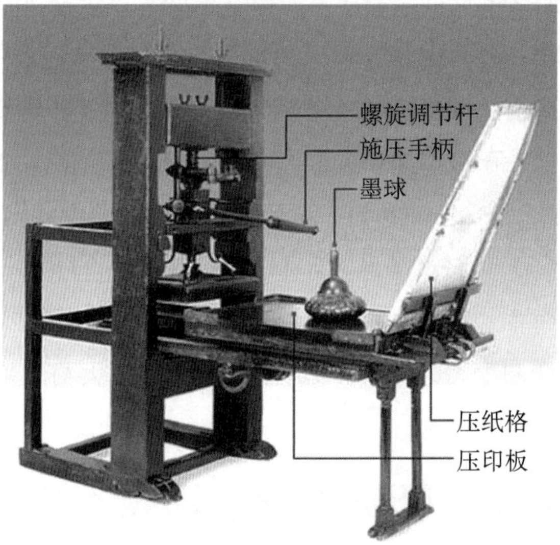

图 2-2　古登堡印刷机还原图

二 印刷小册子《九十五条论纲》的传播

在欧洲，由印刷信息的大量传播而导致的变革首先出现在宗教领域，最为典型的例子就是宗教改革倡导者马丁·路德（Martin Luther，1483—1546）的小册子《九十五条论纲》（*95 Theses*）的广泛传播。

1517 年，在德国维滕贝格大学[①]获得神学博士学位后留校任教的马丁·路德，在目睹罗马教廷的腐败、发现教廷所宣扬的很多内容与拉丁语和希腊语《圣经》完全不同的情况下，针对教会贩卖赎罪券的问题，向罗马教廷发起了强烈的抨击。1517 年 10 月 31 日，路德在维滕贝格的城堡教堂上贴出了拉丁语写成的《九十五条论纲》（见图 2-3），论述了赎罪券的虚假本质，由此引发了影响深远的宗教改革。

《九十五条论纲》主要包括以下内容。获得神赦免的唯一途径是悔改（第 1 条），赎罪券仅能赎买来自他人的惩罚（第 34 条），不能赎买人在炼狱中所受的刑罚：第一，因为那是神所加的刑罚，教会或者教皇无权减免（第 5、20、22 条）；第二，赎罪券也不能用于换取耶稣和圣徒的功德，从而减免刑罚（第 56～58 条），反而会助长发行经手人的贪婪（第 66、67 条），引发大众对教皇的反对（第 81 条），是对信徒进入天国

① 现更名为马丁路德·哈勒维滕贝格大学。

图 2-3　马丁·路德在维滕贝格的城堡教堂门上贴出拉丁语写成的《九十五条论纲》

的虚假的平安保证（第 95 条）。[①] 路德的这一行为获得了人们的广泛支持，但也很快遭到了教会的抵制。教会下令烧毁路德所有的书籍。

但是，路德的《九十五条论纲》很快以各种形式在民众间疯狂传播。手抄本先开始流传，之后，路德的三位印刷商朋友分别在莱比锡、纽伦堡和巴塞尔出版了三个版本的《九十五条论纲》，大批量的印刷本在欧洲广泛流传开来，“短短 14 天内，论纲就传遍了德意志；4 个星期后，几乎整个基督教世界都对它们耳熟能详”[②]。在形式上，《九十五条论纲》被印刷成小册子，也称新闻书。这类小册子的开本很小，通常约为 14 厘米×22 厘米，总页数为 4～28 页不等，封面常饰以巨大的首字母和木刻画，每份通常只报道一件事。《九十五条论纲》仅在 1518 年一年内就重版了 18 次，每次至少印 1 000 册，除了拉丁语版，还出现了德语版，在各个阶层的读者中广泛传播。

路德在城堡教堂门上贴出论纲的初衷是以此展开辩论，但没有人响应。印刷机的大规模复制，使得《九十五条论纲》及其思想在欧洲广泛传播，“像变魔术一样，他发现自己在对全世界讲话”[③]。随着印刷小册子的疯狂传播，“维滕贝格一个默默无闻的神学家动摇了圣彼得的宝座”[④]，宗教改革开始在德意志境内蔓延。宗教改革的本意在于解除教义对人的思想的控制，即“准许个人在一定程度上可以自由地根据圣经做出自己的判断”[⑤]。这意味着个人不再需要通过牧师与上帝对话，而是可以通过阅读《圣经》来自行解读教义。这直接导致了《圣经》需求量的增加，而在此之前就出现了的古登堡印刷机为满足

---

① 吴璟薇．德国新闻传播史［M］．北京：人民日报出版社，2017：12.

② 斯丹迪奇．从莎草纸到互联网：社交媒体 2000 年［M］．林华，译．北京：中信出版社，2015：79.

③④ 爱森斯坦．作为变革动因的印刷机：早期近代欧洲的传播与文化变革［M］．何道宽，译．北京：北京大学出版社，2010：191.

⑤ 丹皮尔．科学史［M］．李珩，译．北京：中国人民大学出版社，2010：122.

这一需求提供了技术条件。可以说，古登堡印刷机对宗教改革产生了决定性影响。

三 新闻控制与早期印刷新闻

路德小册子的迅速大范围传播令欧洲统治者意识到了印刷品的影响力和煽动性，必须对攻击当局的印刷品迅速予以打击。自信使和喊叫者出现以来，统治者就想尽办法来控制新闻，将新闻变成自己的政治工具。相较于口头新闻传播与手抄新闻传播，印刷机实现了信息的大批量复制，堪称“人类历史上第一种破坏力甚于刀剑的信息传播方式”，但是印刷机本身难以隐藏，反而更容易被当局从源头上进行控制。

当时的欧洲统治者控制新闻的方法主要有三种：第一，直接控制印刷机，监管印刷品，以扼制不利的言论；第二，采用较为温和的方式，向某些出版商授予“特权”，允许他们在规定范围内印刷某类印刷品；第三，以支付薪资和酬金的方式雇用名人撰写和印刷有利于自身的言论。当时的很多名人，诸如弗朗西斯·培根（Francis Bacon）、丹尼尔·笛福（Daniel Defoe）都曾出现在统治者的薪资簿上。

欧洲统治者对印刷新闻的严苛控制直接导致了出版商有意规避容易引起争议的内容。比如，1498—1559 年间法国出版的近 120 份战争报道中，没有一份提到 1525 年法国在帕维亚惨败、国王弗朗西斯一世被俘的消息。与此同时，为了避免争议，出版商开始选择印刷国外新闻。比如，1590 年英国共有 38 份出版物报道了法国事务，因为这一年正值信奉新教的法国国王亨利四世全面击溃天主教同盟。此外，不利于统治者的言论也很少出现在早期印刷品中，它们更多的是以口头传播的流言、未经审查的私人信件和偶尔偷渡的小册子留存了下来。

对于当时的出版商来说，尽管知道政治话题的新闻价值，但囿于既有的新闻控制，他们会主动规避政治雷区，将印刷的重点放在各类“社会杂闻”上。史料研究发现，英国早期的印刷新闻主要包括法庭审判、杀人和其他犯罪，神人，妖孽和异兽，女巫，饥荒，洪水、火灾和天气变化等神迹，还有体育比赛。法国和德国的早期印刷新闻也是如此。

第二节 定期报刊

古登堡印刷机在欧洲大陆的普遍使用为现代新闻事业奠定了技术基础，17 世纪初，定期报刊的出现标志着现代新闻登上历史舞台。

最早的定期报刊诞生于荷兰。16世纪的荷兰只是海上强国西班牙广阔领地中的一个偏远角落，自然资源匮乏。17世纪初，荷兰摆脱了西班牙的统治，成为独立的国家，并建立了人类历史上第一个资产阶级共和国。之后，荷兰开始大规模发展海上力量，拥有了庞大的商船队，建立起全球性商业帝国，并取代西班牙和葡萄牙，成为新的海上霸主和当时欧洲最富有的国家。当时的荷兰，政治气候宽松，出版管制不像同时代的欧洲其他国家那样严苛，接纳各派宗教，出版各派思想，荷兰的阿姆斯特丹更是被誉为“世界书市”。身处欧洲航运贸易中心的荷兰商人急需了解外部信息，不断扩张海上贸易版图。在此背景下，荷兰出现了最早的定期报刊。

据记载，最早的一份定期报刊或许是荷兰的《新闻报》(*Nieuwe Tijdinghen*)，由亚伯拉罕·费尔赫芬（Abraham Verhoeven）于1605年在安特卫普出版①，使用的是南部荷兰语弗拉芒语。1605年，亚伯拉罕·费尔赫芬获得了官方的印刷许可，开始间断性印刷新闻小册子，并在1620年再次获得官方印刷许可后连续定期出版，直至1629年。由于费尔赫芬有印刷插图的经验，《新闻报》每期首页都有木刻画，偶尔最后一页也会配上木刻画。在内容上，《新闻报》刊登来自维也纳、布拉格、罗马、克拉科夫等欧洲其他地区的新闻。除一般消息外，还有庆祝性、辩论性或讽刺性评论，以及经文、歌谣和祷告。新闻周期从一个月变为一星期。② 费尔赫芬印刷的这些小册子并没有统一的名称，后世历史学家和书目学家称其为《新闻报》，大英图书馆将馆中收藏的这类小册子统称为《安特卫普公报》(*Antwerp Gazette*)。③

在当时印刷和出版的定期报刊中，最具影响力的是科兰特（Coranto）。“Coranto”一词源于荷兰语“Krant”，意为“currents of news”。直接导致科兰特问世并且在欧洲广泛传播的主要原因是1618—1648年间发生在哈布斯堡王朝集团与反对集团之间的三十年战争。来自荷兰的科兰特成为当时很多欧洲民众了解战争最新消息的途径。与此同时，欧洲其他国家的印刷商受其启发，陆续开始在本国印刷类似的出版物。其中，最具代表性的是英国印刷商。

1620年，英国人非常关注战争新闻：他们爱戴的伊丽莎白公主的丈夫普法尔茨选

---

① 李彬．全球新闻传播史（公元1500—2000年）[M]．2版．北京：清华大学出版社，2009：37.

② ARBLASTER P. From Ghent to Aix: How They Brought the News in the Habsburg Netherlands, 1550—1700 [M]. Leiden and Boston: Brill, 2014: 74-121.

③ 爱森斯坦．作为变革动因的印刷机：早期近代欧洲的传播与文化变革 [M]．何道宽，译．北京：北京大学出版社，2010：3.

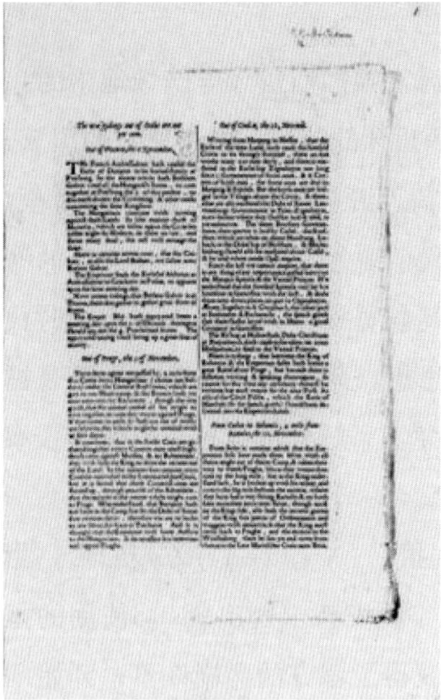

图 2-4 1620 年 12 月 2 日，在阿姆斯特丹印刷并销往英国的英文科兰特

侯腓特烈五世在 1619 年 11 月被推举并加冕为波希米亚国王，因而身处战争旋涡中心。极具商业敏感性的荷兰印刷商抓住这一商机，“出版了至少 25 份英文版的‘科兰特’，它们大多数在阿姆斯特丹出版，内容是战争新闻。差不多所有这些单页报纸都现存于不列颠博物馆，上面注明的时间是 1620 年 12 月 2 日至 1621 年 9 月 18 日”①。1620 年 12 月 2 日的这份科兰特（见图 2-4）是保存至今的最早的英文科兰特，在阿姆斯特丹印刷出版，销往英国。这份科兰特没有报头，开头第一句话是一句致歉词：“意大利的最新消息尚未到达”。

这些来自荷兰的英文科兰特销量可观，这激发了英国本土印刷商的兴趣。1621 年夏天，英国书商纳萨尼尔·巴特（Nathaniel Butter）和印刷商托马斯·阿切尔（Thomas Archer）一起出版了英国最早的英文科兰特。但遗憾的是，首批单页新闻纸未能保存下来，阿切尔也因为没有获得印刷科兰特的官方许可而被送入监狱。不久之后，巴特又与尼古拉斯·伯恩（Nicholas Bourne）合作，在获得官方许可的基础上于 1621 年 9 月出版了一份英文科兰特，只印一面，纸张比现代打字机用纸略小。②

科兰特并不是某种印刷出版物的名称，而是对当时以刊登新闻为主的印刷出版物的统称，类似于现在所说的“报纸”“杂志”等。科兰特没有报头，名称更像是内容提要，比如，英国出版的英文科兰特中，有一份名为《科兰特，或来自意大利、德国、匈牙利、波兰、波希米亚、法国和低地国家的每周新闻》（*Corante, or Weekly News from Italy, Germany, Hungaria, Polonia, Bohemia, France and the Low-Countries*）。

在内容上，荷兰印刷的科兰特会从欧洲收集读者感兴趣的新闻，比如战争、海盗、船难等商人关心的信息，还有来自美洲、非洲、亚洲乃至全球的消息。具有商业精神的荷兰印刷商更是不遗余力地搜集来自英国、法国、德国等国家的因为国内印刷管制

①② 埃默里 M，埃默里 E，罗伯茨．美国新闻史：大众传播媒介解释史：第 9 版［M］．展江，译．北京：中国人民大学出版社，2009：10.

而无法出版的新闻。他们将这些新闻采集起来，在荷兰完成印刷，同时将其翻译成外文，远销海外。据记载，最早抓住商机、向英国销售英文科兰特的荷兰印刷商彼得·范·德·基尔（Pieter Van Den Keere）会将荷兰文的科兰特一字不差地进行翻译，同时，为了避免冒犯英国统治者，他还会将英国国内新闻删去，并将日期改得近些。

在形式上，科兰特同时以新闻纸和新闻书（小册子）的形式出版。17 世纪 20 年代，阿姆斯特丹印刷的科兰特沿袭了格塞塔的新闻形式，以双栏、单面印刷，首页有个大标题；英国印刷商在引入科兰特之后，开始以英国读者更熟悉的新闻书样式出版新闻，通常为 8～24 页，第一页的标题也越来越长。

“只有当信息定期公开发送，也就是说在能为大众所知晓的情况下，才有真正意义上的新闻可言”①，定期报刊的公开出版被历史学家视为现代新闻事业出现的标志。15 世纪古登堡印刷机的发明及其带来的大量廉价印刷品，以及阅读公众的出现，为印刷品的公开出版提供了技术条件和读者群体，17 世纪初欧洲大陆逐渐建立起来的现代邮政系统则为定期投递出版物提供了渠道。以荷兰科兰特为代表的定期报刊充分体现了现代文明所蕴含的精确、效率、信用等观念，同时孕育着现代新闻事业的核心理念，比如无情节修饰、直截了当、就事论事。按周出版确立了及时报道当下的标准，新闻的时效性得以凸显。

【知识窗】 美洲（America）的来源

哥伦布至死都没有承认自己发现了新大陆，坚持认为自己到达的是亚洲东部。美洲（America）这个名字源于一个名叫亚美利哥·韦斯普奇（Amerigo Vespucci）的意大利水手。他在 1499—1504 年间多次航行到美洲，并撰写了两篇文章，称哥伦布发现的是一个此前人们不知道的新大陆，而非东亚。后来，这片新大陆第一次以独立大陆的形式出现在了 1507 年出版的新版世界地图上。而这张地图的绘图者误以为这片新大陆是亚美利哥·韦斯普奇发现的，为了向他致敬，便将这片大陆命名为“America”。②

① 哈贝马斯．公共领域的结构转型［M］．曹卫东，等译．上海：学林出版社，1999：16．

② 赫拉利．人类简史：从动物到上帝［M］．2 版．林俊宏，译．北京：中信出版社，2017：279．

【推荐阅读】

[1] 斯蒂芬斯．新闻的历史：第 3 版［M］．陈继静，译．北京：北京大学出版社，2014.

[2] 斯丹迪奇．从莎草纸到互联网：社交媒体 2000 年［M］．林华，译．北京：中信出版社，2015.

[3] 爱森斯坦．作为变革动因的印刷机：早期近代欧洲的传播与文化变革［M］．何道宽，译．北京：北京大学出版社，2010.

[4] 丹皮尔．科学史［M］．李珩，译．北京：中国人民大学出版社，2010.

[5] 赫拉利．人类简史：从动物到上帝［M］．2 版．林俊宏，译．北京：中信出版社，2017.

[6] 李彬．全球新闻传播史（公元 1500—2000 年）［M］．2 版．北京：清华大学出版社，2009.

【思考题】

1. 与口头新闻和手抄新闻相比，印刷新闻有哪些不同之处？
2. 科兰特具有哪些特点？
3. 为什么最早的定期报刊出现在荷兰？

【关键词】

《九十五条论纲》*95 Theses*

《安特卫普公报》*Antwerp Gazette*

约翰内斯・古登堡 Johannes Gutenberg

纳萨尼尔・巴特 Nathaniel Butter

《新闻报》*Nieuwe Tijdinghen*

托马斯・阿切尔 Thomas Archer

亚伯拉罕・费尔赫芬 Abraham Verhoeven

约翰内斯・福斯特 Johannes Fust

马丁・路德 Martin Luther

尼古拉斯・伯恩 Nicholas Bourne

彼得・范・德・基尔 Pieter Van Den Keere

第三章

中国古代报刊

【本章学习要点】

1. 理解并掌握唐代进奏院状报的时代背景与传播特点。

2. 理解并掌握宋代邸报的时代背景，以及宋代邸报与唐代进奏院状报之间的联系与区别。

3. 了解中国古代报刊的基本发展脉络。

第一节 唐代进奏院状报

中国报刊的最初形态是唐代进奏院状报。而说起唐代进奏院状报，不得不先提及设立于唐代中后期的政府机构——唐代进奏院。

唐代初年，唐承隋制，每年的岁末年初，州级以上的各行政长官如都督、刺史等，必须轮流前往京城，这些聚集于京师的封疆大员便是朝集使。朝集使的任务是“汇报所属官吏考课情况，进纳本地贡物，聆听皇帝敕命”①，他们每年在京城停留的时间最长可达两个多月。最初，这些朝集使来京后，没有专门的住处，只能临时租房，与商贾杂居。直到贞观十七年（643 年），才由李世民下令为朝集使建造官邸，至此，

① 李彬．唐代文明与新闻传播：修订版［M］．北京：中国人民大学出版社，2014：19.

朝集使进京后才有了固定的居所，其功能类似于现在一些地方政府在北京设立的驻京办事处。但是，不到半个世纪后，这些朝集使的官邸相继被变卖，朝集使一职也形同虚设。

安史之乱后，唐由盛转衰，中央宦官专权，地方藩镇割据、拥兵自重。随着中央与地方、朝廷与藩镇之间力量的此消彼长，各藩镇陆续在京城设立上都留后院，名义上是各藩镇加强同中央及各地联系与协调的应急机构。至唐代宗大历十二年（777 年），上都留后院改名为进奏院，也称邸；主持进奏院事务的进奏官，也称邸官、邸吏。这些进奏官不是由朝廷委派，而是由各藩镇长官直接委任，他们大都是藩镇长官的亲信，主要职责是“向朝廷禀报有关事项和向藩镇传递有关信息”[①]，这些进奏官在京城的地位与委派他们的地方藩镇的实力密切相关。目前可考证的两份出土自敦煌莫高窟的进奏院状报[②]就是发自当时的进奏院。

1983 年，方汉奇先生在《从不列颠图书馆藏唐归义军“进奏院状”看中国古代的报纸》一文中考证了编号为 S. 1156 的进奏院状报：“原状是一张长 97 厘米、宽 28.5 厘米的横条卷，纸的外观和质量近似于白色的宣纸，比较坚韧，文字是自右至左自上而下用毛笔书写的，纸的背面抄有大汉三年季布骂阵词文 64 行”[③]。据考证，这份唐代进奏院状报（见图 3-1）出自归义军节度使派驻京城的进奏官之手。唐宣宗大中二年（848 年），沙州（今敦煌）人张议潮带领民众揭竿而起，驱逐吐蕃，收复西域，之后向朝廷输诚。当时安史之乱尚未平定，朝廷正值焦头烂额之际，听闻沙州喜讯，便于大中五年（851 年）封张议潮为节度使、十一州观察使。唐懿宗咸通八年（867 年），张议潮入朝拜官。根据当时易帅惯例，他的侄子张淮深担任节度使留后，代管归义军，但久久未得朝廷的正式任命，在此情境下，张淮深三番五次派使节前往长安求取旌节（即大印），以便能够名正言顺地行使节度使职权。方汉奇先生考证的这份进奏院状报便是唐僖宗光启三年（887 年）前后，归义军在京城的进奏官张夷则发回给张淮深的密报，所汇报的内容主要是归义军节度使张淮深派往朝廷的三批专使们为代张向僖宗求旌节而在兴元、凤翔两地活动的情况。[④]

---

① 李彬．唐代文明与新闻传播：修订版［M］．北京：中国人民大学出版社，2014：25.

② 这两份唐代进奏院状报，即 1900 年在敦煌莫高窟出土的两张“进奏院状”残页，分别在 1907 年前后，被法国汉学家伯希和（Paul Eugène Pelliot）和英籍匈牙利考古学家斯坦因（Marc Aurel Stein）从敦煌取走，编号 P. 3547 的一件藏于巴黎国立图书馆，编号 S. 1156 的一件藏于伦敦不列颠图书馆。

③ 方汉奇．中国新闻事业通史：第 1 卷［M］．北京：中国人民大学出版社，1992：54.

④ 方汉奇．中国新闻传播史［M］．2 版．北京：中国人民大学出版社，2009：9.

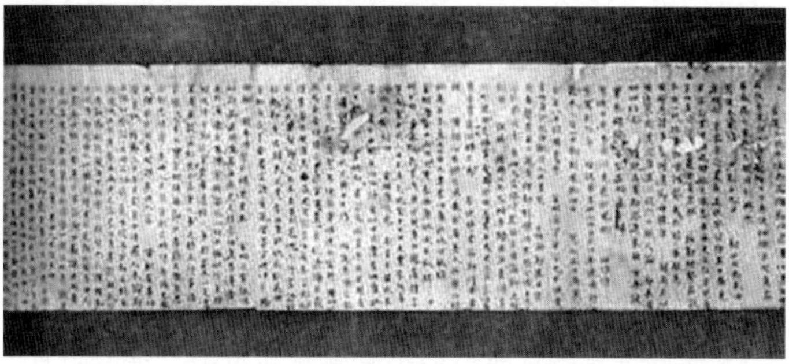

图 3-1　藏于英国伦敦不列颠图书馆编号为 S. 1156 的“进奏院状报”

在形式上，唐代进奏院状报没有报头，开端和结尾部分还保留着官文书的痕迹。在内容上，它的内容由地方长官派驻京城的进奏官们自行采集，主要是发生在朝廷的大事，特别是和他们所来自地区有关的大事。唐代进奏院状报旨在通报最近的事态或动态，因此只讲事实，不加评论，而且为了赶速度，文字粗疏浅近。在传递方式上，它是由各地方长官派驻京城的进奏官们直接发给他们的长官。因此，从形式、内容到传递方式，唐代进奏院状报都接近于欧洲文艺复兴之前的新闻信，但又更具官方色彩。诚如方汉奇先生所言：

> （唐代进奏院状）保留了不少官文书的痕迹，但并不等同于官文书。它具有某种报纸的性质，如广泛采集新闻，先于官文书传布消息等，但在定期、公开发行等方面，还不完全具备正规报纸的要素，因而，只能属于一种由官文书向正式官报转化过程中的原始状态的报纸。①

第二节　宋代邸报

北宋初年沿用了唐、五代时期的旧制，由各路州郡在首都东京汴梁设置进奏院并由各州自行管辖，直到宋太宗太平兴国六年（981 年），朝廷才设立都进奏院，将它们收归中央统一管辖。自此，都进奏院由门下省的给事中负责，主要职责是收受和传递官文书，在封建官僚机构内部传播信息。由地方委派的进奏官也由门下省统一管理，负责信息采集和传报工作。经由进奏官们发布的正式官报被称为邸报。在现存的宋人

① 方汉奇．中国新闻事业通史：第 1 卷［M］．北京：中国人民大学出版社，1992：60.

文字中，宋真宗咸平三年（1000 年），田锡在《贺杀下王均表》中首次提及“邸报”：“臣每读邸报，方乐时平，巴蜀久安，边隅无事。”① 在宋代其他文人如范仲淹、王安石、司马光、苏轼等人的诗文中也频频出现邸报一词。因此，自宋代开始，邸报这一名称正式出现，成为被世人广泛采用的对官报的习惯性称呼。

可以说，宋代邸报与唐代进奏院状报一脉相承，这是因为宋代邸报的发行机构都进奏院是从唐代进奏院延续下来的。但是，由唐代及至宋代，中央和地方之间的关系发生了巨大变化。中晚唐和五代时期，地方藩镇势力强大，进奏官是藩镇节度使派驻中央的信使或情报员。北宋吸取了唐亡教训，强干弱枝，撤销藩镇，邸报更具有中央集权、上传下达的官方色彩。因此，宋代邸报与唐代进奏院状报存在明显差别。

第一，在内容上，唐代进奏院状报是进奏官发给自己长官的新闻信，而宋代邸报以太宗太平兴国六年设立都进奏院为界，在这之前，内容由各路州郡派驻京城的进奏官自行采集编发；在这之后，内容仍由进奏官们负责，但是内容的采集、编辑、整理、审定等环节由都进奏院统一管辖，统一编发给诸路州郡，官报性质更为明显。

第二，在抄录者上唐代进奏院状报主要由地方长官派驻朝廷的进奏官个人采集和抄写，但宋代邸报的内容除了大部分由进奏官们从门下省等部门抄录之外，还包括宫内女官内夫人、门下省起居郎和中书省起居舍人等采集和记录的皇帝起居言行等信息，所有这些内容最后经过中书省和门下省的检查与核定后统一发报。

第三，在周期性上，唐代进奏院状报尚不具备定期性，而宋代邸报基本保持定期发行，发行周期有时为“每日”，有时为“每五日”，有时为“逐旬”，有时为“每月”。

第四，在形式上，唐代进奏院状报主要采用手抄新闻信样式，而宋代邸报为新闻书样式。据记载，至少有一部分邸报或邸报中的一部分材料已经采用雕版印刷。

第五，在读者上，唐代进奏院状报主要供地方长官阅读，而宋代邸报的读者群体已经扩大至政府官员和一般士大夫。

在政治制度层面，宋代加强了中央的权力，在此背景下，邸报成为中枢部门掌管下的政府官报，承担起在封建官僚机构内部传播经检查和核定后的官方信息的功能。自宋代起，官方开始加强新闻管理，最具代表性的是自宋真宗咸平二年（999 年）开始实行的“定本”制度，尽管期间两次被取消，但又相继恢复，并一直沿用至宋末。所谓“定本”，是指根据进奏官采集来的各种发报资料，由本院监官编好并送请枢密院或

---

① 焦中栋．“邸报”名称首次出现时间新考［J］．国际新闻界，2008（10）：87.

当权的宰相们审查通过后产生的“邸报”样本，进奏官们必须根据这一样本进行发报。[①]

第三节 宋代以降的邸报与小报

中国历史上最早的官报——邸报出现于宋代，与此类似，中国历史上最早的非官方报纸——“小报”也产生于宋代。宋代小报起始于宋真宗大中祥符元年（1008年），盛行于南宋，自此，“小报”这一称呼开始流行。宋代小报大都由都进奏院的工作人员私下经营，主要刊载一些中枢部门尚未公开的朝野之事，但因缺乏核实，往往真假难辨。在形式上，宋代小报没有固定的报头和固定的名称，兼具手抄形式与雕版印刷形式。自南宋开始，出现了“专以探报此事为生”的人，经营小报逐渐成为一种职业。

小报的产生，与当时的商品经济、世俗文化的发展息息相关。小报满足了读者对官报以外的朝廷政事和其他信息的需求，一定程度上打破了官报对新闻的垄断。这也导致从北宋开始，统治者逐渐颁布法令和条例，限制或禁止小报发行。

宋代以降，及至中国现代报刊的出现，中国报刊发展基本沿着以邸报为代表的官报和以小报为代表的民间报刊两条脉络。

明代官报仍被习惯性地称为“邸报”，同时也被称为“邸抄”“朝报”“除目”“京报”。明代邸报没有固定的报头，但它是发自中枢的唯一官报。明代邸报的传抄和发行工作主要包括三个环节，分别是通政司、六科和提塘。具体而言，通政司汇集各类章奏和地方上报的消息，六科收集和发布有关诏旨和奏章，提塘将这些诏旨和章奏从六科抄出，经过筛选和复制，传发到省，再传至府县。在形式上，明代邸报主要采用小册子形式，明代中叶以前主要由各级抄报人以手抄方式传抄，中叶以后同时采用手抄和印刷两种方式。在发行周期上，明代邸报基本每日发行，其主要读者是政府官员和士大夫知识分子。

在明代官报系统中，除了邸报，还有塘报和告示。塘是明代负责军事侦察和军文书传送工作的基层军事组织，类似于驿站，每隔十里或二十里设立一个塘，用来传递军事信息。塘报是一种由下到上、由地方向中央逐级汇报军情的文报，是军事信息的

① 方汉奇．中国新闻传播史［M］．2版．北京：中国人民大学出版社，2009：14.

重要传播途径。塘报并无固定的发报周期，发报频率与内容依据军事信息的变化而定。告示也被称为榜，是一种由上而下、由中央到地方逐级向公众公布信息的官方新闻传播载体。告示内容较为庞杂，一般包括皇室动态、新制定的政策法令、大臣惩处和重大刑事案件的判决，以及有关科举考试的信息，其目的在于稳定民心和维护政体，往往被视为官方邸报的补充。

明代的民间报刊主要出自民间报房。这些民间报房大都是从官方的提塘报房分离出来的，因此，它们的官方消息也都直接来自六科或者间接来自提塘报房，所发行的报纸也都被称为“邸报”。这些民间报房同时采用手抄和雕版印刷两种传抄方式，崇祯末年开始采用活版印刷。明代的新闻管理主要体现为对邸报抄传活动的限制，诚如《明史・王应熊》所言：“故事，奏章非发钞，外人无由闻；非奉旨，邸报不许抄传”①。

清代皇权高度集中，官报体系也更加完善。清代官报仍沿用“邸报”之称，同时也被称为“邸抄（或钞）”“阁抄”“科抄”“京抄”“朝报”“京报”。清代邸报的发布和发行方式与明代十分相似，包括通政使司、六科和提塘三个环节。不同的是，清代提塘细分为京塘和省塘，京塘是指各省设在北京的提塘，省塘是指驻扎在各省省会的提塘。清代初年，为了便利邸报的发行工作，提塘自设报房，并于乾隆年间获得朝廷认可，具有官方性质。清代邸报的内容主要由宫门钞、上谕、臣僚章奏三部分组成，同时采用手抄和印刷形式，而且印刷比重逐渐增加。清代邸报所面向的读者主要是各级政府官员，逐日发行。

清代的民间报刊也主要来自民间报房，并主要集中在北京。对于清代民间报房的出现，学界有着不同的说法。其中一种说法认为它是由垄断邸报抄传活动的提塘报房发展而来的，由离开提塘报房的一些人自己设立经营。这些报房中最活跃、最有名的北京民间报房刊发的报纸，被通称为京报，内容主要有宫门钞、皇帝谕旨和臣僚章奏，没有自己采写的新闻，也没有评论，基本是官报的翻版，因此京报经常被混称为邸报或邸抄。京报的读者主要还是官绅和士大夫知识分子，普通百姓仍是少数。在北京以外，各地也出现私人盈利性质的民间报房，在这些报房出版的各类报纸中，最受官绅们注意的是辕门抄，即由熟悉地方官场情况的抄报人和报房抄传的非官方报纸。由于出自清代民间报房的报刊与官报在内容上并无太大区别，而且这些报房在运作过程中严格遵守朝廷禁令，所以朝廷没有对其加以限制。

---

① 方汉奇．中国新闻传播史［M］．2版．北京：中国人民大学出版社，2009：27.

中国古代报刊源于唐代进奏院状报，其最初的形态是新闻信。宋代出现了中国最早的官报“邸报”，其形式已经是新闻书（小册子）。19 世纪中后期，随着中国封建自然经济逐步瓦解，闭关锁国政策被迫取消，现代报纸才开始在中国出现。以此为观照，西方报刊的最初形态也是新闻信；16 世纪初，欧洲出现了最早的一批新闻书（小册子）；之后历经 100 多年，英国出现了第一份现代报纸。由此可以看出，尽管中西方报刊的发展处于完全不同的政治制度、经济条件和人文环境之下，但是两者在形式上都大致经历了由新闻信到新闻书（小册子）再到报纸的发展历程。这个发展历程西方报刊花了 200 多年的时间，而中国报刊历经了 1 000 多年的演变。

【推荐阅读】

[1] 李彬．唐代文明与新闻传播：修订版 [M]．北京：中国人民大学出版社，2014.

[2] 方汉奇．中国新闻事业通史：第 1 卷 [M]．北京：中国人民大学出版社，1992.

[3] 方汉奇．中国新闻传播史 [M]．2 版．北京：中国人民大学出版社，2009.

【思考题】

1. 唐代进奏院状报具有哪些传播特点?
2. 宋代邸报的发行制度有哪些特点? 宋代小报具有哪些特点?
3. 以中外比较的视野来看，中国古代报刊的发展脉络具有哪些特点?

【关键词】

进奏院状报　　邸报　　定本制度　　小报

京报　　民间报房　　塘报

第四章

报刊与革命：英国

【本章学习要点】

1. 了解英国革命之前的印刷出版管制政策。
2. 了解英国“光荣革命”后的印刷出版管制手段。
3. 理解并掌握《牛津公报》的创刊背景与报刊特点。

第一节 英国革命前的印刷出版管制

1476年，威廉·卡克斯顿（William Caxton）把印刷技术引入了英国，随之而来的是欧洲大陆的各种思潮。当时的都铎王朝（1485—1603）对这种新兴的传播媒介及其潜在影响非常敏感，始终保持高度警觉。为了控制印刷出版活动，都铎王朝采取了一系列行之有效的控制印刷活动的措施，比如出台出版特许制度、审查制度和惩处制度。但是，直到都铎王朝末期，王权所想控制的仅是印刷物，而非现代意义上的新闻媒介。

一 出版特许制度

亨利八世（1509—1547在位）在与罗马教廷决裂后，进一步加强了王权，并采取一系列措施控制印刷出版业，查禁异端出版活动。他重建了源于1504年的皇家特许出版制度，以确保特定领域的印刷品可以被掌握在受信任的印刷商手中。1557年，玛丽一世（1553—1558在位）设立皇家特许出版公司（Stationers' Company），收编并改造了印刷出版行业。

皇家特许出版公司的前身是1403年成立的“文具商和报纸制造商公会”，在获得皇家授予的出版特权后，它实际上成了一个印刷公会。一方面，它制定和实施版权规章①，比如颁发皇家许可证（royal charter），获得许可证的印刷商、出版商和书商能够在皇家审查认可的范围内开展出版工作；另一方面，它监督特许印刷商、搜查和惩罚非法印刷商。这表明皇家特许出版公司本质上是由王权和印刷商共同建立的行业约束体系，直接造成了拥有许可证的印刷商在具体印刷领域的垄断：

巴克（Barker）负责印刷新约、旧约、政府立法公告、公祷书；福勒（Flower）负责印刷语法书籍和学校教科书；戴依（Day）负责印刷旧约诗歌与教义手册；瑟瑞斯（Seres）负责印刷学校教科书和服务性书籍；特戴尔（Tottell）负责印刷法律书籍；白尼曼（Bynneman）负责印刷字典、圣经历代记和历史书籍；玛驰（March）负责印刷拉丁文学校教科书；沃特金斯（Watkins）负责印刷年鉴；沃特罗勒（Vautroller）负责印刷拉丁文书籍……②

二 审查制度

1538年，亨利八世颁布了英国历史上第一部对印刷品建立常规审查的法案《1538年公告》（Proclamation of 1538）。该法案规定，所有书籍都必须获得官方许可证才能出版。之后，他还补充了法案内容，要求实行对印刷书籍的作者、印刷商和印刷地点的事前检查。③ 审查制度的主要功能是判定出版内容是否“危及国家的宗教挑战”，而在决定由谁来执行审查权力时，坎特伯雷大主教和伦敦教区主教被指定为检查者。如果没有获得他们其中一人或者两人的批准，任何材料不得出版。④

在都铎王朝和斯图亚特王朝（1603—1649）时期，印刷品（不含政府公告等官方文件）的事前检查范围逐步扩大（见表4-1），审查制度的严苛程度可见一斑。

① 展江．英国早期出版专制和清教徒的抗争［J］．南京社会科学，2011（7）：109-114.

②③ 陈力丹，董晨宇．英国新闻传播史［M］．北京：人民日报出版社，2015：38.

④ 威廉姆斯．一天给我一桩谋杀案：英国大众传播史［M］．刘琛，译．上海：上海人民出版社，2008：28.

表 4-1 出版前必须获得官方批准的印刷品比例[1]

时间	出版前必须获得官方批准的印刷品比例
16 世纪 60 年代	3%
16 世纪 70 年代	7%
16 世纪 80 年代	42%
17 世纪 30 年代	超过 75%

三 惩处制度

1481 年，亨利七世（1485—1509 在位）设立的星法院（Star Chamber）直接代表英国王室利益，成为英国司法系统之外的法庭。星法院的名字源于它位于伦敦威斯敏斯特大教堂中一个屋顶有星形装饰的大厅，其人员构成由国王法律顾问团的会议演变而来，可以追溯至中世纪。星法院实行闭门审判，不设陪审团，没有控告书，被告没有上诉权，不传唤证人，证据以书面形式呈堂，具有专断性。[2] 星法院的设立违背了英国宪法性契约，即 1215 年《大宪章》（Magna Carta）所确立的"王在议会"和"王在法下"的政治传统，因而它成为都铎王朝和斯图亚特王朝时代王权专断裁决和秘密审判的执行机构。

1586 年 6 月 23 日，星法院颁布出版管制法案《星法院法令》（Star Chamber Decree）。该法令是整个都铎王朝时期最为详细的出版管制法案，一直持续到 1637 年才被废止，其主要内容包括：

第一，所有出版商的印刷品都需要在皇家特许出版公司注册；

第二，除牛津大学和剑桥大学外，所有出版商都不得在伦敦之外的地区从事印刷活动；

第三，高等宗教事务委员会（High Commission）拥有任命特许出版商的权力；

第四，印刷任何图书都必须事先申请并获得许可；

第五，再次确认了皇家特许出版公司搜查、扣留、处罚以及逮捕非法印刷商的权力；

第六，学徒人数根据其成员在皇家特许出版公司的地位而有所不同，一般限制在 1～3 人；

---

①② 斯丹迪奇．从莎草纸到互联网：社交媒体 2000 年［M］．林华，译．北京：中信出版社，2015：127-128.

第七，牛津大学和剑桥大学印刷所的学徒限制为 1 人。①

自 16 世纪起，都铎王朝制定并实施了一系列印刷出版管制措施，并取得了预期效果。这些管制措施之所以行之有效，主要有以下三方面原因：

第一，王权挑选驯服的印刷商授予特许资格，获得特许资格的印刷商主动将自己的印刷行为限制在王权认可的范围之内，形成自我约束的行业规范。与此同时，王权与获得特权的印刷商因为各自的利益而形成合谋，以搜查、惩罚、逮捕和拘禁等方法共同抵制未获授权的竞争者。

第二，当时的英国精英阶层对于这些管制政策基本持肯定态度。这主要是因为在经历了"玫瑰战争"（1455—1485）的动荡和无政府状态之后，精英阶层渴望稳定。中世纪制度的失败和教会势力的弱化，也让英国民众把民族出路完全寄托于当时的都铎王朝。

第三，当时的英国民众尚不具备现代民主意识，更没有意识到印刷出版所具有的鼓动和宣传功能。尽管在当时的出版管制政策下，一些未获许可证的出版商站起来反抗特许出版制度，但他们的根本目的不是反对特许出版制度本身，而是希望通过反抗，在既有制度中分得一杯羹。对于印刷出版管制的真正反抗，始于开启出版自由先声的英国清教徒。

第二节 英国革命时期及革命后的印刷出版管制

1603 年，詹姆斯一世（1603—1625 在位）继位并开启斯图亚特王朝。詹姆斯一世和他的儿子查理一世（1625—1649 在位）采取更为严苛的出版管制政策，试图以书报审查等手段恢复绝对君主专制。当国王与议会的关系日趋紧张时，国王干脆撇开议会，直接发号施令，或者通过枢密院、星法院、最高宗教委员会和皇家特许出版公司等特权机构，镇压各种不合意的消息和言论。

国王与议会之间日益升级的矛盾最终引发了革命。1640 年 4 月，因为在与苏格兰起义军的交战中失败，查理一世不得不召开议会，希望得到拨款暂渡难关，但遭到了反对派的猛烈抨击。之后，查理一世不得不迅速解散议会。同年 11 月，迫于军费压

① 陈力丹，董晨宇．英国新闻传播史［M］．北京：人民日报出版社，2015：41.

力，查理一世再次召开议会，由此拉开了英国革命的序幕。英国革命以 1660 年查理二世复辟为界，前一个阶段（1640—1660）历经议会民主、处决国王查理一世、建立共和国和实行军人独裁；后一个阶段（1660—1688）斯图亚特王朝复辟，施行反攻倒算，议会反对派发动光荣革命，并于 1689 年颁布《权利法案》（the Bill of Right）限制王权，确立君主立宪制度。

一 短暂的印刷出版自由

在英国革命的初始阶段，伴随着资产阶级和新贵族在议会选举中取得胜利，一些限制印刷出版自由的制度政策土崩瓦解。1641 年 7 月 5 日，星法院被取缔；同年，皇家特许出版公司的权力也被架空，出版业因此获得了完全的自由。束缚印刷出版的枷锁一旦被打开，直接带来的是英国国内印刷出版数量的急剧增加。据记载，"1642 年出版了 2 000 多份小册子。1645 年发行了 700 多份报纸。在 1640 年到 1660 年间，小册子和报纸加起来一共是 2.2 万份"①。

这一时期，英国的印刷出版主要呈现出以下特点。

第一，英国国内开始出现刊登国内新闻的新闻书。在星法院被取消后不久，印刷商约翰·托马斯（John Thomas）于 1641 年 11 月 30 日印刷出版《国会活动纪要》（*The Heads of Several Proceedings in this Present Parliament*），这是英国第一份专门报道国内政治新闻的新闻书。它的出版打破了不允许报道国内政治新闻的禁令，并导致同类印刷品大量涌现，盛极一时。这类新闻书的售价比科兰特便宜，最高售价仅为 2 便士，从而吸引了更多普通人来购买。但是，这类新闻书相互抄袭、同质化现象严重，而且存续时间都比较短。

第二，开始印刷评论。在英国革命之前，官方禁止刊印所有有争议的新闻，新闻书基本都会避免发表评论。17 世纪 30 年代，拥有官方许可证的印刷商巴特与伯恩就曾因为印刷有争议的材料而失去了出版资格。英国革命之后，评论性材料开始印刷。

第三，新闻书已经展现出现代报刊的一些特征，比如标题、评论、插图（主要是木刻画）、广告，甚至还出现了情感专栏。这一时期还出现了专门刊登广告的刊物，其中最知名的是 1657 年 5 月 26 日创刊的《公共广告人》（*Public Advertiser*），刊载的广

① 波兹曼．童年的消逝［M］．吴燕莛，译．北京：中信出版社，2015：59.

告种类繁多，包括房屋买卖、工作信息、食宿餐饮、车船交通等。

第四，党派报刊雏形显现。英国革命中形成了议会派和保王派两个政治派系，1643 年英国出现的拥有党派背景的新闻书可被视为党派报刊的雏形。当时，议会派的代表报刊是《英国信使》（*Mercurius Britannicus*），保王派的代表报刊是《宫廷信使》（*Mercurius Aulicus*），它们都是以新闻书形式呈现，不仅刊登政治信息，还是党派宣传的主要工具，恶骂、人身攻击和含沙射影成为重要内容。有学者甚至认为，现代政治新闻的许多技巧，比如编造新闻、不充分地否认传言和内情，就发端于此。

二 印刷出版管制的反复

在革命初期获得短暂的印刷出版自由之后不久，印刷出版管制再次被提上议会日程。1643 年议会通过《印刷管理法案》(Ordinance for the Regulating of Printing)，旨在纠正革命初期的出版业乱象，查处伪造、谣传、煽动、诽谤和未经许可的小册子，同时恢复皇家特许出版公司的管理职能，并单独成立了出版检查委员会。但是，这些管制措施收效甚微。直至克伦威尔共和国和查理二世复辟时期，更加严苛的印刷出版管制卷土重来。

1653 年，奥利弗·克伦威尔（Oliver Cromwell）解散议会并被拥戴为“护国公”，成为英国事实上的最高元首。克伦威尔收紧对印刷出版行业的控制，只有两本政治性新闻书被特许出版，分别为《政治信使》（*Mercurius Politicus*）和《公共情报者》（*Publick Intelligencer*），实际上它们只是一份刊物的两个版本，分别在周四和周一出版。除此之外，克伦威尔禁止出版其他一切新闻书，并动用军队严格执行规定。

1658 年，克伦威尔去世，英国再度陷入混乱。1660 年，被斩首的查理一世的儿子查理二世在保王党的拥戴下重新登上王位，斯图亚特王朝复辟。查理二世一上台就开始反攻倒算，全面恢复专制统治，不到一个月，议会就颁布新的禁令，规定任何人未经许可不得刊印有关议会的消息。1662 年 6 月 10 日，《防止煽动、叛国和未经许可的书籍与本册对出版权力的频繁滥用，以及管理印刷和印刷刊物法案》（*An Act for Preventing the Frequent Abuses in Printing Seditious, Treasonable, and Unlicensed Books and Pamphlets, and for Regulating of Printing and Printing Presses*，简称《1662 年出版管制法案》）颁布，该法案成为斯图亚特王朝复辟时期钳制印刷出版的主要管制法案。依据该法案，特许出版制度得以恢复；印刷物在出版前需要在皇家特许出版公司登记并接受检查；除了伦敦的特许出版商外，仅有剑桥大学和牛津大学拥有印刷出版权。此外还设立官方出版监察官（surveyor of the press）。查理二世即位后，只有《公众信使》（*Mercurius Publicus*）和《议会情报者》（*Parliamentary Intelligencer*）两份新闻书奉命出版。

三 “光荣革命”后的印刷出版管制

1688 年光荣革命后，詹姆斯二世被迫逃亡法国。1689 年，詹姆斯二世的女儿玛丽二世和女婿威廉三世一起登上王位，共同签署《权利法案》，确立“议会至上”的宪法原则，自此英国走上君主立宪制的道路。1695 年 3 月，《1662 年出版管制法案》宣告终止。这项法案的终止并非因为英国议会确立了“出版自由”的原则，而是因为革命后两个主要政党辉格党（Whig）和托利党（Tory）彼此不信任，尽管知道报刊在权力控制方面的重要作用，但因双方在众多细节方面无法达成一致而作罢。

印刷出版管制政策的瓦解推动英国印刷出版业的快速发展，与此同时，也有了新的控制印刷出版的手段。

（一）印花税

1712 年，英国议会通过第一个《印花税法案》（Stamp Act），向报刊和纸张征收印花税。由于纳税的报刊和纸张上都会贴一枚印花，就像付过邮资的信封上贴有邮票一样，故该税被称为印花税。该法案规定：第一，对报纸和小册子征收印花税，半印张（a half sheet）及以下的报纸和小册子每份征收半便士，超过半印张不足 1 印张（即 4 页）的报纸和小册子每份征收 1 便士，超过 1 印张不足 6 印张的报纸和小册子每印张征收 2 先令；第二，广告税，对报纸上的广告每则征收 1 先令；第三，纸张税，最初规定进口纸张征收高达 25%的税，征税的范围之后涵盖了英国本土生产的纸张；第四，所有在伦敦出版的报纸都要在印花税局（Stamp Office）登记，登记的内容包括出版商的姓名和地址等。拒绝登记的出版商会被罚款 20 英镑，并且其出版物的版权不受法律保护。[①]

《印花税法案》改变了以往依靠政治手段进行印刷出版管制的方式，主要采用经济

---

① 陈力丹，董晨宇．英国新闻传播史［M］．北京：人民日报出版社，2015：99.

手段管理印刷出版行业，以实现多重目的。首先，议会通过对印刷出版物征税解决了18世纪初英国因长达20年的反法战争而造成的财政紧张问题。其次，间接实现控制报刊的目的。为了缴纳高昂的印花税，出版商只能在有限的资金中拿出很少的钱来收集信息，同时又要确保刊印的内容不会因为触碰禁区而遭受控告和罚款，因此官方出版的《伦敦公报》（*London Gazette*）成为他们的主要新闻来源，一则降低搜集新闻的成本，二则避免敏感的政治话题。最后，客观上将报刊的阅读群体限定为中上阶层，缺乏购买力的下层民众被排除在外。《印花税法案》直到19世纪中叶才被废除，在施行的100多年间严重束缚了英国新闻业的发展。

（二）津贴制

光荣革命后，英国国内政局相对稳定，党派之间的争斗仍然存在，报刊成为党派之间展开辩论、获取舆论支持的最主要方式。英国正式进入政党报刊时期。

这一时期，英国各党派都以半公开的方式津贴非政党报刊的主办人或编辑，使其在一定时期内倾向于某个党派，宣传他们的政治主张，因此，不同政党报刊之间相互攻讦的情况很普遍。此外，迫于有限的经济实力和较高的税赋压力，当时很多的出版商和作家也曾接受过津贴或资助。比如，丹尼尔·笛福（Daniel Defoe）、理查德·斯梯尔（Richard Steele）和约瑟夫·艾迪生（Joseph Addison）的名字都曾出现在政府薪水册上。

18世纪60年代，伴随着工业革命的兴起和报刊广告收入的增加，报刊逐渐找到了自身的盈利法则，津贴制逐渐消失，英国的政党报刊也随之消失。

（三）法律制裁

18世纪初期，管制英国报刊的主要法律依据还是17世纪初星法院设立的煽动诽谤罪（seditious libel）。在英国，煽动的现代意义出现于伊丽莎白一世时代的1590年前后，煽动性诽谤罪最早由星法院审理，1641年星法院被裁撤后，煽动性诽谤罪由普通法院完整地继承下来，并成为英国君王和其他当政者控制言论的最主要的工具。

煽动性诽谤罪的审理规则为：首先，政府及其官员的名誉享受分殊、优先的保护。其次，系争言论的真实性不得成为抗辩理由。这句话的逻辑是，既然煽动性诽谤罪旨在保护政府及其官员免受外界责难，那么凡是批评此类对象，便需受罚，所述事项真实与否，自然不在考虑之列。换句话说，越是事实，越构成诽谤（The greater the truth, the greater the libel.）。最后，陪审团仅考察“事实问题”，即系争陈述是否确实被出版发表，以及出版发表者是否确系被告，而系争陈述是否具有诽谤性，则属于“法律问题”，由法官裁断。第三条原则形成于普通法院接任管辖煽动性诽谤罪之后。与星法院不同，普通法院受制于普通法程序，陪审团有可能会放过当局意欲惩治的被告，因此，1680 年本杰明·哈里斯（Benjamin Harris）的判例中提出第三条原则，以此规避陪审团的作用，使普通法院得以延续星法院的传统。[①] 1792 年，英国议会通过《缶科斯诽谤法案》（the Fox's Libel Act，也称《1792 年诽谤法案》），规定只能通过陪审团而非通过法官来决定被告言论是否属诽谤言论以及被告是否有罪。这一法案弱化了司法对被控出版物是否犯有诽谤罪的决定权，增强了陪审团在刑事诽谤案中的判决权，在一定程度上限制了煽动诽谤罪带来的迫害。[②]

第三节 17—18 世纪初英国的新闻出版

17—18 世纪初，英国历经近半个世纪的革命最终确立君主立宪制度，印刷出版管制也逐渐松动，英国先后出现了第一份真正的报纸和第一份日报。

一 《牛津公报》创刊

革命期间，英国出现了第一份真正的报纸《牛津公报》（*Oxford Gazette*）（见图 4-1）。1665 年，伦敦发生瘟疫，查理二世为逃避瘟疫，将宫廷暂时迁至牛津。宫廷人员惧怕病毒，不愿接触来自伦敦的报纸，于是，国王下令在牛津大学印刷出版一份新的报纸。1665 年 11 月 7 日，《牛津公报》创刊，每周一和周四出版，以邮寄方式派送给订阅者。随着伦敦瘟疫消退，王室迁回伦敦，《牛津公报》也随之迁回伦敦，并在 1666 年 2 月 1 日出版第 24 期时改名为《伦敦公报》，该报成为当时出版管制背景下唯一获准出版的报纸（见图 4-2）。[③]《伦敦公报》出版至今，除法定假期之外，每周一至周五出版。

---

① 张金玺．美国公共诽谤法研究：言论自由与名誉权保障的冲突与平衡［M］．北京：中国人民大学出版社，2016：17-19.

② 朱文雁．英国诽谤诉讼及其法律规制［J］．烟台大学学报（哲学社会科学版），2012（1）：43-48.

③ The Gazette. A History of the Gazette［EB/OL］.（2020-08-10）［2021-07-30］. https://www. thegazette. co. uk/history/timeline.

(1) Numb. 1.

The Oxford Gazette.

Published by Authority.

(2)

图 4－1　《牛津公报》

Numb. 85.

The London Gazette.

Published by Authority.

From Monday, Septemb. 3. to Monday, Septemb. 10. 1666.

图 4－2　1666 年，报道伦敦大火的《伦敦公报》

《牛津公报》之所以被视为第一份真正的报纸，是因为它在形式上完全区别于新闻书，对开单张，双面印刷，头版上方有报头，每版分两栏，与现代报纸几乎没有差别。

《牛津公报》是一份官报，报头下方明确表明“官方出版”（“Published by Authority”），报纸内容包括官方公告、国外新闻、船只信息和社会新闻，没有评论。

目前，《伦敦公报》由英国皇家文书局（Her Majesty’s Stationery Office）印刷出版，该机构同时还刊印英国的其他两份官方报纸：《爱丁堡公报》（*Edinburgh Gazette*）和《贝尔法斯特公报》（*Belfast Gazette*）。

二 日报《每日新闻》创刊

1702 年 3 月，伊丽莎白·马利特（Elizabeth Mallet）在伦敦创办了英国第一张日报《每日新闻》（*The Daily Courant*）（见图 4－3）。创办初期，《每日新闻》采用对开一张、两栏、单面印刷，售价 1 便士，第一期共有十条新闻，注有消息来源、地点和日期。报道内容主要是从荷兰和法国的出版物中翻译过来的，没有国内新闻和评论。从第九期开始，马利特将报纸出售给了萨缪尔·巴克利（Samuel Buckley），之后改为双面印刷，消息来源更为丰富，发行量保持在 800 份左右，该报一直出版至 1735 年。

The Daily Courant.

ADVERTISEMENT.

图 4－3　《每日新闻》第 1 期

此外，随着对地方印刷出版管制的解除，英国开始出现地方性报纸，现存最早的一份报纸是1704年8月21日出版的《布里斯托邮差》（*Bristol Post-boy*）。最初的地方性报纸很少报道地方新闻，内容主要由伦敦报纸的内容拼凑而成，由于伦敦报纸的到达时间不确定，新闻缺乏时效性，而且每期刊出的新闻量也经常不一样。尽管如此，这些地方性报纸因为售价低廉销售量不低，盈利十分可观。

【知识窗】 英国王朝与中国王朝对照一览图

英国王朝年表

诺曼底王朝（The Normans，1066—1154)	北宋、南宋
金雀花王朝 (The Plantagenets，1154—1485)	南宋、元、明
都铎王朝 (The Tudors，1485—1603)	明
斯图亚特王朝 (The Stuarts，1603—1649/1660—1714)	明、清
汉诺威王朝（The Hanovarians，1714—1901)	清
温莎王朝（早期称古塞王朝，The Windsors，1901—1917/1917— ）	

【推荐阅读】

[1] 威廉姆斯．一天给我一桩谋杀案：英国大众传播史［M]．刘琛，译．上海：上海人民出版社，2008.

[2] 陈力丹，董晨宇．英国新闻传播史［M]．北京：人民日报出版社，2015.

[3] 李彬．全球新闻传播史（公元1500—2000年)［M]．2版．北京：清华大学出版社，2009.

[4] 展江．英国早期出版专制和清教徒的抗争［J]．南京社会科学，2011（7)：109－114.

【思考题】

1. 英国革命之前采取了哪些印刷出版管制政策?
2. 英国“光荣革命”后的印刷出版管制具有哪些特点?
3. 请简述《牛津公报》的创刊背景与报刊特点。

【关键词】

丹尼尔·笛福 Daniel Defoe

约瑟夫·艾迪生 Joseph Addison

《伦敦公报》*London Gazette*

奥利弗·克伦威尔 Oliver Cromwell

《印刷管理法案》Ordinance for the Regulating of Printing

《牛津公报》*Oxford Gazette*

《1538 年公告》Proclamation of 1538

理查德·斯梯尔 Richard Steele

皇家许可证 royal charter

萨缪尔·巴克利 Samuel Buckley

煽动诽谤罪 seditious libel

《星法院法令》Star Chamber Decree

星法院 Star Chamber

皇家特许出版公司 Stationers' Company

《权利法案》the Bill of Rights

《每日新闻》*The Daily Courant*

第五章

报刊与革命：法国

【本章学习要点】

1. 了解法国大革命前的印刷出版管制政策。
2. 理解并掌握《公报》的发展历程。
3. 理解并掌握《人权宣言》第 11 条的内容及其历史意义。

第一节 法国大革命前的印刷出版

公元 843 年，欧洲的法兰克王国国王路易一世的三个儿子在凡尔登签订了分割国土的《凡尔登条约》（Le traité de Verdun），长子罗退尔分得中法兰克王国，次子路易分得莱茵河以东的东法兰克王国，三子查理分得西法兰克王国，他们的领地成为现在意大利、德国和法国的雏形。在大革命爆发之前，法国历经加洛林、卡佩、华洛瓦和波旁四个王朝。

一 法国大革命前的印刷出版管制

在法国大革命前，作为当时欧洲最大、最发达的专制国家，法国国王拥有高度集中的权力，在印刷出版方面采取严苛的管制制度，主要分为书报检查制度和特许出版制度。

（一）书报检查制度

法国的印刷品监管始于 16 世纪 20 年代，系统的事先检查制度直到路易十四时期（1638—1715 在位）才形成，主要由直属内阁的出版管理局（Direction de la librairie）依据其颁布的《出版法令》（Code de la librairie，1723—1790）执行。书报检查的主要目的是“禁止诋毁君主、教会或传统道德的内容，同时也可以鉴定手稿的真伪、否决荒诞不经的研究”①，外国报纸报道法国事务也需要接受法国的检查。

18 世纪 80 年代，法国因为支持美国独立战争、对抗英国，国库亏空。为了向教士和贵族阶层征收税费解决财政问题，法国国王路易十六不得不召开由教士、贵族和市民组成的三级会议。其间，为表示自己的诚意，路易十六首次放开对言论的管制，邀请各方专家提交改革国家财政与政治的方案，并强调“不必接受事先检查”。自此，未受检查的政论小册子和陈情书盛行。据统计，至 1788 年底，共有 1 500 多种小册子出版，1789 年初选举三级代表的四个月间又新出版了 2 600 种。截至 1789 年 5 月，一年内印刷的小册子总册数可能超过了 1 000 万册。②

（二）特许出版制度

法国的定期印刷刊物一直处于王权的集中管控之下。1563 年国王向印刷商和书商颁发垄断特许权，获得特许权的出版商和书商可以组织公会，享有印刷图书和监督图书交易的权力。到 17 世纪晚期，巴黎 36 家特许印刷商、100 家特许书商垄断了印刷出版贸易。特许出版权体现了国王是一切印刷品的最高管制者，经国王批准的书籍要在扉页下方印上“国王特许批准”的标准字样，否则不得在法国出版或销售；违反特许权的出版商和书商会被处以监禁、绞刑、火刑或绝罚（即开除教籍）。但是，特许权作为王权的延伸只在法国境内有效，边境之外，如果没有当地政府的禁令，出版商可以随意翻印法国版书籍。

二 法国大革命前的印刷出版

法国的第一台印刷机由当时的巴黎索邦大学校长纪尧姆·菲歇（Guillaume Fichet）

① 陈继静．法国新闻传播史［M］．北京：人民日报出版社，2017：78.

② 斯丹迪奇．从莎草纸到互联网：社交媒体 2000 年［M］．林华，译．北京：中信出版社，2015：236.

于1468年引入。1470年，巴黎索邦大学出版了法国第一本印刷书籍《加斯帕里诺书信集》（*Lettres de Gasparino*）。[①] 1485年，法国出现第一份印刷新闻纸[②]，最早的定期刊物是1631年在巴黎创刊的手抄形式的《各地普通新闻》（*Nouvelles ordinainres de divers endroits*），对开四页。[③] 与英国类似，全世界最早出现法文报刊的地方也并非法国本土，而是荷兰的阿姆斯特丹。1620年9月，阿姆斯特丹的出版商开始印刷出版世界上最早的法文周报，他们将荷兰文报刊上的新闻一字不差地翻译成法文，删去可能冒犯法国政府的政治新闻，将其运到法国境内出售。

鉴于法国大革命前严苛的出版管制制度，当时法国境内的印刷出版物大致可以分为三类，即巴黎的报纸、外省的报纸和来自荷兰的法文印刷品。巴黎的报纸，主要指三份官报：垄断外交事务和官方政治主题的《公报》（*La Gazette*）、垄断与轻松读物有关的主题的《信使报》（*Le Mercure*）和垄断科学和哲学主题的《学者报》（*Journal des Savants*），除此之外，还有专门刊登有趣消息和传闻的合法"小报"。在官报中，最有名的当属由御医泰奥弗拉斯特·勒诺多（Théophraste Renaudot，1586—1653）（见图5-1）于1631年5月30日创办的法国第一份连续发行的定期刊物《公报》。

图5-1　泰奥弗拉斯特·勒诺多

① 陈继静．法国新闻传播史［M］．北京：人民日报出版社，2017：46.

② 同①57.

③ 同①60.

1611 年，勒诺多被推荐给国王路易十三的首相黎塞留（Armand Jean du Plessis de Richelieu），担任皇家御医，之后获任皇家济贫总监，负责帮助穷人就业。1629 年，勒诺多在巴黎开设了一家官方救助机构“问询接洽处”，主要为来自巴黎以外的人提供工作机会。同时，他创办了《问讯处简报》（*Feuilles du Bureau d'Adresse*），刊登“巴黎求售房屋”“家具出售”“求购办公室”等招聘、房屋租赁信息，这是现代报纸广告版的雏形。

1631 年，勒诺多在创办《公报》后不久，就因首相黎塞留的帮助而拿到了特许出版状，《公报》由此成为合法的官方报纸。1632 年 11 月，法国最早的定期刊物《各地普通新闻》并入《公报》。1632 年，《问讯处简报》也并入《公报》。

《公报》最初是周刊，开本如书本大小，每期四页，报头上标有“尘世间所有国王及强国的报道”字样，刊载国内外新闻。国内政治新闻主要来自宫廷的管理部门，即首相公署，有时路易十三也会亲自提供军事消息。1635 年，《公报》的特许出版权再次得到确认，自此，每周出版两期，开本扩大，每期增至 8 页，一期为国内新闻和宫廷轶事，一期为国外新闻。[①]《公报》是法国历史上连续出版时间最长的报纸。

回顾《公报》近 300 年的出版过程，大致经历了三个阶段：

第一阶段，自 1631 年创立《公报》，勒诺多家族持续经营了 131 年，1762 年转手他人。

第二阶段，1762 年，路易十五的外交大臣买下《公报》，并改为双周出版的《法兰西公报》(*Gazette de France*)。1780 年由巴黎大出版商夏尔-约瑟夫·庞库克（Charles-Joseph Panckouke）买下，一直经营到大革命爆发。有意思的是，当时作为官方报纸的《法兰西公报》并没有报道巴黎市民攻占巴士底狱的新闻。

第三阶段，1792 年 5 月 1 日，法国外交部收回了《公报》并重新出版。1793 年 1 月 21 日，路易十六被处决后，该报改名为《法国公报》(*Gazette nationale de France*)，并改版成大版幅的日报，出版至 1915 年。

第二节 法国大革命后的出版自由与出版管制

1789 年 7 月 14 日，巴黎市民攻占了巴士底狱。巴士底狱始建于英法百年战争时

① 陈力丹．世界新闻传播史［M］．3 版．上海：上海交通大学出版社，2018：67.

期，在 15、16 世纪始终为军事要塞，后来黎塞留把它改建为一座专门关押政治犯的监狱。当巴黎市民攻占巴士底狱时，里面只有寥寥无几的犯人和国王路易十六派来守备的 100 多名士兵。攻占巴士底狱，象征着君主专制的瓦解。

法国大革命爆发后，先后经历了法兰西第一共和国时期（1792—1799）、法兰西第一帝国时期（1799—1814）、波旁复辟王朝时期（1814—1830）、七月王朝时期（1830—1848）、法兰西第二共和国时期（1848—1851）、法兰西第二帝国时期（1851—1870）和法兰西第三共和国时期（1870—1940）。

法国大革命影响深远。诚如托克维尔所言，其真正的功绩在于："摧毁若干世纪以来绝对统治欧洲大部分人民的、通常被称为封建制的那些政治制度，代之以更一致、更简单、以人人地位平等为基础的社会政治秩序。"法国大革命"通过一番痉挛式的痛苦努力，使旧社会中贵族制和封建制所产生的一切，以任何方式与之有联系的一切，以及即使带有贵族制和封建制最微小的印迹的一切"① 瞬间崩塌。在这场革命中，古老的制度、欧洲的几乎一切宗教法律和政治法律，以及与之相伴的思想、感情、习惯和道德都混合交织在一起，因此，法国大革命本身又呈现出反复性。

一 《人权宣言》确立言论出版自由

1789 年 8 月 26 日，国民制宪会议发布了《人权宣言》（全称《人权与公民权宣言》，Déclaration des Droits de l'Homme et du Citoyen/Declaration of the Rights of Man and of the Citizen），全文共计 17 条，核心精神就是资产阶级的自由、平等与博爱的思想。其中第 11 条是有关言论出版自由的条款：

> XI. The unrestrained communication of thoughts and opinions being one of the most precious rights of man，every citizen may speak，write，and publish freely，provided he is responsible for the abuse of this liberty，in cases determined by law.
>
> 无拘束地交流思想和意见是人类最宝贵的权利之一，每个公民都有言论、著述和出版的自由，只要他对滥用法律规定情况下的这种自由负责。②

这是人类历史上第一个明确规定出版自由的正式法律文件，它把言论出版自由视

---

① 托克维尔．旧制度与大革命［M］．冯棠，译．桂裕芳，张芝联，校．北京：商务印书馆，2013：60－61.
② 王德禄，蒋世和．人权宣言［M］．北京：求实出版社，1989：15.

为一种天赋人权而不受时效约束，对其而言法律是唯一的限制。法国因此成为世界上第一个公开宣布出版自由、废除出版检查的国家。但需要强调的是，《人权宣言》只是一份原则性文件，并不具备法律的可操作性，而真正的出版自由必须有法可依。法国1789年《人权宣言》提出出版自由原则，直到1881年才通过《新闻自由法》（Loi sui la Liberté de la Presse），在法律上确立新闻自由，其间国家经历了多次以政治暴力为转折点的体制变动，耗时近百年。

二 出版管制政策的反复

（一）法兰西第一共和国时期（1792—1799）

从《人权宣言》公布到1792年8月，代表工商资产阶级利益的君主立宪派掌握政权，书报检查与特许出版制度被废除，相配套的审查官、出版商公会、书商公会、警方巡检员、雇主联合会等都失去了权势的依靠，法国的书报出版业因此处于一种完全自由的状态，印刷出版一度出现前所未有的繁荣。但是，1792年8月吉伦特派（Girondist）上台后取缔了保皇派报纸，实际上否定了《人权宣言》的言论出版自由原则。1793年6月代表小资产阶级利益的雅各宾派（Jacobins）掌握政权后，采取了更为激进的出版管制政策，取缔所有非雅各宾派报刊，只让一个声音说话。1794年7月底，雅各宾派政权被热月党人推翻，热月党政权依旧采取高压的出版政策，以津贴的方式资助支持该党派的报刊。

（二）法兰西第一帝国时期（1799—1814）

1799年11月，拿破仑·波拿巴（Napoléon Bonaparte，1769—1821）发动雾月政变后，出台的第一项政策便是镇压报纸。1799年12月24日，拿破仑颁布《共和八年宪法》，共计95个条款，但不包括言论自由、出版自由、人权或公民权，这实际上是取消了大革命的重要成果，即言论出版自由。不仅如此，1800年1月17日，拿破仑颁布出版法令，其中第三条规定恢复出版许可证，意味着出版管制政策又退回到了大革命之前；第五条规定凡是侮辱军队、抨击政府、攻击共和国及其盟国的报刊都要被取缔，即使转载或摘录外国文章也在取缔之列。1804年拿破仑称帝后，进一步加强了书报检查，不仅建立了隶属警察部的新闻局，各报编辑部也设立了新闻检查官，防止包括百科全书派、波旁王朝、大革命等方面的内容见诸报端。诚如拿破仑所言："大革命的时代业已终结。在法国，只能存在独一无二的党派，我绝不容忍报纸说出或做出有损于朕利益的事情来。"①

在这种出版管制政策的指导下，当时巴黎只允许出版《总汇通报》(*Le Moniteur universel*)、《帝国日报》、《法兰西公报》和《巴黎日报》(*Le Journal de Paris*) 四份政治性日报，由警察局派人监督发行，其余报纸一律被取缔。其中，《总汇通报》是拿破仑的宣传工具，外省出版的政治性日报只能从《总汇通报》上转载政治新闻和政论文章，拿破仑本人也经常亲自撰写涉及内政外交的重要文章。

（三）波旁复辟王朝时期（1814—1830）

1814 年 3 月，反法联军攻占巴黎，拿破仑被迫退位后，波旁王朝复辟。1814 年 6 月，路易十八（1814—1824 在位）颁布的《宪章》第八条规定法国人有依法发表和出版自己意见的权利，但法律应对滥用此项自由的行为予以追究。这意味着政府在一定程度上恢复了出版自由。但仅四个月后，路易十八又借口整顿报刊，重新颁布了包含出版特许、书报检查和印花税的新法令。1815 年 3—6 月拿破仑百日王朝时期，法国的出版业失去政府监督，一度完全自由。

路易十八复位后，较为开明的司法大臣德塞尔（de Serre）在 1819 年 3—6 月间制定了法国历史上第一部有关报刊自由的法令，废除了预审制和印花税，报刊案件的判决权转归陪审团。但是，这项法令不久便被他的继任者维莱勒（Villèle）废除，并很快恢复了书报检查，通过政府津贴收买报纸，通过司法诉讼打压报纸。1830 年 7 月，首相波林尼娅克（A. Polignác）颁布《七月敕令》，第一条就宣布废除所有报刊和小册子的出版自由，实行书报检查，由此引发了七月革命，后查理十世逃亡，复辟的波旁王朝长系被推翻。

（四）七月王朝时期（1830—1848）

七月革命后，波旁王朝的旁系、奥尔良公爵路易·菲利普（Louis Philippe）被拥戴为国王。鉴于严苛的出版管制导致革命的前车之鉴，七月王朝在 1830 年 8 月颁布《1830 年宪章》，宣布恢复议会政治，废除书报检查。1830 年 10 月和 12 月又两次颁布

---

① 陈力丹．世界新闻传播史［M］．3 版．上海：上海交通大学出版社，2018：71.

法令，将出版保证金由累进制改为递减制，降低印花税，将报刊案件的审判权重归陪审团。

但是，七月王朝面临波旁王朝正统派和共和派的两面夹击。1835 年发生极端分子刺杀国王事件后，路易·菲利普被迫加强出版管控，并于 9 月颁布“九月法令”，规定出版保证金增加一倍，而且必须以现金支付；宣布对报刊政治漫画实行事先检查。不过，整体而言，七月王朝时期的出版管制还算相对宽松。

（五）法兰西第二共和国时期（1848—1851）

1848 年 2 月，共和派和自由派发动二月革命，七月王朝被推翻，法兰西第二共和国成立。3 月，临时政府颁布“三月法令”，宣布废除 1835 年的“九月法令”，取消印花税和出版保证金，恢复陪审团对报刊案件的审判权，这些政策的调整在一定时期内刺激了法国报刊的发展。据称，1848 年 2—6 月间，法国出现了近 200 种报刊，第二共和国存在的三年内，新办报刊的总量达到 1 000 多家。①

1848 年 6 月，反对派因不满总统路易-拿破仑·波拿巴（Louis-Napoléon Bonaparte，1808—1873）出兵罗马而发动“六月起义”，起义被镇压后，路易-拿破仑·波拿巴开始禁止反对派出版报刊。之后，议会连续颁布法令，规定政府有权禁止报刊发行，恢复印花税和保证金制度，同时对发表不利于政府言论的报刊所有者处以罚款和监禁。

（六）法兰西第二帝国时期（1851—1870）

1851 年 12 月 2 日，路易-拿破仑·波拿巴建立法兰西第二帝国。在政变后第二天，他便下令限制出版自由，同时效仿他的伯父拿破仑·波拿巴的做法，只保留巴黎 11 家日报的发行权，严厉打击反对派报刊，外省的共和派报刊全部停办。同时规定，出版案件从轻罪改为刑事罪，审判权交给警察法庭。1852 年 2 月他继续颁布法令，完全恢复出版业的书报检查和保证金制度，而且为了控制舆论，各省的报纸必须发布政府通告。

不过，自 1860 年起，随着国内矛盾激增与对外战争的连续失败，路易-拿破仑·波拿巴被迫放松出版管制。1868 年 5 月，书报检查制度废除，报刊出版也不必经过政

---

① 陈继静. 法国新闻传播史［M］. 北京：人民日报出版社，2017：132.

府批准，只需提前半个月在相关部门登记。印花税依然保留，但税率降低，因此大量新报刊涌现。

（七）法兰西第三共和国时期（1870—1940）

路易-拿破仑·波拿巴在1870年普法战争中垮台，随后，法兰西第二帝国被推翻。1870年9月4日，巴黎爆发革命，法兰西第三共和国成立。1879年，共和派获得了议会多数席位掌握政权，自此，法兰西第三共和国进入相对平稳的发展阶段。1881年7月29日，《新闻自由法》经过议会的多次辩论后得以通过，该法案取代了原本管制新闻出版的42项法令和300多个条款，废除了一切出版限制，赋予了每个法国公民自由办报的权利，标志着出版自由的真正实现，法国报刊因此进入黄金时代。[①] 不过，《新闻自由法》规定只对出版物负责人追责，这在一定程度上使不负责任的言论可以免于法律追究，也导致了滥用言论自由行为频发。

第三节 法国大革命后的新闻出版

16世纪和17世纪初，法国巴黎以外坐落着一些规模庞大的印刷厂，但到了18世纪末，这些印刷厂或者没有了印刷工，或者没有活干。整体而言，比起16世纪，法国在18世纪末出版的各类书籍总量虽然在增加，但思想动力只来自中央，巴黎已经吞噬了外省。

一 巴黎报刊

大革命爆发后，言论风暴的中心主要在巴黎，巴黎成为报刊发行中心。据记载，在三级会议召开后不久、攻占巴士底狱前几天，巴黎每时每刻都有一本政治小册子问世——每周甚至共发行92册。但在巴黎以外，人们很少印行小册子，也根本没有报纸。外省民众即便有时集会，也是为了听取巴黎传来的消息。[②]

① 陈继静．法国新闻传播史［M］．北京：人民日报出版社，2017：149－150.

② 托克维尔．旧制度与大革命［M］．冯棠，译．桂裕芳，张芝联，校．北京：商务印书馆，2013：115.

这一时期的巴黎报刊几乎没有商业广告，有些会刊登股票交易价格，有些会定期宣传本报的订阅价格，但主要刊登政治新闻和不同政治派别的立场和观点。根据不同的内容侧重，巴黎报刊主要可以分为新闻性报刊和政治性报刊两大类。新闻性报刊原本大都是旧制度时代的官方报刊，包括《法兰西公报》《总汇通报》《巴黎日报》等。政治性报刊在种类和数量上都比新闻性报刊要多，这是因为法国大革命引发了立场各异的政治派别的相继出现。大革命爆发后，随着代表不同利益的政治派别轮番上台，代表不同政治立场的政治性报刊也相继问世，不久后又伴随着政治派别的下台、被倾轧或被取缔而消失。1789 年 9 月，由雅各宾派领导人之一的让-保罗·马拉（Jean-Paul Marat）创办的《人民之友报》（*L'Ami du peuple*）（见图 5－2）就是大革命时期最有影响力的政治性报刊之一。《人民之友报》几乎每日出版一期，马拉经常在报刊中揭露贵族与国王的勾结、军队的腐败、奸商的罪恶。比如，该报曾在 1790 年 1 月 18 日刊出题为《人民之友马拉先生向人民法院揭露第一财政大臣内克尔先生》的 50 页长文。[①] 与此同时，马拉还利用报纸宣传观点，煽动革命。1793 年 7 月，马拉被刺身亡。随后，《人民之友报》也于 1793 年 9 月停刊。

(8)

tomber la pétition de la gendarmerie nationale, (1) qui venoit lui dénoncer les ordres traîtreux de leurs chefs et solliciter leur destitution. Voyez-le décréter de porter au complet le département de Paris, qui devroit être traîné sur un échaffaud, au lieu d'être remis en activité. Voyez-le ne prendre aucune mesure pour faire transferer la famille Capet, toujours au manège, où les courtisans contre-révolutionnaires arrivent déguisés en gardes nationaux, pour l'enlever. Mais ce qui ne laisse le moindre doute sur ses perfides projets; ce sont ses efforts continuels pour dissoudre l'assemblée des commissaires patriotes des sections, et rétablir la municipalité contre-révolutionnaire. Elle voit avec désespoir que tant que ces dignes commissaires seront en activité, c'est en vain qu'elle se flatteroit de couronner ses attentats; que, pour les poursuivre sans obstacles, il lui faut un département, une municipalité et des juges de paix, tous suppôts du despotisme, qui, loin de permettre au peuple le déployement de ses forces et l'exercice de sa justice contre les traîtres conjurés à sa perte, le repriment et l'enchaînent pour le faire égorger.

O vous, dignes commissaires des sections de Paris, vrais représentans du peuple, gardez-vous des pièges que vous tendent ses infidèles députés, gardez-vous de leurs séductions; c'est à votre civisme éclairé et courageux que la capitale doit en partie les succès de ses habitans, et que la patrie devra son triomphe. Restez en place pour notre repos, pour votre gloire, pour le salut de l'empire. Ne quittez le timon de l'autorité publique, remis en vos mains, qu'après que la convention nationale nous aura débarrassé du despote et de sa race indigne; après qu'elle aura réformé les vices monstrueux de la constitution, source éternelle d'anarchie et de désastres, après qu'elle aura [illegible] liberté publique sur des bases inébranlables. [illegible] pour cela, faites révoquer le funeste décret [illegible] des députés appellés à la composer. Ecl[illegible] convoquez toutes les sections à ce [illegible] sa puissance, et qu'il fasse des[illegible] tombe les scélérats qui osent machiner [illegible] s'opposer à son bonheur.

[illegible] montrée dans la journée du 10, [illegible] toutes les qualifications [illegible] son égarement an érieur. [illegible] de tous les bons citoyens [illegible] gendarmes leurs fr[illegible] sentiront plus[illegible] Ami du Peuple.

Ces feuilles teintes du sang de Marat se trouvaient sur la tablette de sa baignoire lorsqu'il fut poignardé par Charlotte Corday; elles furent recueillies et conservées par sa sœur Albertine Marat qui a bien voulu m'en faire le sacrifice pour accroître ma collection de monuments patriotiques de l'époque.

Paris a 26 mai 1837.

[illegible]

de Vinck

No. 678.

L'AMI DU PEUPLE,

JOURNAL POLITIQUE ET IMPARTIAL,

Par J.-P. MARAT, Auteur de l'Offrande à la patrie, du Moniteur, du Plan de Constitution, et de plusieurs autres ouvrages patriotiques.

Vitam impendere vero.

Du Mardi 13 Août 1792.

Le Peuple abusé par ses Réprésentans, ou les nouvelles trahisons des peres conscrits depuis la prise du château des Tuilleries.

Le 9 août 1792, les deux tiers de l'assemblée nationale se montroient, non seulement archigangrénés, mais effrontément contre-révolutionaires: et le 10, ils se disent, non seulement bons patriotes, mais brûlans de zèle pour la loi de l'égalité qui les désespère, mais intrépidément dévoués au salut de la patrie, dont ils machinoient la ruine. Que dis-je, le 10 à neuf heures du matin, ils se montroient effrontés oppresseurs (1) du

(1) Quand le lâche Louis va chercher un asyle avec les siens au milieu de ses complices; en leur annonçant qu'il fui, pour épargner au peuple qu'il alloit faire égorger, LE GRAND CRIME DE LE PUNIR DE SES FORFAITS et en les assurant qu'il se croit en sûreté parmi eux: le président lui répond fièrement, au nom de ses confrères; « Votre majesté peut compter sur la fermeté de l'assemblée nationale, ses membres ont jurés de mourir à leur poste, en soutenant les autorités constituées. Et au premier bruit du canon, tous ses traîtres se lèvent pour s'é[illegible] per; retenus par les reproches sanglans des [illegible] vont chercher leur salut en se confondan[illegible] été une grande gaucherie du patriote M[illegible] pêché ces scélérats de fuir; ils auroien[illegible] le peuple, et nous en serions e[illegible]

图 5－2 《人民之友报》

① 陈继静．法国新闻传播史［M］．北京：人民日报出版社，2017：102．

二 外省报刊

大革命之前，很多外省报纸实际上都是巴黎特许出版商办的广告纸，除了刊登广告，也刊登一些文艺作品。大革命时期，外省报刊在数量上有所增加，但出版时间不长。据统计，在1789年底到1791年9月制宪会议期间，167份新创办的外省报纸中，发行超过三个月的只有85份，超过一年的只有45份。[①] 当时的巴黎是新闻中心，外省报刊当然无法与巴黎报刊相竞争，大部分外省报刊只是简单复制巴黎报刊的国内外新闻。此外，外省报刊延续了旧制度时代的特点，主要刊登广告，有些报刊甚至纯粹刊登广告。

值得一提的是，外省报刊的数量在拿破仑时期获得了增长，主要原因是拿破仑为了加强中央政府的控制，要求自己亲自任命的各省省长配合政令的上传下达，于是各省省长都加大了对地方报刊的财政投入，由此一些贫困省拥有了当地第一份报纸。不过，这些报纸的主要任务是传达政令，除了刊登官方条令外，只报道无政治倾向的社会新闻和商业广告，比较枯燥乏味。

自法国大革命爆发至法国政局进入相对平稳的阶段，大约历时百年。其间，数次革命与政变导致法国并未出现真正具有影响力的代表性报刊，而且不同政治派别之间观点的争斗塑造了法国报刊重视评论的特点，并一直延续至今。

法国大革命时期创办的报纸，只有两家持续出版到第二次世界大战：一份是1789年创刊的《总汇通报》，由曾买下《法兰西公报》的巴黎大出版商夏尔-约瑟夫·庞库克创办，是最重要的报道议会新闻的刊物。该报自拿破仑时期开始，一直充当历任政府的官方报纸。1869年改名为《帝国官方日报》（*Journal Officiel de la République Française*），主要刊登政府公告。此后，报纸的名称一直保留“官方日报”字样，只改动定语，比如在第三共和国时期叫作《法兰西共和国官方日报》，该报于1944年停刊。另一份是1789年创刊的《辩论日报》（*Journal des débats*），该报随着政治形势的变化而不断更换老板，政治立场始终是保守或温和的，并且依附于当权政府，于1944年停刊。

① 陈继静. 法国新闻传播史［M］. 北京：人民日报出版社，2017：106.

【推荐阅读】

[1] 托克维尔. 旧制度与大革命 [M]. 冯棠，译. 桂裕芳，张芝联，校. 北京：商务印书馆，2013.

[2] 陈继静. 法国新闻传播史 [M]. 北京：人民日报出版社，2017.

[3] 王德禄，蒋世和. 人权宣言 [M]. 北京：求实出版社，1989.

【思考题】

1. 法国大革命前有哪些印刷出版管制政策?
2. 《公报》大致经历了哪些发展阶段?
3. 请简述《人权宣言》第 11 条的内容及其历史意义。

【关键词】

波林尼娅克 A. Polignác　　维莱勒 Villèle

夏尔-约瑟夫・庞库克 Charles-Joseph Panckouke

《出版法令》Code de la librairie　　德塞尔 de Serre

出版管理局 Direction de la librairie　　《法兰西公报》*Gazette de France*

《法国公报》*Gazette nationale de France*

纪尧姆・菲歇 Guillaume Fichet　　让-保罗・马拉 Jean-Paul Marat

《帝国官方日报》*Journal Officiel de la République Française*

《人民之友报》*L' Ami du peuple*　　《公报》*La Gazette*

路易・菲利普 Louis Philippe

路易-拿破仑・波拿巴 Louis-Napoléon Bonaparte

奥弗拉斯特・勒诺多 Théophraste Renaudot

第六章

报刊与革命：美国

【本章学习要点】

1. 了解并掌握北美殖民地时期的代表性报刊。
2. 理解并掌握“曾格案”的大致经过与历史意义。
3. 理解并掌握托马斯·潘恩的小册子《常识》的主要内容及其历史意义。

第一节 北美殖民地时期的新闻出版

在成为一个主权国家之前，美国只是13个在宗教、经济和文化方面存在巨大差异的英国殖民地。1638年，美国的第一台印刷机出现于哈佛大学。之后，美国的印刷业逐渐普及，最早的印刷品多为宗教典籍和识字课本。17世纪90年代，美国第一份印刷报纸出现，邮政局在北美殖民地发挥信息中枢作用。

一 《海内外公共事件报》

《海内外公共事件报》（*Publick Occurrences: Both Forreign and Domestick*）是美国最早的一份印刷报纸（见图6-1），由本杰明·哈里斯（Benjamin Harris）于1690年9月25日在波士顿创刊。哈里斯曾是一个政治上激进的伦敦出版商，自1673年开始印刷小册子、新闻信，1679 年因出版反对约克公爵（即后来的詹姆斯二世）继位的小册子而被判煽动罪入狱。出狱后，哈里斯继续在英国从事出版业，创办未经特许的新闻信《国内情报》(*Domestick Intelligence*)，每周两期，报道国内外政治新闻，以及一些广告。1686 年，哈里斯迁至北美波士顿，经营一家咖啡馆，为客人提供来自北美以外的报纸和书籍，并出版《海内外公共事件报》。

PUBLICK
OCCURRENCES
Both FORREIGN and DOMESTICK.
Boston, Thursday Sept. 25th. 1690.

图 6-1 《海内外公共事件报》

《海内外公共事件报》共有四版，宽 6 英寸[①]，长 10 英寸，但只印了三版，第四版空白，为的是让读者在传阅时，把自己了解的独家新闻写在上面。哈里斯原本打算将这份报纸办成一份月刊，如果发生的事情太多，还会发行增刊，旨在向读者“介绍我们了解到的大事”[②]。但不幸的是，这份报纸只出版了一期，就在 1690 年 9 月 29 日被殖民地政府查封。《海内外公共事件报》被查封的主要原因是哈里斯没有事先获得出版许可。此外，该报在军事新闻中批评了易洛魁族印第安人，而易洛魁族人在威廉王之战（King William's War）中是英国人的盟友，和英国人一起与法国人作战。哈里斯把易洛魁族人称为“可怜的野蛮人”，希望不要请求易洛魁族人帮忙，而是使用全部由基督徒组成的军队攻占由法国控制的加拿大，这可能是殖民地政府封杀这份报纸的另一原因。[③] 哈里斯再次入狱，出狱后继续经营咖啡馆，1692 年获得官方许可，印刷官方法律文件，同时积极参与社区事务。

1695 年，哈里斯回到伦敦，出版过一些报纸，其中包括《伦敦邮报》(*London Post*，1699—1706)。

二 《波士顿新闻信》

《波士顿新闻信》(*Boston News-Letter*)（见图 6-2）是美国第一份连续出版的报纸，该报连续出版了 72 年，最初 15 年是一份官方报纸，之后作为私营报纸出版。

---

① 1 英寸约合 2.54 厘米。

② 斯丹迪奇．从莎草纸到互联网：社交媒体 2000 年［M］．林华，译．北京：中信出版社，2015：185.

③ 舒德森．好公民：美国公共生活史［M］．郑一卉，译．北京：北京大学出版社，2014：10.

《波士顿新闻信》的创办人是波士顿邮政局局长约翰·坎贝尔（John Campbell，1653—1728）。1692 年，英国王室授权建立一套殖民地间的邮政送达服务，最初只能处理信件，如果想要捎带报纸，就得贿赂邮政系统官员。殖民地各级邮局成为信息中枢，而邮政局长成为重要的节点，他们不仅可以利用职务之便采集各种消息，还可以投寄报刊。1702 年，坎贝尔被任命为马萨诸塞湾重镇波士顿的邮政局长。1703 年，他开始从伦敦报纸和到港船员那里搜集消息，给其他殖民地总督发送手抄新闻信，他作为邮政局长，寄信不用付邮费。坎贝尔的手抄新闻信一度颇受欢迎，供不应求。1704 年 4 月 24 日，手抄新闻信正式改为《波士顿新闻信》印刷出版，报刊名称也体现了该报由手抄新闻信发展而来的历史。《波士顿新闻信》出版后的很长一段时间都没有竞争对手。而当时新英格兰地区的另外两大城市费城和纽约，分别在 1719 年和 1725 年才拥有自己的报纸。①

The Boston News-Letter.
Published by Authority.

图 6-2 《波士顿新闻信》

《波士顿新闻信》仅为一页 16 开的纸，双面印刷，是一份周报，由于发行人坎贝尔的官方身份，报头下注明了“官方出版”字样。《波士顿新闻信》的内容有三分之二是英国以及欧洲大陆的新闻。这些新闻远涉重洋，到达美洲已隔数月，加上报纸版面有限，因此很多新闻往往拖延几个月乃至一年才能见报。② 对此，坎贝尔本人认为并无大碍。他认为自己的作用是提供一系列不间断的历史性报道，而不是最新消息，而且他对发表个人意见、报道当地的政治新闻不感兴趣。为了不致陷入麻烦，坎贝尔将《波士顿新闻信》的每一期内容都事先呈报给总督办公室批准。③

1719 年，威廉·布鲁克（William Brooker）取代坎贝尔成为波士顿新任邮政局长，布鲁克立即创办了新的官方报纸《波士顿公报》（*Boston Gazette*），并将该报纳入官方邮政系统发行，同时尽力阻止《波士顿新闻信》利用邮寄方式发行。在失去官报身份后，坎贝尔在 1722 年将《波士顿新闻信》的经营权全权转交给了该报的印刷商格林

① Massachusetts Historical Society. The Boston Newsletter, Number 1 [EB/OL]. (2012-6-29) [2020-08-22]. https://www.masshist.org/database/186.

② 李彬．全球新闻传播史（公元 1500—2000 年）[M]. 2 版．北京：清华大学出版社，2009：74.

③ 斯丹迪奇．从莎草纸到互联网：社交媒体 2000 年 [M]. 林华，译．北京：中信出版社，2015：188.

(Bartholomew Green)，之后该报在格林家族手中一直出版到1776年。①

第二节 北美殖民地争取言论出版自由的斗争

18世纪上半叶，北美殖民地报业获得了较快的发展，报刊的舆论鼓动作用也逐渐被北美殖民地人民发现。18世纪30年代的曾格案和18世纪60年代席卷殖民地的反印花税风潮标志着殖民地人民开始与英国当局就言论出版自由展开斗争，独立意识萌芽。

一 曾格案

1733年12月17日，《纽约周报》(*New-York Weekly Journal*) 援引了三份来自目击者和证人的证词，报道法国单桅帆船恺撒号停靠纽约港不是为了补给，而是为了测量港口、打探殖民地军事实力。除此之外，该报还暗示这一事件是殖民地总督和他弟弟设计的与法国的秘密交易，进而进行了嘲讽和抨击。《纽约周报》的报道引起了时任总督的不满。之后，代表总督立场的《纽约公报》(*New York Gazette*) 和《纽约周报》开始了将近一年的论战，论战议题包括总督的施政情况、言论自由等。1734年11月17日，总督发布逮捕令，以诽谤罪将《纽约周报》印刷商曾格逮捕，同时提出保释金为400英镑（约合2014年的11.5万美元），外加200英镑押金。② 北美殖民地时期著名的曾格案就此拉开帷幕。

图6-3 约翰·彼得·曾格

被捕的印刷商约翰·彼得·曾格 (John Peter Zenger，1697—1746)（见图6-3）出生于德国西南部莱茵河沿岸巴拉丁领地。1709年，曾格随父母和弟妹一家五口辗转从德国来到英格兰，于1710年春天登船前往纽约殖民地。1710年10月，年仅13岁的曾格进入纽

① Massachusetts Historical Society. The Boston Newsletter，Number 1 [EB/OL]. (2012-06-29) [2020-08-22]. https://www.masshist.org/database/186.

② 克鲁格．永不消逝的墨迹：美国曾格案始末 [M]. 杨靖，殷红伶，译．北京：东方出版社，2018：242-243.

约殖民地唯一的印刷商威廉·布拉德福德（William Bradford）的印刷所，开始了学徒生涯。1726 年，他自立门户，开设了一家小型印刷店，主要印刷讲道的讲稿和宗教布道的小册子。[①] 自此，曾格逐渐开始接触到有影响力的殖民地官员。

曾格案中的另一关键人物纽约殖民地总督威廉·科斯比上校（Colonel William Cosby）于 1732 年 8 月 1 日携全家抵达纽约并正式上任。上任之初，科斯比的一系列举措就招来了殖民地官员和殖民地人民的不满。其一，他假借皇室之令，要求在他未上任期间担任临时总督的荷兰人范达姆上交其所得财产的一半，即 1 975 英镑 7 先令 10 便士。其二，他任命自己 20 岁刚刚出头的儿子担任新泽西的殖民地秘书，并且支付给他 450 英镑的年薪，这比殖民地首席大法官的年薪多了整整 200 英镑。[②] 随后，科斯比在就任纽约殖民地总督之前的种种劣迹也被相继曝光。

为了揭露总督科斯比和总督指定报纸《纽约公报》对其的可笑奉承，1733 年 11 月 5 日，在殖民地前首席法官刘易斯·莫里斯（Lewis Morris）和律师詹姆士·亚历山大（James Alexander）的支持下，《纽约周报》创刊，曾格担任该报的印刷商。当时的《纽约周报》只是一份小型杂志，“它是用一张 12 英寸×15 英寸的折叠对开纸，同时在正反两面印刷，以生成一本四页的小型杂志，每一页都是 12 英寸高、7.5 英寸宽”，内容主要来源于英国或其他殖民地期刊，有些报道甚至都是在三四个月之前写成的。《纽约周报》售价 3 便士/份，或者 3 先令/13 期，每季度为订阅者免费赠送一期。此外，该报还刊登广告，首次刊登需 3 先令（大约相当于 21 世纪初的 40 美元），之后每次刊登只需 1 先令。[③] 可能是创办时较为仓促，《纽约周报》首刊错将 1733 年 11 月 5 日写成了 1733 年 10 月 5 日。尽管《纽约周报》刊印的印刷商名字是曾格，但实际负责报刊内容的是律师亚历山大。亚历山大曾直言：“之所以发行报纸，是为了让科斯比和他在伦敦的主人知道，纽约的殖民者不容易成为奴隶，也不会接受任意权力的管辖。”[④] 由此可见，《纽约周报》就是为反对总督派而创办的。

曾格被捕后，作为合伙人的亚历山大自然担任他的律师，他计划利用这次审判对科斯比所代表的殖民地政府发起挑战。但是，纽约殖民地法庭首席法官在开庭当天就将亚历山大和他的搭档逐出法庭，并在法院决议中表示“不仅剥夺两位律师作为曾格

---

① 克鲁格．永不消逝的墨迹：美国曾格案始末［M］．杨靖，殷红伶，译．北京：东方出版社，2018：115.
② 同①137－138.
③ 同①193.
④ 同①177.

图 6-4　安德鲁·汉密尔顿为曾格辩护

辩护律师的资格，而且禁止他们之后在殖民地上从事任何法律活动”[1]。在此情境下，亚历山大亲赴费城，邀请时年 59 岁的著名律师安德鲁·汉密尔顿（Andrew Hamilton，1676—1741）为曾格辩护（见图 6-4）。

曾格被控的罪名是随英国普通法一起移植至北美的煽动性诽谤罪，对此，汉密尔顿采取了不同的辩护策略，他提出：（1）系争文章实系科斯比政府真实且准确的写照；（2）因为文章真实，故不可能构成诽谤；（3）陪审团有权既判断事实问题（曾格是否出版涉讼报纸），又裁定法律问题（系争文章是否确系诽谤）。[2] 汉密尔顿的辩护主张与本质上遵循“越是事实，越构成诽谤”的煽动性诽谤罪的既有规则相去甚远，他的实际主张是：北美的社会与政治状况与英国本土大相径庭，法律也应当据此做出适当调整。[3]

在庭审中，由于控辩双方都没有提供有关事实真伪的证据，案件最终交由陪审团审议。汉密尔顿进而对陪审团慷慨陈词。他认为在煽动性诽谤罪的既有规则中，陪审团仅考察事实问题，而法律问题由法官裁断，其实质是在架空陪审团。“陪审员应当亲眼观察，亲耳聆听，运用个人的良知与理解，裁判关涉同胞生命、自由或财产的事宜。”[4] 最终，汉密尔顿的激辩打动了陪审员，陪审团最后做出无罪裁决，曾格于次日被释放，结束了将近 9 个月的监禁。

> 我虽已老迈，然而，一旦有必要，哪怕是走到天涯海角我也在所不辞，只要我自己的服务能为扑灭由检察官根据告发而燃起的起诉火焰起到一点微薄作用；这种做法是由政府实行的，旨在剥夺人民对那些当权者独断专行的企图提出抗议（还有申诉）的权利。正是那些人伤害和压迫在他们统治下的人民，才激起人民呐

---

① 鲁格．永不消逝的墨迹：美国曾格案始末［M］．杨靖，殷红伶，译．北京：东方出版社，2018：274.

② 张金玺．美国公共诽谤法研究：言论自由与名誉权保障的冲突与平衡［M］．北京：中国人民大学出版社，2016：20.

③ 同②20.

④ 同②21.

喊和控诉，但他们又将人民的控诉作为新的压迫和起诉的根据。

……但是总而言之，法庭，还有你们陪审团的先生们所面临的问题，既非小事，亦非私事。你们在此审理的，并不仅仅是那位可怜的印刷商的事业，也不仅仅是纽约的事业。不是的！它的后果会影响到美洲大陆上在英国政府统治下生活的每一个自由人。它是最重要的事，它是自由的事。我毫不怀疑，你们今天的正直行为将不仅赢得你们的同胞们的爱戴和尊敬，而且将受到每一位宁要自由、不要奴役生活的人的赞美和钦佩，因为是你们挫败了暴政的企图；你们以公正清廉的裁决奠定了一个崇高的基础，保证了我们自己、我们的后代，还有我们的朋友应享有的那样东西：即大自然和我们国家的法律赋予我们应有的权利：自由——就是把事实真相说出来和写下来，用以揭露和反抗（至少在世界上的这些地区）专断权力的自由——和真理。

汉密尔顿的结辩陈词[①]

1736 年 6 月 21 日，《纽约周报》宣布发售由詹姆士·亚历山大撰写的小册子《〈纽约周报〉印刷商约翰·彼得·曾格的案件及审判简报》，这份 40 页的小册子记录了汉密尔顿的主张和法庭辩论。在纽约印刷了若干版后，小册子还在伦敦出版了五次，并且在 18 世纪余下的时间里定期再版。[②] 曾格案经由小册子的传播被殖民地人民熟知。

曾格案的胜利，从法律角度来看，主要是因为陪审团行使了对案件整体裁决的权力，并接受了真实陈述可免除诽谤责任的观点。尽管曾格案本身未能被设立为新的司法判例并因此带来诽谤法的即刻改变，但确实是一项重要的政治先例。自 1735 年以后，再没有哪个殖民地法庭以煽动性诽谤罪审判一位印刷商。曾有些印刷商被他们所在殖民地立法机关或者总督的咨询会议认为犯蔑视法庭罪，但英王政府并未进行过一次类似的审判。[③] 汉密尔顿的论辩也使殖民地人民开始意识到，美洲的情况不同于英国，僵固不变的法律不适合殖民地。

曾格案的胜利是北美殖民地人民争取言论出版自由权利的胜利。曾格案之后，关于政治言论自由的观念日益深入人心。那些崇尚自由权利的殖民地人士也逐渐意识到

---

① 埃默里 M，埃默里 E，罗伯茨．美国新闻史：大众传播媒介解释史：第 9 版［M］．展江，译．北京：中国人民大学出版社，2009：39－40．

② 鲁格．永不消逝的墨迹：美国曾格案始末［M］．杨靖，殷红伶，译．北京：东方出版社，2018：323．

③ 张金玺．美国公共诽谤法研究：言论自由与名誉权保障的冲突与平衡［M］．北京：中国人民大学出版社，2016：22；同①42．

印刷出版在发表不同政见、联系普通大众获取民意支持过程中有着巨大作用。

二 反印花税风潮

1765 年 3 月，英国议会通过了针对北美殖民地的《印花税法案》。该法案于当年 11 月 1 日生效，目的是提高税收，帮助英国支付战争债务和保卫美国边境的花费。① 法案规定印花税的征收范围包括报纸、历书、证书、商业票据、小册子、广告、文凭、许可证、租约、遗嘱及其他法律文件。比如，学位证书要付 2 英镑的税，酒商执照要付 4 英镑，律师行业证书需要 10 英镑。印刷商每印一张报纸需缴 1 便士的税，刊载广告每则 2 先令，相当于广告收入约 50%的份额。②《印花税法案》一出台就遭到了殖民地官员、教士和出版商的一致谴责：殖民地的立法机构和城镇会议通过了严苛的决议反对它，教士们在教堂的讲道坛上谴责它，商人们组织起来联合抵制英国的进口货物。“在美国历史上，恐怕没有哪个法案像《印花税法案》这样引发如此激烈的反抗。”③

由于《印花税法案》对殖民地印刷行业的冲击最大，因此印刷商们采取各种方式对其进行抵制。有些报纸和印刷所推出了很多抗议性的文章和小册子；有些报纸采取各种方式逃避印花税；有些报纸干脆不予理睬，继续印刷出版；有些报纸进行激烈抗争，大量刊发各殖民地人民抗议《印花税法案》的消息和各种声讨的文章；还有些报纸将头版用黑色线条框起来，并在顶端饰以骷髅头，以示对行业惨遭毁灭的哀悼。总之，没有一家报纸使用盖有纳税图章的纸张。④

面对殖民地的强烈抗议，1766 年 3 月，英国议会做出让步，撤销了《印花税法案》。《印花税法案》的废除对于北美殖民地的报纸出版具有双重意义。一是解除了束缚报纸发展的枷锁。二是在反印花税风潮中，报纸的宣传鼓动功能得到初步展现。反对《印花税法案》的胜利，不仅使得报纸更加大胆地反抗英国当局，而且也教育了政治组织和舆论的操纵者，使他们懂得了报纸在政治中的作用。从此之后，报纸被认为是爱国运动的强有力的武器。⑤

在北美殖民地与“母国”英国之间由来已久的冲突中，反印花税风潮是一个重要

---

① 斯隆．美国传媒史［M］．刘琛，等译．戴江雯，校译．上海：上海人民出版社，2010：81.
② 斯丹迪奇．从莎草纸到互联网：社交媒体 2000 年［M］．林华，译．北京：中信出版社，2015：198.
③ 同①82.
④ 同①83.
⑤ 黄旦．传者图像：新闻专业主义的建构与消解［M］．上海：复旦大学出版社，2005：52.

的转折点。英国议会在通过《印花税法案》时，并没有殖民地代表在场。殖民地人民抵制该法案的施行，最根本的原因在于它侵害了殖民地人民追求自由的权利。反抗英国当局不正当税收的胜利进一步激发了殖民地人民的反英情绪，殖民地的独立意识开始萌芽。

第三节　美国言论出版自由的确立

1775 年 4 月，反抗英国殖民统治的独立战争爆发。1776 年 7 月 4 日，北美十三州发布《独立宣言》（The Declaration of Independence），宣告永远脱离英国，美利坚合众国就此成立。1791 年 12 月 15 日，宪法第一修正案确立了美国的言论出版自由。

一　独立战争中的报刊宣传

1775 年美国独立战争打响之时，11 个殖民地共有 37 份报纸。除了七八家报纸支持保皇派之外，其余都是爱国派报纸。[①] 两派报纸在独立战争前各自大造舆论，在独立战争中竞相鼓动宣传。

“爱国派”报纸中，最具代表性的是两份在波士顿出版的报纸，分别为《波士顿公报》和《马萨诸塞侦探报》（*Massachusetts Spy*）。前者是殖民地时期最主要的激进报纸，后者是独立战争时期最具煽动性的报纸。

> 美利坚的人们！永远记住莱克星顿的战斗！英国军队目中无人，肆意蛮横，惨无人道地开枪杀害了众多我们的同胞，然后抢劫掠夺，焚烧房舍！无论是手无缚鸡之力的妇女的眼泪——有些尚在分娩的痛苦之中；还是无助的婴孩的哭喊；无论是白发苍苍的祈祷者，还是病榻上的患者，都无法阻止那些士兵嗜血成性的屠杀！——无法改变他们杀人犯和强盗般的本性！[②]（艾赛亚·托马斯的《1775 年莱克星顿战斗》，载于 1775 年 5 月 3 日《马萨诸塞侦探报》）

保皇派报纸中，詹姆斯·里文顿（James Rivington）创办的《保皇公报》（*Royal*

① 胡翼青，张军芳．美国传播思想史［M］．上海：复旦大学出版社，2019：25.
② 斯隆．美国传媒史［M］．刘琛，等译．戴江雯，校译．上海：上海人民出版社，2010：92.

Gazette）最具代表性。里文顿出生于伦敦富有的出版商家庭，先后在费城、纽约和波士顿经营书店。独立战争爆发后，里文顿曾逃回英国，并被任命为纽约的“王室出版商”。1777 年 12 月，里文顿创办《保皇公报》，发表故意歪曲战争和爱国派领导人的文章，因此被爱国派称为“里文顿的扯谎公报”①。

除了两派报纸，小册子也在独立战争期间发挥了很强的舆论鼓动作用，其中最知名的当属托马斯·潘恩（Thomas Paine，1737—1809）的小册子《常识》（*Common Sense*）。潘恩出生于英国的穷苦人家，后经本杰明·富兰克林（Benjamin Franklin，1706—1790）推荐，于 1774 年来到费城，在《宾夕法尼亚杂志》（*Pennsylvania Magazine*）做编辑，自此开始从事报刊写作。1776 年 1 月，潘恩在《常识》中用铿锵有力的文字喊出了脱离母国、直面独立的口号，并且第一次明确提出废除君主制，建立共和制。

> 所有正确合理的一切都在恳请与英国的分离，被屠杀者的鲜血在咆哮，上天哭泣着呐喊，是脱离英国的时候了。
>
> 我们将为宪章加冕，让全世界知道即使我们承认君主制的存在，但是在北美，法律就是国王……不妨在宪章宣布的典礼结束后废除国王这一名号，将权力分散给有权拥有它的人民。②
>
> 《常识》

据称，仅 1776 年一年，《常识》就被翻印了 26 次，在北美的印售总数达 15 万本。《常识》不只在美国广受欢迎，还在英国被印刷了 17 次，同时被翻译成德语和法语出版。③《常识》之所以受欢迎，是因为潘恩说出了殖民地人民原本不敢去想的东西——脱离英国，成立独立政府。正如 16 世纪初疯狂传播的路德的小册子一样，《常识》在殖民地快速传播的同时，逐渐将“独立”和“共和”变成了殖民地人民的一种“常识”，进而将殖民地人民团结起来，去开创共同的事业。

潘恩在美国独立战争结束后又前往法国参加大革命，其间，他目睹了不少人在巴黎街头的断头台上送命。1793 年，潘恩因抨击死刑而以叛国罪被捕入狱，后被当时的美国驻法国公使詹姆斯·门罗（James Monroe）营救出狱。潘恩先后于 1974 年、

---

① 舒德森．好公民：美国公共生活史［M］．郑一卉，译．北京：北京大学出版社，2014：87.

② 潘恩．常识［M］．赵田园，译．北京：北京大学出版社，2015：60，85.

③ 斯隆．美国传媒史［M］．刘琛，等译．戴江雯，校译．上海：上海人民出版社，2010：36.

1795 年和 1802 年出版了《理性时代》（*The Age of Reason*）一书的 3 卷。作为理性主义者的潘恩在书中抨击了《圣经》和所有基督教神学。1802 年，托马斯·杰斐逊（Thomas Jefferson，1743—1826）总统邀请他回到美国。1809 年，潘恩在穷困中去世。

二 宪法第一修正案确立言论出版自由

1787 年，费城制宪会议讨论美国宪法草案时，并没有将言论出版自由等公民权利包含在内。当时，北美十三州各自为政，冲突不断，州际贸易税目繁多。各州均有货币流通，全国没有统一币制，更无中央政府宏观调控。因此，这部宪法只是一份框架性文件，目的是促成彼此独立的北美十三州统一在新联邦政府麾下。① 之后，为了顺应各州呼声，1791 年 12 月 15 日，第一届国会通过十条宪法修正案，即美国《权利法案》，其中第一条规定：

> Congress shall make no law respecting an establishment of religion，or prohibiting the free exercise thereof；or abridging the freedom of speech，or of the press；or the right of the people peaceably to assemble，and to petition the Government for a redress of grievances.
>
> 国会不得制定下列法律：确立宗教或禁止宗教自由；剥夺人民言论或出版自由；剥夺人民和平集会及向政府请愿申愿之权。

自此，宪法第一修正案确立了美国的言论出版自由。1791 年美国宪法第一修正案与 1789 年法国《人权宣言》第十一条一样，成为对新闻行业产生重要影响的宪法性文件。

值得注意的是，当时的宪法第一修正案只适用于国会，尚未扩展至联邦政府的另外两个分支，即行政和司法机构。而且，宪法第一修正案没有明确提出保护出版物不受煽动性诽谤罪指控。事实上，在局势动荡之际，煽动性诽谤罪仍被用作压制批评与异见的重要工具。1798 年，由联邦党人执掌的国会就以国家安全为名通过《煽动法》：

> 凡书写、印刷、以口头或书面方式发表……任何捏造的、诽谤的和恶意的文

---

① 刘易斯．批评官员的尺度：《纽约时报》诉警察局长沙利文案［M］．北京：北京大学出版社，2011：56.

> 字……攻击合众国政府，或国会两院中任何一院……或在职总统，或在合众国善良的人民中间煽动反对他们的情绪……或抵制、反对与蔑视此类法律者……惩以 2 000 美元以内罚金并处两年以内监禁。①

1801 年 3 月 3 日，美国总统、联邦党人约翰·亚当斯（John Adams，1735—1826）卸任，《煽动法》自动期满失效，该法的合宪性因此未能得到司法检验。相关争议直到 1964 年“《纽约时报》诉沙利文案”时才尘埃落定。美国最高法院在该案中明确宣告，煽动性诽谤罪违反美国宪法第一修正案。②

【推荐阅读】

[1] 舒德森．好公民：美国公共生活史［M］．郑一卉，译．北京：北京大学出版社，2014.

[2] 克鲁格．永不消逝的墨迹：美国曾格案始末［M］．杨靖，殷红伶，译．北京：东方出版社，2018.

[3] 埃默里 M，埃默里 E，罗伯茨．美国新闻史：大众传播媒介解释史：第 9 版［M］．展江，译．北京：中国人民大学出版社，2009.

[4] 刘易斯．批评官员的尺度：《纽约时报》诉警察局长沙利文案［M］．北京：北京大学出版社，2011.

[5] 张金玺．美国公共诽谤法研究：言论自由与名誉权保障的冲突与平衡［M］．北京：中国人民大学出版社，2016.

[6] 潘恩．常识［M］．赵田园，译．北京：北京大学出版社，2015.

【思考题】

1. 北美殖民地时期有代表性的报刊有哪些？

---

① 埃默里 M，埃默里 E，罗伯茨．美国新闻史：大众传播媒介解释史：第 9 版［M］．展江，译．北京：中国人民大学出版社，2009：76－77.

② 张金玺．美国公共诽谤法研究：言论自由与名誉权保障的冲突与平衡［M］．北京：中国人民大学出版社，2016：24.

2. “曾格案”的大致经过与历史意义是什么?

3. 托马斯·潘恩的小册子《常识》的主要内容及其历史意义。

【关键词】

安德鲁·汉密尔顿 Andrew Hamilton

格林 Bartholomew Green

本杰明·哈里斯 Benjamin Harris

《波士顿公报》*Boston Gazette*

《波士顿新闻信》*Boston News-Letter*

威廉·科斯比上校 Colonel William Cosby

《常识》*Common Sense*

詹姆士·亚历山大 James Alexander

詹姆斯·门罗 James Monroe

詹姆斯·里文顿 James Rivington

亚当斯 John Adams

约翰·坎贝尔 John Campbell

约翰·彼得·曾格 John Peter Zenger

刘易斯·莫里斯 Lewis Morris

《伦敦邮报》*London Post*

《马萨诸塞侦探报》*Massachusetts Spy*

《海内外公共事件报》*Publick Occurrences：Both Forreign and Domestick*

《保皇公报》*Royal Gazette*

托马斯·杰斐逊 Thomas Jefferson

托马斯·潘恩 Thomas Paine

威廉·布拉德福德 William Bradford

威廉·布鲁克 William Brooker

第七章

新闻出版自由

【本章学习要点】

1. 理解并掌握约翰·弥尔顿的小册子《论出版自由》的主要观点及其历史意义。
2. 理解并掌握新闻出版自由理念的历史演进。
3. 理解并掌握英国、法国和美国的政党报刊各自的特点。

第一节 约翰·弥尔顿与《论出版自由》

目前有关新闻出版自由的文献都会把约翰·弥尔顿（John Milton，1608—1674，又译密尔顿）（见图 7-1）在 1644 年出版的小册子《论出版自由》（*Areopagitica*）视为鼻祖。

图 7-1 约翰·弥尔顿

约翰·弥尔顿是一名学识渊博的诗人、学者和旅行家，精通拉丁语、希腊语、希伯来语、法语、西班牙语和意大利语，一生经历斯图亚特王朝和英国革命。1639 年，弥尔顿结束了欧洲长途旅行返回英国，开始撰写抨击英国主教制度和倡导英国大学改革的小册子。1642 年夏天，弥尔顿与年仅 16 岁的玛丽·鲍威尔（Mary Powell）结婚，但仅一个月后，年轻的妻子因为无法与严厉的弥尔顿相处而回到了自己的父亲家，后因英国革命爆发，直到 1645 年才返家。

因为被妻子抛弃，弥尔顿在 3 年间连续写了多篇论述离婚合法且有理的小册子。但是根据 1643 年议会通过的《印刷管理法案》，如果没有获得官方许可，小册子就无法出版。1644 年 11 月，弥尔顿撰写并径自出版了小册子《论出版自由》[①]（见图 7－2），抨击当时的出版许可和事前检查制度。这本小册子将公元前 4 世纪古希腊大演说家伊索克拉底斯（Isocrates）的演说《阿留帕几底卡》（*Areopagitica*）作为标题，弥尔顿甚至模仿伊索克拉底斯的演说风格，以在英国议会中发表演讲的形式进行写作。

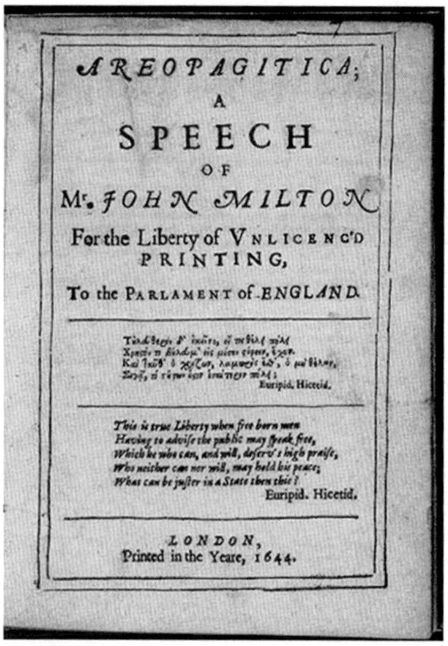
AREOPAGITICA;
A
SPEECH
OF
Mr. JOHN MILTON
For the Liberty of UNLICENC'D PRINTING,
To the PARLAMENT of ENGLAND.

Euripid. Hicetid.

This is true Liberty when free born men
Having to advise the public may speak free,
Which he who can, and will, deserv's high praise,
Who neither can nor will, may hold his peace;
What can be juster in a State then this?
Euripid. Hicetid.

LONDON,
Printed in the Yeare, 1644.

图 7－2 《论出版自由》（1644）

《论出版自由》的主要观点是：第一，人具有理性，能够辨别真假正误，因此，应该允许一切印刷品出版，让读者了解各种意见，从而做出自己的判断；而且，真理会在与谬误的交锋中自然浮现。“虽然各种学说流派可以随便在大地上传播，然而真理却已经亲自上阵；我们如果怀疑她的力量而实现许可制和查禁制，那就是伤害了她。让她和虚伪交手吧，谁又看见过真理在放胆交手时吃过败仗呢？”[②] 第二，强调革命者不能因为集团利益而食言，恢复革命之前的印刷出版管制，重蹈封建王朝覆辙。“当初把我们从他们的压迫下解放出来的正是诸位议员。现在我们的心境已经更加开阔，我们的思想已经更加振奋，可以寻求和接受最伟大和最正确的事物。这些都是诸位的美德在我们的心中产生的嫡亲子嗣。诸位除非是把一个已经废除的和残酷不仁的法律重新强加在我们头上，让家长可以任意处置自己的儿女，否则便无法压制这一切。”[③] 第三，首次明确言论出版自由是一切自由中最重要的自由权利，“让我有自由来认识、发抒己见，并根据良心做自由的讨论，这才是一切自由中最重要的自由”[④]。

《论出版自由》之所以重要，原因在于它超越了围绕“应当允许出版什么，而且由谁决定”的讨论，弥尔顿将出版自由与个人的言论与表达自由联系了起来，他的观点为后来的约翰·洛克（John Locke，1632—1704）和约翰·斯图亚特·密尔（John Stuart Mill，1806—1873）的自由观点奠定了基础。不过，《论出版自由》这本小册子

---

① 密尔顿．论出版自由［M］．吴之椿，译．北京：商务印刷馆，1989：1.

② 同①46.

③④ 同①45.

当时在英国的影响力有限。1788 年，法国著名的演说家米拉波伯爵将其翻译成法文，法文译本在法国大革命前夕的革命氛围中得到了广泛传播，之后传遍欧洲并闻名世界，成为新闻出版自由的经典论著之一。[①]

弥尔顿的出版自由思想具有强烈的时代烙印。弥尔顿本人曾在克伦威尔政权中担任书报检查官，“一方面对书报实行检查表示嗤之以鼻；另一方面，他本人就是一名书报检查官，对那些发表他不能容忍的主张的人进行镇压”[②]。同时，作为清教徒的弥尔顿认为，并非所有人都可以享有完全的自由。他认为，“富于自由精神和天才……不为金钱和其他的目的，而只为上帝和真理服务”[③] 的人应该享有不受政府检查的自由，而罗马天主教徒不应被赋予这种自由。

可以说，出版自由思想源于英国，但生根发芽却是在一个多世纪之后的“新大陆”美国。

第二节 新闻出版自由的历史演进

继约翰·弥尔顿之后，英国的另外两位哲学家先后阐释和发展了自由的观点。欧美主要国家在革命和战争中发现了新闻出版的功能，报刊成为意见和思想传播的主要工具，新闻出版被纳入出版自由范畴。

一 弥尔顿、洛克和密尔的“自由”观点

在英语中，与“自由”相对应的分别是“liberty”和“freedom”两个单词，前者指自由权利，通常被定义为摆脱正当法律之外的其他所有束缚的自由，后者指不受任何限制的完全自由。[④]“自由”一词源远流长，公元前 24 世纪在两河流域南部苏美尔城

① 陈力丹．新闻理论十讲［M］．上海：复旦大学出版社，2008：165－166.

② 阿特休尔．权力的媒介：新闻媒介在人类事务中的作用［M］．黄煜，裘志康，译．北京：华夏出版社，1989：14.

③ 密尔顿．论出版自由［M］．吴之椿，译．北京：商务印书馆，1989：27.

④ 丹尼斯，梅里尔．媒介论争：数字时代的 20 个争议话题：第 4 版［M］．王春枝，译．北京：中国人民大学出版社，2019：3.

邦拉格什（Lagash）首先出现了“自由”一词[①]，古希腊和古罗马的“自由”实践为西方社会提供了一种政治理想，弥尔顿的小册子《论出版自由》正是沿用了古希腊大演说家伊索克拉底斯的一篇主张恢复民主制以反抗马其顿人的演说词题目，意在继承古希腊的政治传统。弥尔顿的出版自由观点源自“天赋人权”的自然法，宣传人权和自由。此后，他的同乡约翰·洛克和约翰·斯图亚特·密尔先后在他的影响下阐释了“自由”观点。

约翰·洛克的一生经历了英国革命，见证了“光荣革命”后英国的政局。洛克的“自由”观点的理论前提与弥尔顿一致，即人生而平等和具有理性的自然状态。“那是一种完备无缺的自由状态，他们在自然法的范围内，按照他们认为合适的方法，决定他们的行动和处理他们的财产和人身，而无须得到任何人的许可或听命于任何人的意志”，“这也是一种平等的状态，在这种状态中，一切权力和管辖权都是相互的，没有一个人享有多于别人的权力”[②]。但洛克又指出，这种自然状态存在许多缺陷，“缺少一种确定的、规定了的、众所周知的法律”，“缺少一个有权依照既定的法律来裁判一切争执的知名的和公正的裁判者”，“往往缺少权力来支持正确的判决，使它得到应有的执行”[③]。但是，自由既然是一种完备无缺的自然状态，就不会存在这些“缺少”。洛克的这一逻辑漏洞在将近 100 年后由卢梭（Jean-Jacques Rousseau，1712—1778）填补，卢梭说道：“我设想，人类曾达到过这样一种境地，当时自然状态中不利于人类生存的种种障碍，在阻力上已超过了每个个人在那种状态中为了自存所能运用的力量。于是，那种原始状态便不能继续维持；而且人类如果不改变其生存方式，就会消亡。”[④] 在此情境之下，人们自愿放弃一部分权力，将其交给被指定的人专门加以行使，人类“很快就被迫加入社会”，由此产生了政府和社会。洛克的出发点是自然法，但最终阐释的是政治和法律范畴内的自由，这一观点直接影响了后来的法国《人权宣言》和美国《独立宣言》。

约翰·斯图亚特·密尔所生活的 19 世纪与弥尔顿和洛克所处的时代已经大不相同。此时，英国议会赋予了天主教徒平等的公民权利，扩大了选举权，富裕的中产阶级可以进入议会，新闻出版自由也在法律上得到了确立，英国进入了自由主义时代。

---

① 黄旦．传者图像：新闻专业主义的建构与消解［M］．上海：复旦大学出版社，2005：36.
② 洛克．政府论：下篇［M］．叶启芳，瞿菊农，译．北京：商务印书馆，1964：5.
③ 同②77－78.
④ 卢梭．社会契约论［M］．3 版．何兆武，译．北京：商务印书馆，2003：18.

密尔继承了洛克关于政治与法律范畴内的自由理念，他认为，“唯一实称其名的自由，乃是按照我们自己的道路去追求我们自己的好处的自由，只要我们不试图剥夺他人的这种自由，不试图阻碍他们取得这种自由的努力”①。换言之，自由就是在不妨碍他人自由的前提下做自己想做的事。但是，密尔又担心即便法律条文规定了人的自由，自由的环境中还会出现新的不自由。于是，他将对自由的讨论转向了“社会所能合法施用于个人的权力的性质和限度”这一核心问题。② 密尔指出，“原来所谓‘自治政府’和所谓‘人民施用于自身的权力’等词句，并不表述事情的真实状况。运用权力的‘人民’与权力相加的人民并不永是同一的；而所说的‘自治政府’亦非每人管治自己的政府，而是每人都被所有其余的人管治的政府。至于所谓人民意志，实际上只是最多的或者最活跃的一部分人民的意志，亦即多数或者那些能使自己被承认为多数的人们的意志”③。密尔认为，法律上确立的自由并不能完全保证每个人享有自由，自由仍会因为多数人压制少数人的“多数人的暴虐”而遭受威胁，因此衡量自由的标准应是一个社会是否允许少数人发表意见。

二 新闻出版自由的历史演进

弥尔顿撰写小册子的年代恰逢英国革命，延续自封建王朝时期的印刷出版管制政策在革命初期土崩瓦解。但随着克伦威尔上台和封建王朝复辟，印刷出版管制卷土重来。当时弥尔顿呼吁的出版自由并不包含新闻出版，他主要指的是促进知识和思想传播的书籍和小册子。17 世纪初，出现于荷兰的早期定期报刊并未获得世人的认同与重视。“直到 18 世纪，办报还是一种被人轻视的职业，而新闻业在社会和知识界上流人物的眼中，只是一种没有价值、没有魅力的次文学。”④

欧美主要国家正是在革命和战争中发现了新闻出版的功能，不同政治派别在政治势力角逐中发现并发挥了报刊的宣传鼓动作用，报刊成为革命中的一支重要力量。以北美殖民地为例，殖民地报刊的印刷商最初只是将办报当作谋生之计。在反对殖民地政府《印花税法案》的过程中，这些印刷商发现了报刊具有发表观点、与当权派对话、

① 密尔．论自由［M］．程崇华，译．北京：商务印书馆，1959：15.
② 同①1.
③ 同①4.
④ 黄旦．传者图像：新闻专业主义的建构与消解［M］．上海：复旦大学出版社，2005：50.

影响舆论等功能。此后，美国独立战争中的政治领袖们积极利用报刊与保皇派论战，宣传自己的观点，作为政治利器的报刊观念由此得到了加强。

正是在革命和政治冲突语境下，报刊开始替代书籍和小册子，成为传播意见和思想的主要工具，从而成为当权者的打击对象。由此，报刊与出版自由自然地联系在一起；新闻报道的自由，也就变成了出版自由的原则问题。① 也正是在革命和政治冲突语境下，报刊的党派性得以显现。在欧美国家，报刊与政党并非天然的死敌，在很长一段时间内，报刊是政党的重要政治工具。这些国家在经历革命和战争之后，先后在法律上确定了新闻出版自由，但报刊依附于政党的情况仍然十分普遍。当时的新闻出版自由实际表现为报刊可以自由发表意见，至于站在什么立场说话，并不重要。报刊与政党的这种关系直至大众报刊成功问世后才发生关键性转折，独立报刊思想继而出现。

革命后，欧美国家对新闻出版自由形成了一般性理解，即：第一，出版前免于检查，出版后除了对法律负责任外，不受任何干涉；第二，出版前无须请领执照或特许状，也无须交纳保证金；第三，政府不得以重税或其他经济力量迫害新闻事业，亦不得以财力津贴贿赂新闻事业；第四，报道、讨论及批评公共事务的自由；第五，接近新闻来源及保证采访的自由；第六，自由传播新闻并免于检查；第七，自由阅读、收听，包括不阅读不收听的自由。②

第三节 新闻出版自由条件下的政党报刊

欧美主要国家在革命和战争成功后，由于国家的基本政治体制和政策尚未确定，各个党派和利益群体为了赢得更多的政治利益而进行大量的政党宣传。在这些国家，政党报刊成为报刊的主体，即便是商业性报刊，也带有明显的政治倾向。

一 英国的政党报刊

自英国革命开始，英国政治展现出“妥协中渐进”的特点。“光荣革命”之后，作

① 黄旦．传者图像：新闻专业主义的建构与消解［M］．上海：复旦大学出版社，2005：53.

② 同①53－54.

为资产阶级和王权相互妥协结果的《权利法案》明确限制了国王权力，规定议会成员可以畅所欲言而不受惩罚，但并未提及公众享有表达对政府不满的自由。革命之前和革命时期限制出版的各种管制政策相继失效，代之以新的经济手段和法律制裁方式。

英国政党报刊的雏形是英国革命时期议会派和保皇派的报刊。斯图亚特王朝复辟期间，英国议会内部形成了反对国王的议会派辉格党和拥护国王的保皇派托利党，两者的名字是双方对骂的结果。“辉格”在苏格兰语中是“强盗”的意思，“托利”在爱尔兰语中是“歹徒”的意思，前者代表工商业资产阶级和新贵族的利益，主张限制王权而由议会掌握最高权力，后者代表地主贵族和高级僧侣的利益，主张君主专制政体。两党在“光荣革命”中联合确立了君主立宪制度，之后开始各自资助报刊进行党派宣传，以获取公众的支持和影响选举。

1710 年，托利党党报《观察家》（*The Examiner*）创刊，由著名作家乔纳森·斯威夫特（Jonathan Swift，1667—1745）担任主笔。同一年，辉格党创办党报《辉格观察家》（*The Whig Examiner*），由知名作家约瑟夫·艾迪生（Joseph Addison，1672—1719）担任主笔。1720 年，托利党创办最早的政党日报《每日刊》（*Daily Journal*），辉格党则以津贴的方式资助英国第一家日报《每日新闻》（*The Daily Courant*），使其成为党报。①

现代党报最早出现于英国，自 18 世纪上半叶正式开始，持续了 100 多年，但其表现不明显，且发展缓慢。英国政党报刊的主要特点是各个党派以半公开的形式津贴非政党报刊的主办人或编辑，用这种方式使得许多报刊在一定时期倾向于某个党。在辉格党领袖罗伯特·沃尔波（Robert Walpole）担任首相的 20 多年里，每年的津贴额高达 5 万英镑，而接受津贴的各政党报刊发行人，每年最高收入达数千英镑。② 19 世纪中叶，英国的“知识税”最终被废除，主要依赖广告收入经营和盈利的大众报刊开始占据报业市场，英国政党报刊基本消失。

二 法国的政党报刊

自 1789 年法国大革命开始，政治斗争成为法国历史的主线，法国由此进入政党报

① 陈力丹，董晨宇．英国新闻传播史［M］．北京：人民日报出版社，2015：96.
② 同①95－96.

刊时期。1789 年 8 月 26 日，法国《人权宣言》颁布，其中第 11 条明确宣布公民享有言论、著述和出版的自由。从《人权宣言》颁布到 1792 年 8 月 10 日，由于各类出版管制政策被废除，法国的书报出版业处于一种完全自由的特殊状态。《信使报》《法兰西公报》等旧制度时代的垄断报刊与各类政治小册子、政党报刊并存，各类报刊站在不同的立场上发表观点、煽动言论，加剧了政治动荡。①

自大革命爆发至法兰西第三共和国成立，法国历经三个共和国、两个帝国和两个复辟王朝，历时近百年。每当政局变动，前政权时期的主要报刊几乎会全部消失，而新出现的报刊在下一次暴力政治变动中也会遭遇同样的命运，因而在近百年的法国新闻传播发展史中，很难找出影响全局的代表性报刊。② 法国大革命期间，政党和政权的频繁更迭造成了政党间的相互倾轧与迫害，由此使法国报刊呈现出重观点、重评论的特点。

1881 年，法国的《新闻自由法》废除了限制出版的事先许可、保证金和书报审查制度，使法国公民第一次真正拥有了自由出版书报的权利。③ 19 世纪末，法国报刊进入黄金时代，但鉴于法国人关注政治的传统，法国的政党报刊长盛不衰。在大众报刊兴起的背景下，法国的政党报刊将售价降低至 5 生丁（100 生丁合 1 法郎），版式上则以小开本为主。20 世纪 80 年代以后，法国的政党报刊基本消失。

三　美国的政党报刊

1775 年美国独立战争爆发，围绕对宗主国的态度和建国后的治国方略，殖民地报刊形成了不同的政治立场，政党报刊时代由此开始。美国独立后，当时的两大党派联邦党人和反联邦党人就政府的控制权展开争夺，前者希望建立一个强大而且权力集中的政府，后者强调州和地方控制权。1791 年 12 月，在联邦党人做出让步的基础上，美国国会通过了十条宪法修正案，即美国《权利法案》，其中第一条明确宣告确立新闻出版自由。尽管在法律上确立了新闻出版自由，两大党派出于政治斗争的目的，仍然积极培植自己的报刊，当时美国的很多报刊都充当了两大党派的喉舌。“从在报纸版面上

① 陈继静．法国新闻传播史［M］．北京：人民日报出版社，2017：93.

② 陈力丹，赵永华，陈继静，等．外国新闻传播史［M］．北京：中国人民大学出版社，2015：36.

③ 同①150－152.

的对骂直到总编们在马路边的大打出手”[①]，这些报刊为所属党派摇旗呐喊，起哄助威，谩骂攻讦，甚至造谣诽谤。

美国早期的政治领袖都曾目睹英国官报《伦敦公报》因为官方身份而不受欢迎，因此他们改变策略，以非公开资助和给予政府公职的方式培植自己的报刊[②]，其中最具影响力的分别是《合众国公报》(*Gazette of the United States*）和《国民公报》(*National Gazette*)。

1789 年 4 月 15 日，在时任财政部部长的联邦党人亚历山大・汉密尔顿（Alexander Hamilton）的资助下，教师约翰・芬诺（John Fenno）在纽约创办了半周刊《合众国公报》，该报秉持“不支持即反对”（he that is not for us，is against us）的出版信条[③]，芬诺也因出版该报而承接了国会和财政部的印刷业务。1791 年，美国首都由纽约迁至费城，《合众国公报》也迁至费城出版。当时的《合众国公报》每期四页，每页分三栏，内容包括国外新闻、政论文章、来信和新闻报道，同时刊登政府公告。约翰・亚当斯、亚历山大・汉密尔顿等政治名人为其撰写政论文章。在创办初期，芬诺为了不降低报纸的格调，拒绝刊登广告，但在后期增加了付费公告。1793 年 9 月 18 日，《合众国公报》中止出版，1793 年 12 月 11 日以新的报名《合众国公报和晚广告人》（*Gazette of the United States & Evening Advertiser*）重新出版，并改为日报。1798 年 9 月 14 日，芬诺死于黄热病后，他的儿子接手此报，持续出版至 1800 年。1800 年，美国迁都至华盛顿，《合众国公报和晚广告人》没有随之迁移，仍然留在费城出版。此后，随着联邦党人在美国政界地位的式微，该报影响力渐衰。1818 年 3 月，该报在经历多次改名后终止出版。

1791 年 10 月 31 日，在反联邦党人詹姆斯・麦迪逊（James Madison）和时任国务卿托马斯・杰斐逊的资助下，诗人菲利普・弗雷诺（Philip Freneau）创办了半周刊《国民公报》，与《合众国公报》形成抗衡之势，弗雷诺因此获得了美国国务院的翻译职位和印刷业务。《国民公报》经常刊登匿名的政论文章，营造出“联邦党人想要在美国建立君主政体和贵族政体”[④] 的舆论氛围，对联邦党的最高领袖进行人身攻击。比

---

① 黄旦．传者图像：新闻专业主义的建构与消解［M］．上海：复旦大学出版社，2005：55.

② PASLEY J L. The Two National “Gazettes”：Newspapers and the Embodiment of American Political Parties［J］. Early American Literature，2000，35（1）：51－86.

③ Library of Congress. About Gazette of the United-States.［volume］（New-York［N. Y.］）1789—1793［EB/OL］.（2008－08－04）［2020－11－19］. https://chroniclingamerica. loc. gov/lccn/sn83030483/.

④ Library of Congress. About National Gazette.［volume］（Philadelphia［Pa.］）1791—1793［EB/OL］.(2008-08-04)［2020-11-19］. https://chroniclingamerica. loc. gov/lccn/sn83025887/.

如，1792 年，该报抨击财政部部长汉密尔顿的财政政策是“无数的罪恶……充满了各种恶作剧”。该报甚至在华盛顿总统举行 60 岁生日庆典时，抨击其是“君主恶习的预兆”。《国民公报》对华盛顿本人及其政府的尖锐批评与嘲讽引发了华盛顿的不满，他将弗雷诺称为“无赖弗雷诺”。1793 年，因为费城黄热病的爆发和杰斐逊离开内阁，弗雷诺失去了办报资金来源，《国民公报》便在出版 208 期后悄然停止出版。①

19 世纪中期，伴随着价格低廉的大众报刊的问世，尤其是 1833 年“便士报”（penny press）《纽约太阳报》（*New York Sun*）的成功创刊，美国政党报刊陆续停刊，由此进入大众报刊时期。整体而言，美国的政党报刊具有以下特征：第一，政论多，新闻少；第二，党派性强，可信度低；第三，读者少，销量低；第四，造谣诽谤，谩骂攻讦。质言之，政党报刊是一种观点纸（viewpoint-paper），而不是现代意义上的新闻纸（news-paper）。②

自 18 世纪中期起，欧美主要国家先后开始工业革命。伴随着机器生产时代的来临，城市化进程加剧，读者数量增加，这为不再依附政党资助和津贴的报刊出版奠定了现实条件。19 世纪中期开始，以便士报为代表的大众报刊开始出现于欧美国家，独立报刊思想由此产生。

【推荐阅读】

[1] 密尔顿．论出版自由［M］．吴之椿，译．北京：商务印书馆，1989.

[2] 阿特休尔．权力的媒介：新闻媒介在人类事务中的作用［M］．黄煜，裘志康，译．北京：华夏出版社，1989.

[3] 卢梭．社会契约论［M］．3 版．何兆武，译．北京：商务印书馆，2003.

[4] 密尔．论自由［M］．程崇华，译．北京：商务印书馆，1959.

【思考题】

1. 约翰·弥尔顿的小册子《论出版自由》的主要观点及其历史意义是什么？

---

① Library of Congress. About National Gazette. ［volume］ (Philadelphia ［Pa.］) 1791—1793 ［EB/OL］. (2008-08-04)［2020-11-19］. https://chroniclingamerica.loc.gov/lccn/sn83025887/.

② 李彬．全球新闻传播史（公元 1500—2000 年）［M］．2 版．北京：清华大学出版社，2009：118 - 119.

2. 新闻出版自由理念经历了怎样的历史演进?

3. 英国、法国和美国的政党报刊分别具有哪些特点?

【关键词】

亚历山大・汉密尔顿 Alexander Hamilton

伊索克拉底斯 Isocrates

卢梭 Jean-Jacques Rousseau

约翰・弥尔顿 John Milton

乔纳森・斯威夫特 Jonathan Swift

菲利普・弗雷诺 Philip Freneau

《观察家》 *The Examiner*

观点纸 viewpoint-paper

《论出版自由》 *Areopagitica*

詹姆斯・麦迪逊 James Madison

约翰・洛克 John Locke

约翰・斯图亚特・密尔 John Stuart Mill

约瑟夫・艾迪生 Joseph Addison

罗伯特・沃尔波 Robert Walpole

《辉格观察家》 *The Whig Examiner*

第八章

大众发行：便士报

【本章学习要点】

1. 了解美国三大便士报产生的时代背景。
2. 理解并掌握美国三大便士报各自的特点。
3. 了解英国和法国具有代表性的便士报。

第一节 美国的三大便士报

创办便士报的想法最初并非由业内人士提出，而是来自一位就读于纽约埃尔德里奇街医科学校的医科学生霍雷肖·戴维·谢泼德（Horatio David Sheppard）。谢泼德每天往返于家和学校之间，经常路过以出售“1便士1件”的廉价货著称的奇萨姆街，他发现人们用1便士购物的速度奇快。因此，谢泼德萌发了制作一份售价1便士的报纸的想法。他认为，低廉的价格必定会吸引人们用原本购买蛋糕和花生酱的钱来迅速购买报纸。[①] 之后，谢泼德获得了其他印刷商的资助，创办了便士报，但是运气不佳，没有获得成功。不过，他的想法与办报实践直接影响了同时代的其他印刷商，载入史册的美国三大便士报应运而生。

① 斯隆．美国传媒史［M］．刘琛，等译．戴江雯，校译．上海：上海人民出版社，2010：180.

一 《纽约太阳报》

1833 年 9 月 3 日，印刷商本杰明 · 戴（Benjamin Day，1810—1889）在纽约创办了美国第一份成功的便士报《纽约太阳报》（见图 8 - 1）。本杰明 · 戴最初是马萨诸塞州的《斯普林菲尔德共和党人报》（*Springfield Republican*）的学徒，1831 年来到纽约，开设了自己的印刷所。1832 年纽约暴发霍乱，印刷业务遭受影响，本杰明 · 戴为了维持生计，决定开辟新的业务——创办一份报纸。

本杰明 · 戴创办《纽约太阳报》时，美国定期发行的报纸共有 1 200 种左右。其中大部分是政治性的政党报刊，每份售价 6 美分，主要采用订阅方式发行，一份报纸的年订阅费高达 6～10 美元。① 学者彭增军研究发现，“6 美分与 1 美分，今天看来差别不大，但是在 1833 年，一头牛才卖 12 美金，17 美分可以买一磅咖啡。6 美分一份的报纸自然把平民排除在外了”②。本杰明 · 戴的《纽约太阳报》每份售价 1 美分，将目标读者直接锁定为人数众多但收入有限的普通大众。

THE SUN.

NEW-YORK, WEDNESDAY, NOVEMBER

图 8 - 1　1834 年 11 月 26 日的《纽约太阳报》

本杰明 · 戴之所以能够将便士报的办报理念付诸实践并取得成功，主要是因为在报道内容和发行方式上进行了革新。在报道内容上，《纽约太阳报》主要关注犯罪新闻和自杀、死亡、离婚等社会杂闻。创刊后不久，本杰明 · 戴就以每周 4 美元的薪资雇用了乔治 · 威斯纳（George Wisner），后者负责采集和报道警察局新闻，《纽约太阳报》的警察局专栏主要刊登凌晨 4 点之前现身警察局的醉汉、无业游民、妓女和受凌辱的妇女等的故事。对于辛苦工作一天、知识水平不高的普通大众来说，这些内容可以成为茶余饭后的谈资，具有吸引力。此外，《纽约太阳报》在报道方式上也不同于作为“观点纸”的政党报刊，而是采

① 埃默里 M，埃默里 E，罗伯茨．美国新闻史：大众传播媒介解释史：第 9 版［M］．展江，译．北京：中国人民大学出版社，2009：104 - 105.

② 彭增军．新闻业的救赎：数字时代新闻生产的 16 个关键问题［M］．北京：中国人民大学出版社，2018：140.

用了富有人情味的写作手法，满足普通大众的阅读兴趣：

生理疾病——耳聋使威廉布里格斯饱受折磨。这还不够，他患上了道德疾病——酗酒。他对任何劝解都装聋作哑，终于遭到法庭的审判。

住在金大街与瓦里克大街拐角的约翰麦克曼曾因破坏婚姻罪被捕。这次他重蹈覆辙，因午夜殴打妻子简而被捕。简未出庭，约翰被无罪释放。[①]

在发行方式上，鉴于年订阅费对于普通公众而言会造成一定的经济压力，本杰明·戴采用街头零售的方式，每份报纸售价1美分，读者可以依据个人兴趣、经济状况随机购买。为了扩大报纸销量，本杰明·戴采用折扣刺激报贩的售卖积极性，报贩以100份报纸67美分的价格从发行人手上购买报纸，再以每份1美分的价格出售，这样，报贩卖得越多赚得也就越多。街头零售的方式直接导致报纸的主编们开始考虑报纸的外观设计，如通过美化版面和采用易于读者阅读的字体来吸引读者的眼球。

本杰明·戴的革新之举使《纽约太阳报》发行量迅速增加。在短短的6个月里，《纽约太阳报》的发行量就达到了8 000份左右，几乎是与之最接近的报纸的两倍[②]；不到两年，该报号称发行量达到了15 000份，远超美国其他日报，甚至除伦敦的一两份日报外，在全世界也首屈一指[③]。为了不断提升发行量，本杰明·戴积极采用最新的印刷技术，于1835年购入蒸汽印刷机。1840年，《纽约太阳报》每小时可印刷4 000张报纸，1851年每小时印量已达18 000张。[④]

《纽约太阳报》的犯罪新闻和社会杂闻吸引了普通大众驻足购买，这为本杰明·戴带来了丰厚的利润。1838年，他将报纸出售给自己的姐夫摩西·耶鲁·比奇（Moses Yale Beach），售价高达4万美元。尤为重要的是，《纽约太阳报》惊人的发行量吸引了广告商的青睐，而日益增长的广告收入让原本将办报当作业余爱好的印刷商们发现了办报的盈利法则，在经济上不再依附于政党津贴，报纸逐渐摆脱政党的“控制”。《纽约太阳报》共四版，三分之一的版面都是广告：最后一版全是广告；第三版约半个版面专门用来刊登分类广告，其中包括“招聘广告”；甚至头版上也刊登广告。

但是，一味迎合普通大众的阅读兴趣，想方设法提高发行量、增加广告收入的办报实践也导致了“月球骗局”（Great Moon Hoax）等假新闻的出现。1835年8月25

---

① 斯蒂芬斯．新闻的历史：第3版［M］．陈继静，译．北京：北京大学出版社，2014：170－171.

② 埃默里M，埃默里E，罗伯茨．美国新闻史：大众传播媒介解释史：第9版［M］．展江，译．北京：中国人民大学出版社，2009：105.

③④ 同①141.

日，《纽约太阳报》连续刊发了六期有关“巨大的天文学发现”的系列报道。

报道称，一位南非的天文学家通过特制望远镜发现，月球表面被类似冷杉和棕榈树的植物覆盖，还有状若野牛和斑马的动物在其间漫步，另有一些生物的长相和行为酷似人类，但它们拥有类似蝙蝠的翅膀，能够飞翔（见图 8-2）。

图 8-2　1835 年 8 月《纽约太阳报》系列报道描绘的月球生物

他们的平均身高为四英尺[①]左右。除脸部外，全身长满短小、浓密的铜黄色毛发，有一对薄如蝉翼的翅膀……每次看到他们，他们好像都在互相交谈……[②]

系列报道一经刊发，就引发了读者和其他报纸的极大兴趣，争相购买和转载，这令《纽约太阳报》销量大增。没过多久，这些信源不明的报道就被一些报纸认定为骗局，系列报道的作者理查德·亚当斯·洛克（Richard Adams Locke）之后承认整个报道都是杜撰的，《纽约太阳报》则从未承认这些文章系假新闻。然而，“月球骗局”系列报道被揭露后，读者并未表示愠怒，甚至有些读者表示赞赏，认为该报道具有娱乐效果。《纽约太阳报》的发行量也未受此骗局影响。

《纽约太阳报》的创刊及成功标志着售价低廉、人人买得起的“便士报时代”的来临。从政治上讲，《纽约太阳报》的成功与美国 19 世纪 30 年代“杰克逊民主”（Jacksonian Democracy）的平等主义思想一脉相承：无论出身富贵贫贱，所有民众都享有同等的机会。从经济上讲，《纽约太阳报》的成功令报纸成为销售给读者的一种商品，报纸又将自己的读者销售给广告商，从中获取经济收益。这成为报纸的盈利法则。报纸

① 1 英尺约合 0.3 米。

② 斯蒂芬斯．新闻的历史：第 3 版 [M]．陈继静，译．北京：中国人民大学出版社，2014：181.

在获得经济独立的基础上，进一步摆脱了政党控制。因此，《纽约太阳报》的成功实践标志着迎合大众、重视新闻的一系列新的新闻理念、新闻报道方式和经营方式的出现。

二 《纽约先驱报》

1835 年 5 月 6 日，詹姆斯·戈登·贝内特（James Gordon Bennett，1795—1872）凑了 500 美元，出版了第一期《纽约先驱报》（*New York Herald*），在这之前，贝内特当过驻华盛顿记者，也多次尝试办报，但均未成功。在第一期报纸上，贝内特宣布：《纽约先驱报》将是一份面向所有人的报纸，和其他大部分报纸不同，本报拒绝支持任何政党的立场，会尽可能简短、客观地报道事实。

相较于本杰明·戴，贝内特更具争议性，主要原因在于《纽约先驱报》在报道犯罪新闻时，手法更加耸人听闻。1836 年 4 月 11 日，《纽约太阳报》刊登了一篇新闻，报道 23 岁的妓女爱伦·朱厄特（Ellen Jewett）被斧头劈死。贝内特凭借从多年记者工作中练就的新闻敏感性，只身前往凶案现场，开始了连续数日的案情调查，并先后在《纽约先驱报》上刊登“亲临犯罪现场”系列报道。在第一篇报道中，贝内特描述道：

> 她表情宁静且冷若冰霜，看不到一丝情感，一只手放在胸口……一瞬间，我甚至被这个离奇的画面迷住了——这是一具美丽的酮体——比最精致的古典雕像还要美。直到看见她右侧太阳穴上的可怕血迹，我才猛然想起她的可怖命运，这些血肯定使她瞬间毙命。①

随后，贝内特又在报道中公布了受害者的真实姓名、家庭情况，并将自己在受害者房间里搜寻到的各种细节与信息公之于众。《纽约先驱报》凭借这一系列报道销量大增，在纽约报业市场站稳脚跟。贝内特坚信，《纽约先驱报》能够为读者提供其他报纸没有的新闻，因而在 1836 年夏天，贝内特将报纸售价升至 2 美分。贝内特愈演愈烈的煽情主义和追求轰动效应的报道手法逐渐遭到同行的集体抵制。1840 年 5 月，以《纽约信使和询问者报》为代表的华尔街媒体，连同一些规模较小的纽约报纸和几家纽约以外的辉格党报纸向贝内特发起了“道德战争”，指责他在报道宗教新闻时采用了不当的报道手法，甚至讥讽贝内特是“患道德麻风病”的“下流胚”②。“道德战争”使《纽

① 斯蒂芬斯．新闻的历史：第 3 版［M］．陈继静，译．北京：中国人民大学出版社，2014：174.
② 斯隆．美国传媒史［M］．刘琛，等译．戴江雯，校译．上海：上海人民出版社，2010：191.

约先驱报》的发行量骤然下降了约三分之一，很多广告商纷纷撤下广告。面对此困境，贝内特有所收敛，报纸才恢复生气，并逐渐成为当时发行量最大的报纸。据称，1850年，《纽约先驱报》每天能卖出3万份，比美国历史上任何一份报纸的发行量都要大。[①]

尽管贝内特为了博取受众眼球、增加报纸销量而不惜采取极端的报道手法，遭受同行的道德谴责，但不可否认的是，贝内特具有极强的新闻敏感性，对新闻时效性、新闻采访的重要性有着超前的认识。在新闻业务和报业经营方面，贝内特做出了几项创新之举：

（1）在报道内容方面，贝内特先后派驻记者前往华尔街和华盛顿，为读者提供专门的金融新闻和政治新闻报道；他开辟了“读者来信”专栏，让读者对报纸和新闻事件发表看法；他重视报道体育新闻。此外，贝内特尤其重视对国外新闻的报道。1838年，贝内特乘坐前往欧洲的蒸汽轮船，开始建立欧洲通信网络，在柏林、布鲁塞尔、格拉斯哥、伦敦、巴黎和罗马等地安排了特约通讯员。之后，他又在加拿大、墨西哥和得克萨斯共和国（今美国得克萨斯州）雇用了特约通讯员。

（2）在报业经营方面，贝内特开创了“即买即付”（pay-as-you-go）的订阅模式，即要求订阅者提前支付订阅款，避免因读者拖欠订阅款而使资金无法回笼。同时，他认为，报纸上刊登的广告也是报纸内容的重要组成部分。因此，他拒绝刊登同一条广告超过两个星期，从1848年开始，只接受每天更新的广告。

1867年，年过七旬的贝内特将《纽约先驱报》转交其儿子小贝内特（James Gordon Bennett Jr.，1841—1918）经营。与他的父亲相似，小贝内特有着很强的新闻敏感性，在采集新闻和报道新闻方面的个人特色则更甚于其父亲。他一生中大部分的时间都住在巴黎，每天从巴黎发出电报，遥控指挥着位于纽约的报社编辑部。他招募最优秀的国内记者和驻外记者，生动全面地报道世界上发生的重要事件。19世纪70年代初，小贝内特策划了记者亨利·M. 斯坦利（Henry M. Stanley）寻找失踪的英国传教士戴维·利文斯通（David Livingstone）的系列报道，这令《纽约先驱报》在世界新闻界名声大噪。

1869年，小贝内特听闻前往非洲探险和传教的英国传教士戴维·利文斯通与伦敦传道会（London Missionary Society）失去了联络，有传闻称其可能已经失踪。小贝内特认为，如果能第一个找到利文斯通，那一定会是一个大新闻。他随即派遣自由撰稿

① 斯蒂芬斯. 新闻的历史：第3版［M］. 陈继静，译. 北京：中国人民大学出版社，2014：177.

人亨利·斯坦利前往非洲寻找利文斯通，并嘱咐他："找到利文斯通，同时尽你所能，找到有关发现他的新闻。"①

1871 年 1 月 6 日，斯坦利抵达非洲的东海岸并雇了一支车队，他们花费了 8 个多月的时间，终于在现坦桑尼亚境内的一个村落中找到了利文斯通（见图 8 - 3）。两人相遇时，斯坦利说的第一句话是："我猜，您就是利文斯通博士吧?"（Doctor Livingstone，I presume?）这句话后经《纽约先驱报》刊出，成为英美人经常模仿的日常打招呼句式。

图 8 - 3　斯坦利与利文斯通相遇

相遇之后，斯坦利和利文斯通一起在非洲中部的坦噶尼喀湖（Lake Tanganyika）进行了为期四个月的探险。随后，斯坦利返回英格兰，而利文斯通则继续留在非洲寻找尼罗河的源头。1873 年 5 月，利文斯通在探险途中去世。

1872 年 7 月 2 日，《纽约先驱报》第三版以图文并茂的形式整版刊发了斯坦利寻找利文斯通的过程（见图 8 - 4）。

《纽约先驱报》称该报派驻伦敦的记者发回了报道，"大新闻：本报谨以最深切的骄傲与喜悦宣布，本报收到了来自赴非洲中部探险的首席记者斯坦利先生的来信（即电报）"，接着大致描述了斯坦利在非洲探险的经历。题为《历史性会晤》的报道又生动描述了斯坦利和利文斯通相遇的过程。《纽约先驱报》的报道被大部分美国和英国的报纸转载。

1872 年的夏天，英美报纸就斯坦利和利文斯通在非洲的会面进行了后续报道。英

---

① RUBERY M. On Henry Morton Stanley's Search for Dr. Livingstone，1871 - 72 [EB/OL].　(2012 - 03) [2021 - 04 - 10]. http://www.branchcollective.org/? ps _ articles = matthew-rubery-on-henry-morton-stanleys-search-for-dr-livingstone - 1871 - 72.

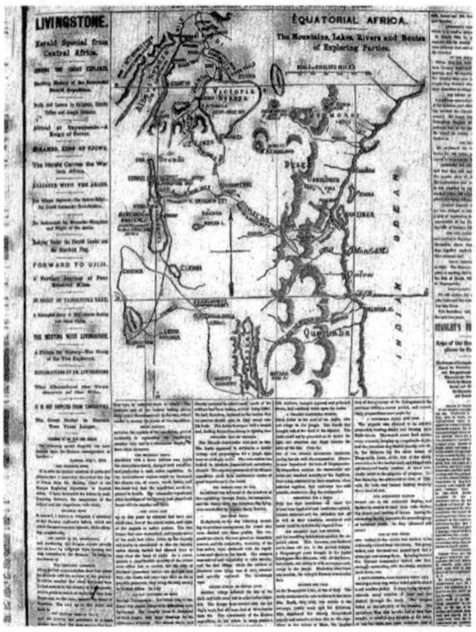
LIVINGSTONE.

EQUATORIAL AFRICA.

The Mountains, Lakes, Rivers and Routes of Exploring Parties.

图 8－4　1872 年 7 月 2 日《纽约先驱报》第三版

国报纸侧重报道非洲的奴隶贸易，以及探险家利文斯通在遇见斯坦利之前所目睹的大屠杀惨状，这引起了英国公众与政界对非洲种族问题和殖民问题的关注。不同的是，美国报纸则将斯坦利在非洲找到利文斯通视为一次国家性的人道主义壮举，《纽约先驱报》还专门刊载了利文斯通的信件，以示他对美国救援行动的感谢。

对于《纽约先驱报》寻找失踪传教士的报道，当时有不少媒体同行表示质疑，认为《纽约先驱报》伪造了斯坦利和利文斯通的会面细节，乃至利文斯通的信件，目的在于促使报纸大卖。《纽约先驱报》的这个报道之所以会引发诸多争议，主要原因在于小贝内特的事先策划模糊了消息来源与报道者身份的界限，该系列报道被视为“制造新闻”的先例。这一现象在之后的黄色新闻浪潮乃至当下的媒体报道中仍屡见不鲜。

三　《纽约论坛报》

1841 年 4 月 10 日，霍勒斯·格里利（Horace Greeley，1811—1872）创办了《纽约论坛报》（*New York Tribune*）。在这之前，格里利曾当过学徒，做过承印零件的印刷商，出版过一份文学报纸和两份支持辉格党的政党报纸，是美国最早创办便士报的尝试者谢泼德的资助者之一。格里利为人刻板朴素，热衷于政党政治。19 世纪 30 年代，他曾是纽约的辉格党三巨头之一，因不断号召人们移民西部而被称为“到西部去的格里利”，他的一句“到西部去吧，年轻人”成为当时的一句全国性口号。

《纽约论坛报》第一期共有四版，每版分为五栏，报纸的大小与现代的小型报差不多，印刷质量上乘。报纸除了刊登新闻以外，还刊登讲稿、书籍摘录，连载小说、诗歌和书评等。由于格里利本人对报纸提出了很高的道德标准，因此《纽约论坛报》拒绝刊登关于治安法庭的报道、耸人听闻的谋杀案审判，以及戏剧作品。尽管并不能达到理想标准，但《纽约论坛报》的确是当时颇具影响力的一份报纸（见图 8－5）。

相较于《纽约太阳报》和《纽约先驱报》，《纽约论坛报》的特点在于其社论所代表的立场，《纽约论坛报》和格里利的影响力和威信也正是来源于此，“他带领大众化

New-York Daily Tribune.
Vol. XXIV....No. 7,368.
NEW-YORK, WEDNESDAY, NOVEMBER 16, 1864.
PRICE FOUR CENTS.
FROM WASHINGTON.
TWO DAYS LATER FROM EUROPE

图 8－5 1864 年 11 月 16 日的《纽约论坛报》

报刊从煽情主义的低俗水平，上升到促进文化和启迪思想的地位，同时还能实现盈利”①。1848 年，报纸执行主编查尔斯·达纳（Charles Dana）在科隆见过马克思之后，曾邀请马克思每两周为《纽约论坛报》撰写一篇有关欧洲事务的文章，马克思为该报持续供稿长达十年之久。19 世纪 50 年代，《纽约论坛报》曾用很多版面讨论过社会主义，格里利本人也曾拥护社会主义。美国内战爆发之际，《纽约论坛报》是最早派出记者进行报道的北方报纸之一，刊文支持林肯总统，反对奴隶制。

在办报过程中，格里利意识到贝内特的成功在于拥有自己的报道团队，因此，格里利也将很多有理想、有能力的年轻人招至麾下，其中不少人后来都成长为知名的新闻人。比如，1868 年购入《纽约太阳报》并亲自担任主编的查尔斯·达纳、美国第一位女驻外记者玛格丽特·福勒（Margaret Fuller），以及《纽约时报》（*The New York Times*）的创办者亨利·雷蒙德（Henry Raymond）。

第二节 英国和法国的便士报

19 世纪中期，随着“知识税”相继被废除，英国便士报开始出现。同一时期，法国政党报刊面临艰难处境，这为便士报的出现提供了契机。

① 埃默里 M，埃默里 E，罗伯茨．美国新闻史：大众传播媒介解释史：第 9 版［M］．展江，译．北京：中国人民大学出版社，2009：112.

一 英国的便士报

书写新闻史时，人们经常将19世纪30—40年代美国三大便士报的成功创办作为标志性事件。但是，“便士报”这一概念源于1832年在英国每周六出版的一份面向工人阶层的杂志——《便士杂志》（*The Penny Magazine*）（见图8-6）。英国工业革命之后，先后涌现出不少面向工人阶层的激进报刊，但《便士杂志》不提供激进内容，而是采用成本较低的木版印刷方式刊登大量图片，售价1便士，吸引知识水平较低的工人阶层购买。

THE PENNY MAGAZINE
OF THE
Society for the Diffusion of Useful Knowledge.
36.] PUBLISHED EVERY SATURDAY. [October 27, 1832.
THE BOA CONSTRICTOR.
[The Boa Constrictor about to strike a Rabbit.]

One of the most interesting objects in the fine collection of animals at the Surrey Zoological Gardens, is the Boa Constrictor. Curled up in a large box, through the upper grating of which it may be conveniently examined, this enormous reptile lies for weeks in a quiet and almost torpid state. The capacity which this class of animals possess of requiring food only at very long intervals, accounts for the inactive condition in which they principally live; but when the feeling of hunger becomes strong they rouse themselves from their long repose, and the voracity of their appetite is then as remarkable as their previous indifference. In a state of confinement the boa takes food at intervals of a month or six weeks; but he then swallows an entire rabbit or fowl, which is put in his cage. The artist who made the drawing for the above wood-cut, saw the boa at the Surrey Zoological Gardens precisely in the attitude which he has represented. The time having arrived when he was expected to require food, a live rabbit was put into his box. The poor little quadruped remained uninjured for several days, till he became familiar with his terrible enemy. On a sudden, while the artist was observing the ill-sorted pair, the reptile suddenly rose up, and, opening his fearful jaws, made a stroke at the rabbit, who was climbing up the end of the box; but, as if his appetite was not sufficiently eager, he suddenly drew back, when within an inch of his prey, and sunk into his wonted lethargy. The rabbit, unconscious of the danger which was passed for a short season, began to play about the scaly folds of his companion; but the keeper said that his respite would be brief, and that he would be swallowed the next day without any qualms.

All the tribe of serpents are sustained by animal food. The smaller species devour insects, lizards, frogs, and snails; but the larger species, and especially the boa, not unfrequently attack very large quadrupeds. In seizing upon so small a victim as a rabbit, the boa constrictor would swallow it without much difficulty; because the peculiar construction of the mouth and throat of the species enables them to expand, so as to receive within

Vol. I.

图8-6 1832年10月27日的《便士杂志》

英国便士报正式登上历史舞台与钳制英国报业发展的“知识税”（taxes on knowledge）的废除直接相关。1712年，英国政府实行《印花税法案》，对报刊征收印花税、广告税、纸张税，三税合称“知识税”，是继新闻审查之后限制信息流通的主要手段。最初，知识税的税率是每张纸半便士，之后逐渐增加，在1815年时达到了每张纸4便士，这直接导致了报纸成本和售价的提高。据称，当时英国工人的平均工资是每天34便士，面对高昂的报价，大部分人买不起报纸。①

19世纪中期，“知识税”相继被废除：1853年，广告税被废除；1855年，印花税被废除；1861年，纸张税被废除。“知识税”的废除意味着英国新闻业可以在市场经济的条件下自由发展。1855年6月8日，在印花税被废除之前，英国地方报纸《谢菲尔德每日电讯报》（*Sheffield Daily Telegraph*）（见图8-7）创刊，售价1便士。同年6月11日，另一份地方报纸《利物浦每日邮报》（*Liverpool Daily Post*）创刊，售价也是1便士，这两家报纸是英国最早的便士报，尽管在报业经营上并未获得成功，但它们的出现标志着英国大众报刊时代的开启。

---

① 斯丹迪奇．从莎草纸到互联网：社交媒体2000年［M］．林华，译．北京：中信出版社，2015：252-253.

THE
Sheffield Daily Telegraph
PUBLISHED ON THE MORNING OF EVERY WEEK-DAY AT EIGHT O'CLOCK.
VOL. I.—No. 180. SATURDAY, JANUARY 5, 1856. PRICE ONE PENNY. OR 2s. PER MONTH DELIVERED.

图 8－7 1856 年 1 月 5 日的《谢菲尔德每日电讯报》

英国第一份成功的便士报是《每日电讯报》（*Daily Telegraph*），1855 年 6 月 29 日由英国上校亚瑟·B. 斯雷（Arthur B. Sleigh）创办，创办时名为《每日电讯邮报》（*Daily Telegraph and Courier*）。第一期共四版，售价 2 便士，斯雷在创刊号上强调：我们将高调秉持独立行动。斯雷经营之下的《每日电讯邮报》并未获得成功，不久由其债权人约瑟夫·莫泽斯·勒维（Joseph Moses Levy）接手经营，并改名为《每日电讯报》，售价 1 便士。约瑟夫的儿子爱德华·勒维-劳森（Edward Levy-Lawson）实际掌管着报纸的内容和经营。

爱德华大胆采用美国式的编辑方式，注重报道科学、时尚、技术创新、商业等领域引人注目的重大事件，以人性化的内容来吸引读者。他聘请高水平的记者和作家担任特派记者，打探和撰写独家新闻。① 1860 年，报社搬至伦敦舰队街 135 号（见图 8－8）。1876 年，《每日电讯报》声称拥有“世界上最大的发行量”，这句话被印制成广告，张贴在伦敦街头的马车上。1925 年，《每日电讯报》刊登了英国报纸上最早的“填字游戏”。②

二 法国的便士报

法国大众化报纸的出现不是因为管制政策的放松或税费的废除，而是因为 19 世纪 30—40 年代，七月王朝对各种反政府立场的报刊施加了诸多限制。在这些限制下，政

① 陈力丹，董晨宇．英国新闻传播史［M］．北京：人民日报出版社，2015：142.

② The Telegraph. A Rich and Unique History［EB/OL］．［2021－04－10］．https://corporate. telegraph. co. uk/about-us/.

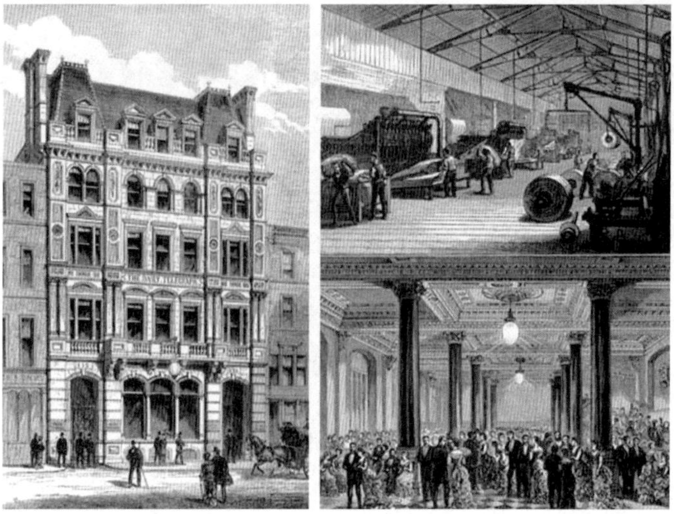

图 8-8　1882 年时的《每日电讯报》报社大楼及内部环境

党报刊发展日益艰难，面向社会大众的廉价报纸反而有了发展机会。[①]

1836 年 7 月 1 日，埃米尔·德·吉拉丹（Émile de Girardin，1806—1881）在巴黎创办了法国最早的廉价报纸《新闻报》（*La Presse*），每年订阅费为 40 法郎，相当于同时期其他报纸订阅费的一半。与美国便士报类似，《新闻报》的主要收入来自广告（见图 8-9），也采用沿街售卖方式进行发行。

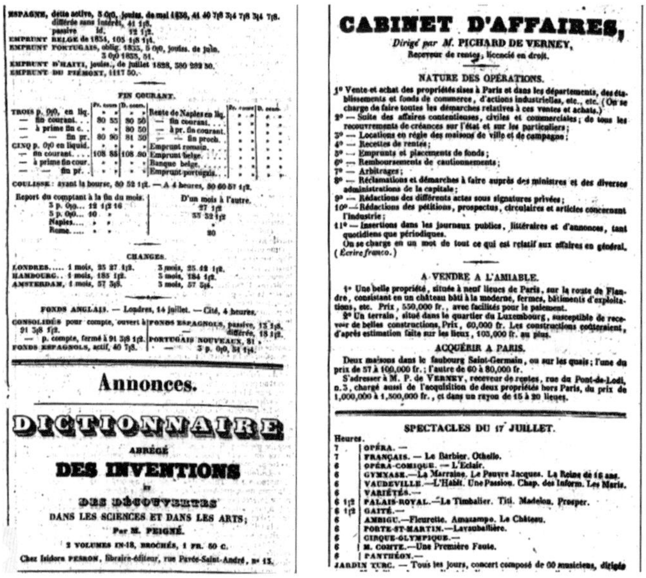

ESPAGNE, dette active, 5 0/0, jouiss. de mai 1836, 41 40 7/8 3/4 7/8 3/4 7/8.
différée sans intérêt, 41 1/8.
passive id. 12 1/2.
EMPRUNT BELGE de 1834, 105 1/8 1/4.
EMPRUNT PORTUGAIS, oblig. 1835, 5 0/0, jouiss. de juin.
3 0/0 1835, 51.
EMPRUNT D'HAITI, jouiss., de juillet 1828, 380 282 50.
EMPRUNT DU PIÉMONT, 1117 50.

FIN COURANT.

	Pr. cours	D. cours.		Pr. cours	D. cours.
TROIS p. 0/0, en liq.	» »	» »	Rente de Naples en liq.	» »	» »
— fin courant...	80 55	80 50	— fin courant...	» »	» »
— à prime fin c..	» »	80 50	— à pr. fin courant.	» »	» »
— — fin pr.	80 90	81 30	— — fin proch.	» »	» »
CINQ p. 0/0 en liquid.	» »	» »	Emprunt romain.	» »	» »
— fin courant....	108 85	108 90	Emprunt belge.	» »	» »
— à prime fin cour.	» »	» »	Banque belge.	» »	» »
— — fin pr.	» »	» »	Emprunt portugais.	» »	» »

COULISSE : avant la bourse, 80 52 1/2. — A 4 heures, 80 60 57 1/2.

Report du comptant à la fin du mois. | D'un mois à l'autre.
3 p. 0/0... 12 1/2 16 | 27 1/2
5 p. 0/0... 40 » | 35 32 1/2
Naples.... » » | »
Rome..... » » | 20

CHANGES.

LONDRES..... 1 mois, 25 27 1/2. 3 mois, 25 42 1/2.
HAMBOURG.. 1 mois, 185 1/2. 3 mois, 184 1/2.
AMSTERDAM, 1 mois, 57 3/8. 3 mois, 57 5/4.

FONDS ANGLAIS. — Londres, 14 juillet. — Cité, 4 heures.

CONSOLIDÉS pour compte, ouvert à 91 3/8 1/2.
— p. compte, fermé à 91 3/8 1/2.
FONDS ESPAGNOLS, actif, 40 7/8.
FONDS ESPAGNOLS, passive, 13 1/8.
— différée, 18 1/2.
PORTUGAIS NOUVEAUX, 81 ».
— 3 p. 0/0, 51 1/4.

Annonces.

DICTIONNAIRE
ABRÉGÉ
DES INVENTIONS
ET
DES DÉCOUVERTES
DANS LES SCIENCES ET DANS LES ARTS;
Par M. PEIGNÉ.
2 VOLUMES IN-18, BROCHÉS, 1 FR. 50 C.
Chez Isidore PESRON, libraire-éditeur, rue Pavée-Saint-André, n° 13.

CABINET D'AFFAIRES,
Dirigé par M. PICHARD DE VERNEY,
Receveur de rentes, licencié en droit.

NATURE DES OPÉRATIONS.

1° Vente et achat des propriétés sises à Paris et dans les départements, des établissements et fonds de commerce, d'actions industrielles, etc., etc. (On se charge de faire toutes les démarches relatives à ces ventes et achats.)
2° — Suite des affaires contentieuses, civiles et commerciales ; de tous les recouvrements de créances sur l'état et sur les particuliers ;
3° — Locations en règle des maisons de ville et de campagne ;
4° — Recettes de rentes ;
5° — Emprunts et placements de fonds ;
6° — Remboursements de cautionnements ;
7° — Arbitrages ;
8° — Réclamations et démarches à faire auprès des ministres et des diverses administrations de la capitale ;
9° — Rédactions des différents actes sous signatures privées ;
10° — Rédactions des pétitions, prospectus, circulaires et articles concernant l'industrie ;
11° — Insertions dans les journaux publics, littéraires et d'annonces, tant quotidiens que périodiques.
On se charge en un mot de tout ce qui est relatif aux affaires en général.
(*Écrire franco.*)

A VENDRE A L'AMIABLE.

1° Une belle propriété, située à neuf lieues de Paris, sur la route de Flandre, consistant en un château bâti à la moderne, fermes, bâtiments d'exploitations, etc. Prix, 550,000 fr., avec facilités pour le paiement.
2° Un terrain, situé dans le quartier du Luxembourg, susceptible de recevoir de belles constructions. Prix, 60,000 fr. Les constructions [illegible], d'après estimation faite sur les lieux, 105,000 fr. au plus.

ACQUÉRIR A PARIS.

Deux maisons dans le faubourg Saint-Germain, ou sur les quais ; l'une du prix de 57 à 100,000 fr. ; l'autre de 60 à 80,000 fr.
S'adresser à M. P. de VERNEY, receveur de rentes, rue du Pont-de-Lodi, n. 3, chargé aussi de l'acquisition de deux propriétés hors Paris, du prix de 1,000,000 à 1,500,000 fr., et dans un rayon de 15 à 20 lieues.

SPECTACLES DU 17 JUILLET.

Heures.	
7	OPÉRA. —
7	FRANÇAIS. — Le Barbier. Othello.
6	OPÉRA-COMIQUE. — L'Eclair.
6	GYMNASE. — La Marraine. Le Pauvre Jacques. La Reine de 16 ans.
6	VAUDEVILLE. — L'Habit. Une Passion. Chap. des Inform. Les Maris.
6	VARIÉTÉS. —
6 1/2	PALAIS-ROYAL. — Le Timbalier. Titi. Madelon. Prosper.
6 1/2	GAITÉ. —
6	AMBIGU. — Fleurette. Amazampo. Le Château.
6	PORTE-ST-MARTIN. — Lavaubalière.
6	CIRQUE-OLYMPIQUE. —
6	M. COMTE. — Une Première Faute.
6	PANTHÉON. —

JARDIN TURC. — Tous les jours, concert composé de 60 musiciens, dirigés

图 8-9　1836 年 7 月 17 日《新闻报》的广告版

① 陈继静. 法国新闻传播史［M］. 北京：人民日报出版社，2017：122.

吉拉丹本人热衷于政治，曾担任七月王朝的议员，还曾与马克思和恩格斯论证过“好社会主义”与“坏社会主义”。但《新闻报》标榜独立、超党派，较少刊登政治新闻，主要刊登社会新闻、法庭新闻，以及与民众衣食住行相关的实用性文章。为了吸引读者购买报纸，《新闻报》连载巴尔扎克、大仲马、雨果等文学家的小说。1836 年 10—11 月，巴尔扎克的小说《老处女》在《新闻报》上分 12 期连载，开创了法国报纸连载小说的先河。

就在《新闻报》创刊的同一天，法国另一份廉价报纸《世纪报》（*Le Siècle*）由阿尔芒·迪塔克（Armand Dutacq）创办。尽管创办人迪塔克的名气不如吉拉丹，但《世纪报》较之《新闻报》更为成功。《世纪报》也主要依靠广告盈利，注重社会新闻和法庭新闻，煽情程度远高于《新闻报》，因此吸引了更多中下阶层读者购买。与此同时，《世纪报》开创了刊登短篇小说的先河，连载了大仲马的短篇小说《保罗上尉》。

按照法国当时的货币计算，1 法郎等于 100 生丁，40 法郎的年订阅费相当于每份报纸售价 10 生丁，因此《新闻报》与《世纪报》也被视为法国的“10 生丁报”。而法国真正意义上的第一份便士报即“5 生丁报”，是 1863 年 2 月 1 日由来自波尔多的出版商米洛（Moïse Polydore Millaud）创办的《小日报》（*Le Petit Journal*）（见图 8－10）。

Le Petit Journal

QUOTIDIEN, NON POLITIQUE

PARIS Rue de Richelieu, 112. | ABONNEMENTS | UN NUMÉRO CINQ CENTIMES | DÉPARTEMENTS | 1er et 2 février 1863. Dimanche et lundi. NUMÉROS 1 ET 2.

QUESTION DU LIBRE ÉCHANGE.

PARTIE OFFICIELLE ET ADMINISTRATIVE.

图 8－10　1863 年 2 月 1 日的《小日报》

相较于法国其他报纸，《小日报》的最大优势是价格便宜。在内容上，该报几乎不报道政治新闻，主要刊登社会新闻、连载侦探小说和占星术文章。《小日报》是份晚报，主要以零售方式出售给工作一天之后的工人阶级读者，而最能吸引这群读者购买、最能刺激报纸销售的是对煽情性案件庭审过程的详细报道。《小日报》创办两年后，发行量达到了 25.9 万份，成为当时巴黎发行量最大的报纸。1895 年，借助最新的彩色轮转印刷机技术，《小日报》发行量达到 200 万份，该报星期日增刊《图画副刊》(*Supplément Illustré*) 发行量达到 100 万份，80%的读者是巴黎以外的外省读者。①

【推荐阅读】

[1] 埃默里 M，埃默里 E，罗伯茨．美国新闻史：大众传播媒介解释史：第 9 版 [M]．展江，译．北京：中国人民大学出版社，2009.

[2] 斯蒂芬斯．新闻的历史：第 3 版 [M]．陈继静，译．北京：北京大学出版社，2014.

[3] 陈力丹，董晨宇．英国新闻传播史 [M]．北京：人民日报出版社，2015.

[4] 陈继静．法国新闻传播史 [M]．北京：人民日报出版社，2017.

【思考题】

1. 美国三大便士报产生的时代背景是怎样的？这三份报纸分别具有哪些特点？
2. 请列举英国和法国具有代表性的便士报。

【关键词】

阿尔芒·迪塔克 Armand Dutacq

亚瑟·B. 斯雷 Arthur B. Sleigh

本杰明·戴 Benjamin Day

查尔斯·达纳 Charles Dana

《每日电讯邮报》*Daily Telegraph and Courier*

戴维·利文斯通 David Livingstone

爱德华·勒维-劳森 Edward Levy-Lawson

埃米尔·德·吉拉丹 Émile de Girardin

乔治·威斯纳 George Wisner

"月球骗局" Great Moon Hoax

亨利·M. 斯坦利 Henry M. Stanley

亨利·雷蒙德 Henry Raymond

霍勒斯·格里利 Horace Greeley

① 陈继静．法国新闻传播史 [M]．北京：人民日报出版社，2017：139.

霍雷肖・戴维・谢泼德 Horatio David Sheppard

杰克逊民主 Jacksonian Democracy

詹姆斯・戈登・贝内特 James Gordon Bennett

约瑟夫・莫泽斯・勒维 Joseph Moses Levy

《小日报》*Le Petit Journal*

玛格丽特・福勒 Margaret Fuller

摩西・耶鲁・比奇 Moses Yale Beach

《纽约太阳报》*New York Sun*

查德・亚当斯・洛克 Richard Adams Locke

《纽约论坛报》*New York Tribune*

小贝内特 James Gordon Bennett Jr.

《新闻报》*La Presse*

《世纪报》*Le Siècle*

米洛 Moïse Polydore Millaud

《纽约先驱报》*New York Herald*

即买即付 pay-as-you-go

知识税 taxes on knowledge

第九章

通讯社的兴起与发展

【本章学习要点】

1. 理解并掌握哈瓦斯通讯社的创办背景与发展过程。
2. 理解并掌握路透通讯社的发展过程。
3. 理解并掌握美国联合通讯社的创办背景、发展过程与特点。

1844 年 5 月 24 日，塞缪尔·莫尔斯（Samuel Morse）从美国首都华盛顿用电码发出了一条电讯。当天下午，《巴尔的摩爱国者报》（*Baltimore Patriot*）刊登了这条电讯稿："1 时——众议院刚刚就俄勒冈问题提出一项动议并交由全体委员会审议，被否决——79 票赞成，86 票反对。"这是 19 世纪意义重大的新闻报道之一。[①] 在新闻传播历史上，摩尔斯电报技术的应用所具有的意义不亚于 400 年前古登堡印刷机的发明，它标志着信息可以超越时空限制进行传递，本地新闻逐渐被遥远的外地新闻所取代，最新消息（latest news）成为新闻行业争相追逐的目标。

在电报技术发明之前，以批量采集和供应新闻信息及相关信息为主要职能的通讯社就已经诞生于欧洲。通讯社产生于大众发行日报兴起之后，早期通讯社传递信息的主要手段是快马和信鸽。19 世纪中期，电报技术开始被应用于通讯社行业，进一步促

① 埃默里 M，埃默里 E，罗伯茨．美国新闻史：大众传播媒介解释史：第 9 版［M］．展江，译．北京：中国人民大学出版社，2009：118－119.

进了跨国贸易和商业的发展，世界大大地缩小了。

第一节 哈瓦斯通讯社

1835年，世界上第一家通讯社——哈瓦斯通讯社（Agence Havas）在法国巴黎创立。创办初期，限于传播手段，哈瓦斯通讯社被视为“报纸的报纸”。18世纪中后期，随着电报技术在日常业务中的广泛应用，哈瓦斯通讯社进入快速发展阶段，影响力从欧洲辐射至全世界。

一 哈瓦斯通讯社的创立

夏尔-路易·哈瓦斯（Charles-Louis Havas，1783—1858）（见图9-1）出生于法国鲁昂，尽管年少时正值法国大革命的动荡时期，但哈瓦斯仍接受了正规的学校教育，特别是英语和德语的训练，这对他之后开设编译社大有裨益。1825年，哈瓦斯在巴黎创办了一家编译社，主要工作是把英国、德国和西班牙等国的报纸杂志弄到手，从头到尾粗略地通读一遍，从中选出适合法国人口味的文章和述评等报道，译成法文后再卖给报社。哈瓦斯编译的稿件深受巴黎的报纸、政府官员和商人的青睐。

图9-1　夏尔-路易·哈瓦斯

哈瓦斯在为编译社选址时，选择了距离邮局、交易所和承办搬运业务的商号不远的地方，目的在于方便自己每天早上去邮局取信件和报纸。最初，哈瓦斯一人身兼数职——社长、记者和跑腿的通讯员。1831—1835年，哈瓦斯前往欧洲的主要城市游历，每到一处，他都要签订一些供稿的通讯员合同，从而稳步扎实地建立起了一个新闻收集网。[①]

1835年底，52岁的哈瓦斯在并购了几家通讯社之后，正式亮出了“哈瓦斯通讯

① 仓田保雄．路透其人和路透社［M］．回瑞岩，任长安，译．北京：新华出版社，1980：34.

图 9-2　1835 的哈瓦斯通讯社

社”的招牌（见图 9-2），成为通讯社的开山鼻祖。

为了提供迅速而优质的新闻稿件，哈瓦斯借鉴了美国和英国利用信鸽传递消息的方法，开始修建鸽子棚，饲养和训练信鸽，利用信鸽在布鲁塞尔—巴黎和伦敦—巴黎间传递消息。通过信鸽，哈瓦斯当天白天就能得到比利时日报上的新闻；伦敦早报上的消息，他在下午三四点钟就看到了[①]。远快于邮局的信息传递速度，一下子让哈瓦斯通讯社名声大噪。随着电报技术在欧美各国的成功应用，1845 年，哈瓦斯通讯社开始在法国国内采用电报传递新闻，同时在布鲁塞尔、罗马、维也纳、马德里等欧洲主要城市建立了分社。在哈瓦斯看来，通讯社就是一门利用通信手段提供新闻的生意，因此，他积极采用各种新的传播技术。这一理念直接影响了 19 世纪另外两家知名通讯社的创立者——贝尔纳德·沃尔夫（Bernard Wolff，1811—1879）和保罗·朱利乌斯·路透（Paul Julius Reuter，1816—1899）。

二　19 世纪 70 年代的“三社四边协定”

1848 年，哈瓦斯通讯社业务发展迅速，人手紧缺。这年年末，哈瓦斯先后招收了两名年富力强、精通外语的德国流亡者——从普鲁士流亡到巴黎的柏林银行家的儿子贝尔纳德·沃尔夫和柏林出版商保罗·朱利乌斯·路透——让他们负责收集和编译欧洲各地的新闻。两位年轻人进入哈瓦斯通讯社之后，学习并掌握了从搜集信息来源、寻找订户、出售新闻稿到经营等各方面的工作流程。没过多久，两人先后离开哈瓦斯通讯社，另立门户。

沃尔夫回到了柏林，借鉴了哈瓦斯的办社理念，创办了沃尔夫通讯社。1849 年，沃尔夫通讯社成为世界上第一家依靠电报系统来传递信息的通讯社，也是当时德国最大的新闻通讯社。[②] 路透于 1849 年春天离开哈瓦斯通讯社，在巴黎开设了自己的编译社，把法国报纸上的新闻编译成德文新闻稿，出售给德国的地方报纸。在选择新闻时，

① 仓田保雄．路透其人和路透社［M］．回瑞岩，任长安，译．北京：新华出版社，1980：37.
② 吴璟薇．德国新闻传播史［M］．北京：人民日报出版社，2017：89.

路透主要关注政治和财政金融等方面的内容。随着法国政局的变动，新闻控制政策收紧，1849 年夏天，路透离开了巴黎，前往德国亚琛。

1849 年 10 月 1 日，普鲁士政府架设的柏林到位于德国与比利时交界处的亚琛的电报线正式开通，并交付商业通讯使用。哈瓦斯听闻此消息，立刻派人前往进一步打探消息。此时，他才发现几乎同时“失踪”的两个徒弟沃尔夫和路透已经分别占据了这一电报线的两端：柏林和亚琛。哈瓦斯在知道自己的两个徒弟另立门户，成为自己的竞争对手之后，并未愤恨，反而认为“这两个人从我这儿销声匿迹之后并没有白混饭吃，还是搞出些名堂”①。

1853 年，哈瓦斯的儿子夏尔-奥古斯特・哈瓦斯（Charles-Auguste Havas）接手通讯社后，分别与沃尔夫通讯社和路透前往英国建立的路透通讯社开展合作。1856 年，哈瓦斯通讯社与路透通讯社、沃尔夫通讯社订立了交换股票行情的协议，1857 年开始兼营广告业务。1859 年，三家通讯社签订《路透-沃尔夫-哈瓦斯协议》（Reuter-Wolff-Havas Agreement），交换独家新闻。② 1866 年，连接欧洲和北美大陆的大西洋海底电缆开通，通讯社业务版图得到了进一步拓展。

1870 年 1 月 17 日，三家通讯社签订了一份具有历史意义的分割市场协定，即“三社四边协定”，这份协定被视为通讯社领域的“雅尔塔协定”。哈瓦斯通讯社、沃尔夫通讯社和路透通讯社当时控制着世界新闻市场，三家通讯社基于通过交换新闻来节省经费的想法，把世界新闻市场分割成了几个区域：哈瓦斯通讯社的垄断区域为法国、意大利、西班牙和葡萄牙；路透通讯社的垄断区域为大英帝国、荷兰及远东；沃尔夫通讯社的垄断区域为德国、奥地利、斯堪的纳维亚和俄国。此外，奥斯曼帝国、埃及和巴西是哈瓦斯通讯社和路透通讯社共同的领域。三家通讯社在各自的垄断区域，采集新闻的权利是互相开放的，但新闻必须由享有垄断权的通讯社发布；在协定规定以外的“中立区域”，三家通讯社可以在新闻采集和发布方面共同开发市场。协定对美国新闻市场也进行了规约：三家通讯社承认当时的纽约联合通讯社（美国联合通讯社的前身）在美国的垄断地位，路透通讯社可以在柏林发布依据同纽约联合通讯社签订的合同收到的有关美国的新闻。③

---

① 仓田保雄．路透其人和路透社［M］．回瑞岩，任长安，译．北京：新华出版社，1980：51.

② 1859 Reuter-Wolff-Havas Agreement［EB/OL］.（2012-02-21）［2021-05-07］. https://www-pp. afp. com/en/agency/afp-dates#6.

③ 同①170－171.

“三社四边协定”的签署确保了19世纪欧洲三家通讯社各自的利益不受威胁，这份协定同时也是三家通讯社瓜分世界新闻市场的路线图，对国际新闻传播格局的形成与发展产生了深远影响。“三社四边协定”先后于1890年和1914年续约。第一次世界大战之后，随着德国境内其他通讯社的崛起和沃尔夫通讯社业务的萎缩，以及无线电报技术的应用，“三社四边协定”名存实亡。1933年，随着德国纳粹政府上台并成立唯一的国有通讯社——德意志通讯社（Deutsches Nachrichtenbüro），沃尔夫通讯社随即关门。1934年，世界各通讯社在里加召开会议，宣布正式废除“三社四边协定”以及其他所有垄断性的协定。

三 法国新闻通讯社

夏尔-奥古斯特·哈瓦斯接管通讯社业务后，不断拓展业务范畴。1857年，他与通用广告社合作，先后与200家地方报纸签订合同，用哈瓦斯通讯社的国内新闻交换这些报纸第三页或第四页的部分广告（通常为一整页的三分之一版或四分之一版），并将这些广告版面出售给广告商。[①] 哈瓦斯通讯社建立了当时法国最大的广告公司，但自20世纪30年代起，随着欧洲政局变化，哈瓦斯通讯社的广告业务逐渐减少，通讯社收入递减。之后，哈瓦斯通讯社开始接受法国外交部提供的资助。1938年7月，法国外交部决定承担哈瓦斯通讯社新闻业务的全部亏损，这实际上是将哈瓦斯通讯社收归国有。自此，哈瓦斯通讯社的性质从最初的民营完全转变为国有。

1940年6月，德军占领巴黎。同年11月25日，哈瓦斯通讯社的新闻部门归法国新闻宣传部（French Information Office，FIO）所有，实际变成了法国维希政府的宣传工具。哈瓦斯通讯社的广告分支被分离出去，沿用哈瓦斯的名字直至战后；同年12月，保罗-路易·布雷特（Paul-Louis Bret）在英国伦敦创建了法国独立新闻社（Agency France Independence，AFI），与英国信息部和英国路透通讯社签订协议，在自由欧洲范围内每天播出1万字左右的法语新闻，代表自由的法国舆论抨击了维希政府。[②] 1944年8月20日，法国抵抗组织的记者攻占法国新闻宣传部，以法国新闻通讯社（Agence France-Presse，简称法新社）的名义发出了法国解放后的第一篇新闻稿（见

---

① 陈继静．法国新闻传播史［M］．北京：人民日报出版社，2017：131－132.

② November 25，1940HAVAS/O. F. I. ［EB/OL］.（2012-02-21）［2021-05-07］. https://www-pp. afp. com/en/agency/afp-dates#11.

图 9－3）。

1944 年 9 月 30 日，原属于法国新闻宣传部的哈瓦斯通讯社的新闻部门解散，在哈瓦斯通讯社旧址成立的法新社获得法令认可。刚成立的法新社接受政府拨款，属于国有性质，社长和财务主管由政府任命。1957 年 1 月 10 日，法国议会通过了《法新社条例》（AFP Statute），保证其编辑的独立性。依据该条例，法新社的首席执行官由 15 人组成的董事会推选产生，这 15 人分别为：8 人来自法国报业、2 人为法新社员工、2 人来自国有广电机构，另有 3 人分别由总理、财政部部长和外交部部长任命。尽管法新社形式上独立于政府，但是收入仍然主要来自法国政府和国有部门的订阅费，因此，法新社一直被视为法国的官方喉舌。[①] 自此，法新社不断在海外建立分支机构和派驻记者，日益成为重要的国际通讯社之一。

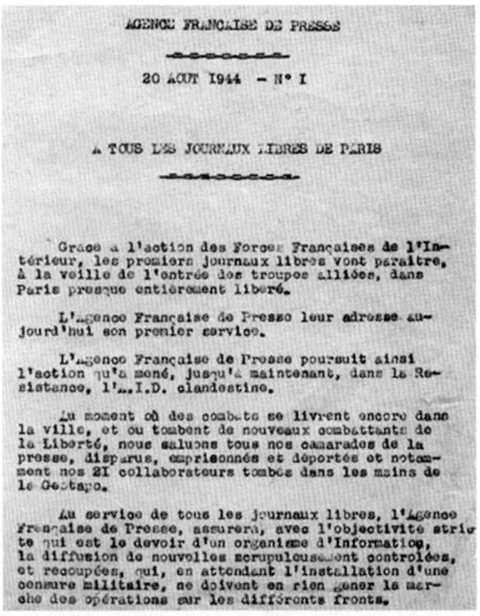
AGENCE FRANCAISE DE PRESSE

20 AOUT 1944 - N° I

A TOUS LES JOURNAUX LIBRES DE PARIS

Grace a l'action des Forces Françaises de l'Intérieur, les premiers journaux libres vont paraitre, à la veille de l'entrée des troupes alliées, dans Paris presque entièrement liberé.

L'Agence Française de Presse leur adresse aujourd'hui son premier service.

L'Agence Française de Presse poursuit ainsi l'action qu'a mené, jusqu'à maintenant, dans la Resistance, l'A.I.D. clandestine.

Au moment où des combats se livrent encore dans la ville, et ou tombent de nouveaux combattants de la Liberté, nous saluons tous nos camarades de la presse, disparus, emprisonnés et déportés et notamment nos 2I collaborateurs tombés dans les mains de la Gestapo.

Au service de tous les journaux libres, l'Agence Française de Presse, assurera, avec l'objectivite stricte qui est le devoir d'un organisme d'Information, la diffusion de nouvelles scrupuleusement controlées, et recoupées, qui, en attendant l'installation d'une censure militaire, ne doivent en rien gener la marche des opérations sur les différents fronts.

图 9－3　1944 年 8 月 20 日，法国新闻通讯社发出的第一篇新闻稿

目前，法新社是世界三大通讯社之一，在全世界 151 个国家或地区建立了 201 家分社，每天用法、德、英、阿、西、葡六种文字向全世界播发文字、图片、视频等多种形式的新闻产品。[②]

第二节 路透通讯社

1851 年，在德国亚琛积累了一定的独立经营通讯社经验的保罗・朱利乌斯・路透来到英国伦敦，正式开启了路透通讯社（Reuters，简称路透社）的历史。

一 路透电报办事处的创立

保罗・朱利乌斯・路透（见图 9－4）出生于普鲁士的一个犹太人家庭，原名伊斯

① January 10，1957 The AFP Statute [EB/OL].(2012-02-21)[2021-05-07]. https://www-pp.afp.com/en/agency/afp-dates#20.

② AFP in the World [EB/OL].(2012-01-17)[2021-05-07]. https://www-pp.afp.com/en/agency/about/afp-world.

图 9-4　保罗・朱利乌斯・路透

拉埃尔・贝亚・约沙法（Israel Beer Josaphat），1844年改奉基督教之后改为现在的名字。19 世纪 30 年代，路透在德国哥廷根结识了数学家和物理学家卡尔・弗里德里希・高斯（Carl Friedrich Gauss），目睹了磁针式电报机的发明过程。19 世纪 40 年代初，路透通过购买股权，在柏林与人合资经营了一家出版公司。1848 年，由于普鲁士政府对书籍等印刷品采取严厉的查禁制度，出版业务受影响，路透离开了柏林，前往当时对言论管控相对宽松的巴黎。正是在巴黎，路透有机会进入世界上第一家通讯社——哈瓦斯通讯社担任编译工作，为之后独立经营通讯社奠定了基础。

1849 年秋天，路透在亚琛正式创办了电报事务所，经营左通柏林、右连巴黎的电报线路。当时亚琛和布鲁塞尔之间还没有开通电报线，用最快的交通工具传递信息需要花费 9 个小时。路透瞄准了这一电报线的真空地带，模仿哈瓦斯，利用信鸽在亚琛和布鲁塞尔之间建立了速报制度。每天下午，路透派驻布鲁塞尔的工作人员都会把布鲁塞尔股票交易所的收盘价格和巴黎发来的最后一封电报的内容抄在一张薄纸上，然后把这张薄纸放进绑在鸽子翅膀下面的绸布袋里，让信鸽飞回亚琛，最后由路透本人跑步把稿件送到电报局向外发布，从不间断。① 可以说，路透的速报制度是由电报、火车、信鸽和“跑步者”共同组成的。当时，路透主要采集欧洲各个主要城市的汇兑与证券交易的行情等金融消息，将这些信息提供给银行家和商人订户。由于路透提供的行情快讯准确可靠、文字通俗易懂，因此赢得了客户的高度评价。

正当电报事务所的业务进入正途时，1850 年，柏林到亚琛之间的电报线延伸到了法国和比利时交界处的瓦特勒洛，而巴黎到布鲁塞尔之间的电报线也延长至开布莱。这就意味着，柏林和巴黎之间的电报线“空白地段”仅剩下 8 公里。② 在这 8 公里的范围内，路透改用快马传递信息，以节省开支。1850 年底，随着巴黎和柏林之间直通电报线的开通，路透的电报业务完全丧失了用武之地。在此情景之下，路透夫妇将目光投向了正在铺设横贯英吉利海峡的海底电缆的英国。

---

① 仓田保雄. 路透其人和路透社［M］. 回瑞岩，任长安，译. 北京：新华出版社，1980：56.

② 同①58.

二 路透通讯社的创立与发展

1851 年夏天，路透夫妇来到了伦敦。1851 年 10 月 14 日，路透租下了位于伦敦金融街的英国皇家交易所内的两间屋子，路透社的历史由此开始。1851 年 11 月 13 日，横贯英吉利海峡的海底电缆正式投入使用，路透随即将来自欧洲大陆的金融信息编辑成新闻出售。当时，路透社的主要客户是交易所、银行、股票商、投资公司和贸易公司。路透不断拓展客户范围，先后在巴黎、阿姆斯特丹、柏林、维也纳和雅典等城市建立了销售网。1857 年，路透加入了英国籍。

在金融街站稳脚跟的路透将目标瞄准了报业市场。事实上，早在亚琛时期，路透就曾致信英国《泰晤士报》（*The Times*）经理莫布雷·莫里斯（Mowbray Morris），推销自己的稿件，但是遭到了莫里斯的委婉拒绝。迁至伦敦开业后，路透又先后两次致信《泰晤士报》兜售自己的稿件，但是每次收到的都是明确的拒绝信："《泰晤士报》无意采用贵社提供的消息。"[①]

1858 年，路透开始联系英国舰队街另一份有威望的报纸，即创刊于 1794 年的英国《广告人晨报》（*Morning Advertiser*）。路透以免费试用两星期的路透社稿件为条件，获得了《广告人晨报》总编的认可。两星期之后，《广告人晨报》认为采用路透社的稿件能够节省采编经费，因此与路透社订立了合同。之后，伦敦的其他报纸纷纷效仿。这令《泰晤士报》的莫里斯坐不住了。不久之后，他与路透碰面，开始谈判。在双方最终签订的合同中，莫里斯加入了一些附加条件：第一，虽然路透社提供各种内容的稿件，但《泰晤士报》只支付该报采用那部分稿件的费用；第二，《泰晤士报》如果注明采用的是路透社提供的电讯稿，稿费为每 20 个字 2 先令 6 便士；第三，《泰晤士报》如果采用了路透社的稿件但不注明消息来源，稿费为每 20 个字 5 先令。[②] 这就导致，尽管伦敦各家报纸刊登的内容都源自路透社，但只有《泰晤士报》标注"本报讯"。直到同年 12 月 7 日，《泰晤士报》才首次采用了"路透社电讯稿"的字样：

> 路透社电讯稿：为了恢复同西欧各国的外交关系，那不勒斯国王费尔迪南德二世提出，要向这些国家派遣大使。[③]

---

① 仓田保雄．路透其人和路透社［M］．回瑞岩，任长安，译．北京：新华出版社，1980：77.

② 同①92.

③ 同①94.

尽管增加了附加条件，但对于路透而言，与《泰晤士报》签订合同标志着他真正打进了伦敦的报业市场。

1878 年 5 月，路透把自己经营了 27 年的路透社交由长子赫伯特·路透（Herbert Reuter）接管。赫伯特毕业于牛津大学，之后前往巴黎学习音乐。他的性格复杂细腻，与父亲截然相反，曾被形容为“全身都是用头脑构成的思考机械”。尽管赫伯特在经营通讯社方面不及他的父亲，但作为主编，他更具天资。19 世纪末，面对《泰晤士报》的挑战，赫伯特与英国报纸联合社（Press Association）联手，增加对奇闻逸事、凶杀暴动、名人之死等耸人听闻事件的报道，赢回了市场。1891 年，赫伯特模仿广告业务出色的哈瓦斯通讯社的做法开设广告部，以贴补新闻报道，但只经营了 4 年广告部就关张了。1915 年 4 月，赫伯特的妻子因病去世，赫伯特思念过甚，在妻子去世后的第三天自杀。赫伯特唯一的儿子休伯特·路透（Hubert Reuter）无意于新闻记者这一行，于 1916 年 11 月在第一次世界大战的战场上为救下炮火中受伤的战友而战死。

赫伯特去世后，37 岁的开普敦分社社长罗德里克·琼斯（Roderick Johns）成为继任者。琼斯主政期间，他把路透社的大部分股票卖给了英国报纸联合社。1941 年，为了保证路透社延续独立客观的报道风格，防止恶意收购，即将引退的琼斯又将自己的股票卖给了英国报纸所有者协会（Newspaper Proprietors Association），使其与英国报纸联合社各占路透社一半的股份，这意味着路透社归英国新闻界共同所有。1949 年，澳大利亚和新西兰报纸协会也加入其中，成为路透社的共同拥有者。

三 路透通讯社的风云际会

路透社在英国的创立与发展正赶上 19 世纪中期英国相继废除知识税，由此带动的英国大众报刊的兴起为路透社提供了潜在的广阔市场。路透社主要从事国际新闻的采访报道，在英国国内，除了《泰晤士报》不时与路透社因为抢新闻而发生摩擦外，几乎没有同行竞争对手。1868 年，英国政府颁布法律，将英国国内的电报线路全部收归国有，这使得一直享有垄断地位的私有电报公司不得不停业。见此良机，《曼彻斯特卫报》（*Manchester Guardian*）牵头成立了英国的国内通讯社——英国报纸联合社。路透社随后与之签订了交换新闻的合作合同。

与此同时，从 19 世纪中期开始，英国不断拓展海外殖民地。伴随着英国政府和企业海外拓展的脚步，路透社也由最初的仅提供欧洲新闻发展为同时提供印度、中国、澳大利亚、南非等国家的新闻。尽管在路透家族掌权期间路透社属于私人企业，始终奉行迅速、准确、客观的准则，但对于号称“日不落帝国”的英国而言，路透社的海外通信网络不可或缺，而且，路透从开始为订户提供政治新闻开始，就已经在无偿地向女王和首相官邸提供政治新闻。据称，维多利亚女王每天都要看送到白金汉宫的路透社电讯，并对路透社的电讯稿给予了很高的评价：

> 1878年，女王曾写信给首相，对他表示不满，因为英国政府太轻视俄国对土耳其表现出的野心。女王对俄国军队的动向很警惕，把俄国的这一动向告诉了女王的是路透社电讯，而不是英国外交部的报告。对于女王来说，路透社电讯是“通晓整个形势的人”送来的情报。①

可以说，路透社的崛起与大英帝国的海外扩张密不可分。诚如联合国报告所言：“通讯社在贸易和商业方面进一步打开局面，把世界大大地缩小，起到了通讯社所独有的作用。但同时，由于当时是殖民主义的全盛时期，通讯社助长了殖民国家的利益，帮助其维持当时的政治和经济秩序，并且扩大了宗主国的商业和政治利益。”②

目前，路透社是世界三大通讯社之一。第二次世界大战之前，路透社迁至英国媒体中心——舰队街，2005年迁至伦敦的金丝雀码头（canary wharf）。2008年，路透社与加拿大汤姆森集团合并，成立汤姆森路透集团（Thomson Reuters），商业金融信息服务依然是路透社的主要业务。与路透社的定位相类似的通讯社还有1981年由美国纽约市前市长迈克尔·布隆伯格（Michael Bloomberg）创立的彭博社（Bloomberg），2007年由媒体大亨默多克的新闻集团买下的道·琼斯通讯社（Dow Jones Newswires）。

第三节 美国联合通讯社

美国早期通讯社几乎都照搬了哈瓦斯通讯社的运作模式，1848年，美国纽约的几家报纸达成了一份内部协议，创立了今天最具影响力的国际通讯社——美国联合通讯社（Associated Press，简称美联社）的前身。回溯美联社的发展历程，大致可以分为三个阶段，即港口新闻社时期、纽约联合通讯社时期和美国联合通讯社时期。

---

① 仓田保雄．路透其人和路透社［M］．回瑞岩，任长安，译．北京：新华出版社，1980：186.

② 麦克布赖德．多种声音，一个世界［M］．北京：中国对外翻译出版公司，1981：12.

一 港口新闻社时期

1846 年，纽约市的 5 家报纸为了以快于邮政局的速度来传递亚拉巴马州的墨西哥战争新闻，共同出资开辟了快马邮递路线。[①] 1848 年 5 月，《纽约太阳报》《纽约先驱报》《纽约信使与问询者报》《纽约论坛报》《纽约快报》和《商业日报》的发行人在《纽约太阳报》报社聚会，在《纽约太阳报》的第二任发行人摩西·耶鲁·比奇（Moses Yale Beach）的组织下达成了一项协议：共同出资购买港口新闻艇，接驳到港的轮船以获取最新的消息。令人遗憾的是，当时的会议没有留下记录。现有的资料显示，1849 年 1 月 11 日，这六家纽约报社签署了一项协议，组成港口新闻社（Harbor News Association）。协议规定："六个合伙人按规定共用两艘船只，在驶入纽约港的轮船上采集新闻，共同分担费用，向纽约市以外的报纸出售新闻，还要制定成员规章。"[②]

1849 年，为了能够在欧洲船只抵达纽约港之前提前接驳，获取最新的消息，港口新闻社在加拿大新斯科舍省哈利法克斯（Halifax，Nova Scotia）建立了美国领土之外的第一个新闻分支机构。1851 年 9 月，创办不久的《纽约时报》成为港口新闻社的第 7 个成员。

二 纽约联合通讯社时期

1856 年，港口新闻社成员通过了《纽约市综合新闻联合社章程》，组织工作更加严密。不久，通讯社改名为纽约联合通讯社（New York Associated Press）。[③]

当时纽约联合通讯社的主要竞争对手为 1862 年由中西部日报成立的西部联合通讯社（Western Associated Press）和社内反叛者于 1882 年另立门户建立的合众国际社（United Press International，简称合众社）。为了避免无效竞争，纽约联合通讯社与合众社签署了秘密协议，私下进行新闻交换。但是当这一秘密协议在 1891 年被揭穿后，通讯社初创时期的成员《纽约太阳报》和《纽约论坛报》先后退出了纽约联合通讯社，倒戈加入了合众社。1893 年，纽约联合通讯社被伊利诺伊联合通讯社接管，《芝加哥每

---

① AP. Our Story [EB/OL]. [2021 - 05 - 07]. https://www.ap.org/about/our-story/.

②③ 埃默里 M，埃默里 E，罗伯茨．美国新闻史：大众传播媒介解释史：第 9 版 [M]. 展江，译．北京：中国人民大学出版社，2009：120.

日新闻》(*Chicago Daily News*)的创立者梅尔维尔·斯通(Melville E. Stone,1848—1929)(见图 9-5)成为重组后的纽约联合通讯社的总经理。

图 9-5 梅尔维尔·斯通

在斯通的管理下,纽约联合通讯社先后与英国的路透社、法国的哈瓦斯通讯社和德国的沃尔夫通讯社签订交换独家新闻的合同,切断了长期以来合众社为其在纽约的成员提供国外新闻的来源。[①] 1897 年初,竞争对手合众社破产,纽约的大部分日报重新加入了纽约联合通讯社。

三 美国联合通讯社时期

美国联合通讯社这个名字起源于一场官司。1898 年,在芝加哥发行的《洋际报》(*Inter Ocean*)将纽约联合通讯社告上了法庭,理由是"反对这家联合通讯社因该报采用了拉芬新闻社[②]的稿件而停止向它供稿的做法"。伊利诺伊州法院在 1900 年做出判决,认为依据纽约通讯社的章程,该通讯社应该是"一个必须为一切愿意得到它的消息的报纸提供服务的公用事业"[③],言下之意,纽约联合通讯社不应反对其成员采用其他通讯社的稿件。面对伊利诺伊州法律对纽约联合通讯社排他性条款的限制,通讯社领导层决定就地解散位于伊利诺伊州的通讯社,迁至在公司法层面更有利于合作性质企业的纽约州,组建了新的非营利性质的报业联合组织——美国联合通讯社,斯通担任总经理。

相较于 19 世纪私人企业性质的欧洲三大通讯社,美联社是一个合作性组织,新闻采集和分发的费用由美联社成员共同分担,美联社成员互通有无,互相分享在各自发行地区采集到的新闻。换言之,美联社的新闻只提供给美联社成员,美联社的管理层只为维护其成员利益而存在,因此,获取美联社新闻的唯一渠道是成为其成员。美联社的这一组织特点致使后来的报纸发行者获得在纽约报业市场的立足资格最便捷的方式就是购买一份拥有美联社成员身份的报纸。

---

① 埃默里 M,埃默里 E,罗伯茨. 美国新闻史:大众传播媒介解释史:第 9 版 [M]. 展江,译. 北京:中国人民大学出版社,2009:251.

② 拉芬新闻社(Laffan News Bureau)是《纽约太阳报》的业务经理威廉·拉芬(William M. Laffan)在退出纽约联合通讯社后创建的新闻社。

③ 同①.

美联社的这一组织原则也存在一定的缺陷。比如，美联社成员直到 1915 年才能向其他通讯社订购新闻；1900 年美联社创立时期的成员拥有额外选举权，并将董事会长期控制在大报手中；在地方层面，美联社成员经常会利用特权阻止同城竞争对手加入美联社。

与英国的路透社类似，美联社的崛起与美国在第一次世界大战后国力的提升和世界影响力的增强密不可分。在第一次世界大战前，美联社曾试图拓展欧洲新闻报道渠道，然而，限于当时的“三社四边协定”，美联社尽管组建了一些国外分社进行新闻采集，但是无法在国外出售这些新闻。随着“三社四边协定”的瓦解，特别是二战后美国国际地位的提升，美联社一跃成为最具影响力的世界通讯社。目前，美联社已在全世界 100 多个国家和地区设立了 250 个分支机构，报道突发新闻、战争与冲突新闻和企业新闻，每天向外播发 2 000 篇新闻报道，每年播发 7 万个视频和 100 万张图片。①

【推荐阅读】

[1] 埃默里 M，埃默里 E，罗伯茨．美国新闻史：大众传播媒介解释史：第 9 版 [M]．展江，译．北京：中国人民大学出版社，2009.

[2] 麦克布赖德．多种声音，一个世界 [M]．北京：中国对外翻译出版公司，1981.

[3] 仓田保雄．路透其人和路透社 [M]．回瑞岩，任长安，译．北京：新华出版社，1980.

[4] 陈继静．法国新闻传播史 [M]．北京：人民日报出版社，2017.

[5] 吴璟薇．德国新闻传播史 [M]．北京：人民日报出版社，2017.

【思考题】

1. 请简述哈瓦斯通讯社的创办背景与发展过程。
2. 请简述路透通讯社的发展过程。

---

① AP. Our Mission Is to Advance the Power of Facts [EB/OL]. [2022 - 01 - 16]. https://www.ap.org/about/our-story/.

3. 请简述美国联合通讯社的创办背景、发展过程与特点。

【关键词】

法国新闻通讯社 Agence France-Presse

哈瓦斯通讯社 Agence Havas

法国独立新闻社 Agency France Independence

美国联合通讯社 Associated Press

贝尔纳德·沃尔夫 Bernard Wolff

夏尔-奥古斯特·哈瓦斯 Charles-Auguste Havas

夏尔-路易·哈瓦斯 Charles-Louis Havas

《芝加哥每日新闻》*Chicago Daily News*

德意志通讯社 Deutsches Nachrichtenbüro

道·琼斯通讯社 Dow Jones Newswires

港口新闻社 Harbor News Association

赫伯特·路透 Herbert Reuter

梅尔维尔·斯通 Melville E. Stone

迈克尔·布隆伯格 Michael Bloomberg

《广告人晨报》*Morning Advertiser*

摩西·耶鲁·比奇 Moses Yale Beach

莫布雷·莫里斯 Mowbray Morris

纽约联合通讯社 New York Associated Press

英国报纸所有者协会 Newspaper Proprietors Association

保罗·朱利乌斯·路透 Paul Julius Reuter

保罗-路易·布雷特 Paul-Louis Bret

英国报纸联合社 Press Association

路透通讯社 Reuters

《路透-沃尔夫-哈瓦斯协议》Reuter-Wolff-Havas Agreement

罗德里克·琼斯 Roderick Johns

塞缪尔·莫尔斯 Samuel Morse

第十章

“黄色新闻”浪潮

【本章学习要点】

1. 理解并掌握约瑟夫·普利策的办报实践和新闻遗产。
2. 理解并掌握“黄色新闻”浪潮中代表性报纸的具体表现，并能做出评价。
3. 理解并掌握《纽约时报》的创办背景与发展过程。

第一节 约瑟夫·普利策

图 10-1 约瑟夫·普利策

约瑟夫·普利策（Joseph Pulitzer，1847—1911）（见图10-1）1847年出生于匈牙利。1864年美国内战期间，普利策被招募至林肯骑兵部队，但从未真正打过仗。内战结束后，普利策加入了美国国籍，当过德文报纸的记者，担任过美国密苏里州众议员，考取过哥伦比亚特区的律师资格。通过不同职业的锻炼，他熟练掌握了英语，对美国有了充分的了解。

回顾普利策的一生，1878年在美国几何中心圣路易创办的《圣路易快邮报》（*St. Louis Post-Dispatch*）奠定了他之后成为美国大众报刊大亨地位的基石，1883年购入的《纽约世界报》(*New York World*)开启了他的报业生涯的高光时刻。普利策生性敏感，晚年因为完全失明而变得愈加易怒暴躁。但不可否认的是，普利策是美国“黄色新闻”浪潮的主要推动者和参与者之一，他致力于创办一所屹立于美国顶尖高校的新闻学院，以此提高记者的专业素养和社会地位。这一举动为后人所褒奖，时至今日，每年 5 月普利策奖(Pulitzer Prizes)的颁发依然是世界新闻界的一大盛事。

一 《圣路易快邮报》

1878 年，普利策在公开拍卖中购入了一份濒临倒闭的报纸，将其与当地一份晚报合并后，创办了每期四版的日报《圣路易快邮报》，发行首日销量超 4 000 份。当时，美国的政党报刊仍然占据主导地位。普利策经过 4 年的努力，将《圣路易快邮报》打造成美国西部重镇圣路易市最大的报纸，每年净赚 4.5 万美元，与当地具有影响力的政党报刊《密苏里共和党人报》和《环球民主党人报》三分天下。[①]

普利策经营《圣路易快邮报》的成功经验可以归结为两点：第一，通过“报纸的惩恶运动”(newspaper crusade)，揭露和抨击社会问题与弊端，鼓吹公众利益。比如，无赖政客、有钱的偷税者、受警察保护的赌博集团及营私舞弊的公共事业单位都是该报抨击的对象。[②] 第二，《圣路易快邮报》延续了美国便士报关注犯罪新闻和社会杂闻、善用煽情手法的报道风格。普利策曾将圣路易市城内所有妓院老板的名单刊登出来，采访有过私奔经历的显赫家族的女继承人，“奸夫淫妇”之类的词语在标题和报道中屡见不鲜。

与此同时，普利策非常强调新闻报道的准确性，他曾要求编辑部“除非把一件事情的真相弄个水落石出，否则绝不放过它。连续！连续！连续到真正弄清问题。”[③] 普利策的这种办报风格既不同于当时占据主导地位的政党报刊，也不同于圣路易市城内其他大众报刊，这使得普利策很快在圣路易市站稳了脚跟。

2005 年时，普利策家族仅剩的报业遗产是《圣路易快邮报》。2005 年 1 月 31 日，普利策家族以 14.6 亿美元的价格将该报出售给了总部位于美国艾奥瓦州达文波特的李氏传媒集团(Lee Enterprises)，而且家族成员全部退出报纸管理层。至此，普利策的

---

① 埃默里 M，埃默里 E，罗伯茨．美国新闻史：大众传播媒介解释史：第 9 版 [M]．展江，译．北京：中国人民大学出版社，2009：179.

②③ 同①180.

报业帝国全部瓦解。图 10－2 为 2020 年出版的《圣路易快邮报》。

CORONAVIRUS TOLL

ST. LOUIS POST-DISPATCH

BIDEN BEGINS TRANSITION

President-elect hopes to seize on momentum to signal decisive action on crises

PRESIDENT-ELECT PLANS A RAFT OF EXECUTIVE ORDERS ON DAY ONE

ON MONDAY, HE'LL NAME HIS OWN TASK FORCE TO TACKLE THE COVID CRISIS

FORMER PRESIDENT G.W. BUSH CONGRATULATES BIDEN, CALLS FOR UNITY

ELECTION 2020

'STRANGE' RUNNERS PERSEVERE

Page warns of shutdown if spread of virus isn't decelerated

图 10－2　2020 年 11 月 9 日的《圣路易快邮报》

二 《纽约世界报》

1883 年，马不停蹄的报纸经营工作令 36 岁的普利策身体状况每况愈下。为了调养身体，普利策启程赴欧洲度假疗养。途经纽约时，他听说《纽约世界报》准备出售，于是他终止了疗养计划，以 34.6 万美元的价格购入了该报，准备与《纽约先驱报》《纽约太阳报》《纽约论坛报》等老牌大众报刊展开竞争。

普利策购入的《纽约世界报》每期八版，售价 2 美分，发行量为 1 500 份，在当时的纽约报业市场业绩平平。这份报纸最初由宾夕法尼亚铁路公司董事长创办，创办人的志趣不在于报道新闻，而主要将报纸作为公司开展公共关系的工具。尽管这份报纸经营惨淡，无太大名气，但是它拥有的纽约联合通讯社的会员资格令普利策心动，他希望凭借该报挤进美国最大的报业市场——纽约。

当时的纽约拥有 26 家英语日报，其中 11 家是同类型的大众报刊。[1] 在普利策的全力经营之下，《纽约世界报》在 3 年之内发行量增长至 25 万份，至 19 世纪末，该报销量超过了百万份。[2]《纽约世界报》能够成为那个时代最具代表性的大众报刊，主要归功于普利策将其在圣路易所获得的办报经验移植进了《纽约世界报》；同时，普利策深谙 19 世纪末纽约中下层民众疾苦，《纽约世界报》不断制造噱头，以生动的笔触报道新闻，通过社论和公共事务报道，呼吁社会改革和进步事业，迎合公众的心理需求，以提升报纸的社会影响力。

（一）《纽约世界报》为自由女神像底座募款

1883 年，为庆祝美国独立 100 周年，法国向美国赠送了自由女神像，但当时的美

① 斯隆．美国传媒史［M］．刘琛，等译．戴江雯，校译．上海：上海人民出版社，2010：339.

② 埃默里 M，埃默里 E，罗伯茨．美国新闻史：大众传播媒介解释史：第 9 版［M］．展江，译．北京：中国人民大学出版社，2009：181；李彬．全球新闻传播史（公元 1500—2000 年）［M］．2 版．北京：清华大学出版社，2009：220.

国政府拿不出足够的资金来运输和安装自由女神像，1884 年，自由女神像事务委员会（American Committee for the Statue of Liberty）在安装自由女神像底座时遭遇了资金短缺。见此状况，普利策在《纽约世界报》上刊登了号召公众募捐的广告（见图 10－3）。短短 6 个月内，将近有 12.5 万普通民众捐出钱款，他们中的大部分人是移民、贫苦的工人，捐款面值最高为 1 美元，大多数人捐了几美分，最终筹得的捐款总额超过了 10 万美元，自由女神像于 1886 年安装成功。为了感谢捐款的民众，普利策在报纸上刊登了所有捐款者的名字，促成报纸大卖，也提升了报纸的社会影响力。

230,220.
The World.
230,220.
NEW YORK, TUESDAY, AUGUST 11, 1885—WITH SUPPLEMENT.
PRICE TWO CENTS.
ONE HUNDRED THOUSAND DOLLARS!
TRIUMPHANT COMPLETION OF THE WORLD'S FUND FOR THE LIBERTY PEDESTAL.

图 10－3 《纽约世界报》刊登号召筹款 10 万美元的新闻

（二）《纽约世界报》调查纽约布莱克威尔精神病院

1887 年秋天，刚进入《纽约世界报》不久的女记者内莉·布莱（Nellie Bly，1864—1922）奉命调查一家位于纽约市布莱克威尔岛（Blackwell's Island）的精神病院，坊间流传了很多关于这家精神病院的丑闻，报社编辑希望布莱通过调查撰写相关报道，揭露真相。内莉·布莱是当时为数不多的女记者之一，尽管并未接受过专业的新闻教育，但她具有很强的新闻敏感性和新闻调查技能，同时也极富自我宣传的能力。

布莱为了了解这家精神病院内部的实际情况，决定通过假装精神病人潜入医院。为此，她入住一家女性寄宿公寓，刻意表现出异常举止，引起其他寄宿者的恐慌，最终被警察送进了布莱克威尔精神病院。进入精神病院后，布莱通过观察和访谈，发现这所原本只能接纳1 000人的病院收治了1 600多人，而负责治疗的医生只有16人；令人惊讶的是，这些医务人员几乎没有受过什么医学培训。精神病院内的食物和卫生条件都非常糟糕，病人们吃的是腐烂的肉、发霉的面包，喝的是被污染的水。虐待病人的情况也十分普遍，病人们经常被迫洗冷水澡，穿湿衣服，有些病人还被绳子拴在一起。更为严重的是，布莱发现病院内收治的很多病人并非精神病人，而是一些无法用英语进行日常沟通的新移民和一些没有经济来源的穷人，精神病院的治疗反而使这些人遭受了严重的心理伤害。

INSIDE THE MADHOUSE.
Nellie Bly's Experience in the Blackwell's Island Asylum.
Continuation of the Story of Ten Days With Lunatics.
How the City's Unfortunate Wards Are Fed and Treated.

图10-4 《纽约世界报》刊登的内莉·布莱的精神病院调查报道

在报社编辑的帮助下，布莱在精神病院待了10天后离开。之后，她将自己的所见所闻写成报道，连续刊发在报纸上（见图10-4）。这些报道引起了纽约市民的关注，美国国内的其他报纸也纷纷转载。布莱的调查报道最终导致纽约市政府介入调查，通过提高政府预算来改善精神病院的医疗条件。布莱本人也凭借此报道成为家喻户晓的名记者，她专门出版了《精神病院的10天》（*Ten Days in a Mad-House*）一书，介绍她的暗访过程。

（三）《纽约世界报》"与《世界报》一起环游世界"系列报道

1889年，因受法国作家儒勒·凡尔纳（Jules Verne）1873年出版的小说《八十天环游世界》的影响，内莉·布莱与《纽约世界报》一起策划了名为"与《世界报》一起环游世界"（"The World" around the world）的系列报道。布莱也想借此改变大众对于女性出行麻烦、难以长途旅行的刻板印象。

1889年11月14日，布莱携带了很少的生活必需品，只身一人从纽约登上了离开美国的蒸汽船，开始了全球旅行。《纽约世界报》提前两天进行了预告，邀请读者竞猜布莱回到美国的时间。在环游过程中，布莱先后抵达了英国、法国、埃及、锡兰（今斯里兰卡）、新加坡、香港和日本等国家和地区，她借助有线电报技术，实时将沿途所见所想发回报社，刊登在《纽约世界报》上。布莱更换了蒸汽船、火车等多种交通工具，回到美国西海岸旧金山后乘坐专列回到了纽约（见图 10－5），全程用了 72 天，比凡尔纳的 80 天提早了 8 天。《纽约世界报》对布莱的环球旅行进行了全程报道，近 100 万人参加了有奖竞猜活动。返回纽约后，布莱本人出版了《环游世界 72 天》（*Around the World in Seventy-Two Days*），并开始进行巡回演讲。第一次世界大战期间，内莉·布莱前往奥地利担任战地记者，1922 年因肺炎去世。

"SWOPPERS' COLUMN"
Evening World
The World.
CIRCULATION
340,113 COPIES.
IN 72 DAYS
PRICE FIVE CENTS.
VERNE'S 'BRAVO.'
SHE'S BROKEN EVERY RECORD!
FATHER TIME OUTDONE!
Even Imagination's Record Pales Before the Performance of "The World's" Globe-Circler.
Thousands Cheer Themselves Hoarse at Nellie Bly's Arrival.
The Whole Country Aglow with Intense Enthusiasm.
NELLIE BLY TELLS HER STORY.

图 10－5　1890 年 1 月 26 日《纽约世界报》刊登内莉·布莱抵达纽约的新闻

《纽约世界报》所采用的这些新闻策划与报道手法类似于便士报时期小贝内特所策划的寻找失踪传教士的系列报道，即让报纸或记者本人成为影响事实发展的核心因素。从专业角度来看，这种利用噱头制造新闻的手法是值得商榷的。

三 普利策的新闻遗产

普利策在进入纽约报业市场后，就开始积极组建编辑部，改变便士报时期报纸所有者兼任主编、经理，甚至记者等多种职务的状况。《纽约世界报》编辑部设置了总编辑、社论撰稿人、编辑部主任、本地新闻编辑和经理等不同职位，记者的地位也日益突出，出现了像内莉·布莱这样的知名记者。

1890 年，标志着普利策报业帝国建立的纽约世界报大厦落成，这座耗资 250 万美元的大楼是当时纽约最高、最引人注目的建筑物之一。[①] 就在大厦落成之前，普利策完全失明，脾气也变得更加孤僻、暴躁。为了不受外界打扰，他经常待在游艇上，在海

① 埃默里 M，埃默里 E，罗伯茨．美国新闻史：大众传播媒介解释史：第 9 版［M］．展江，译．北京：中国人民大学出版社，2009：184.

上漂荡，遥控指挥报纸的经营。

20 世纪初，《纽约世界报》在与纽约其他日报的竞争中逐渐败下阵来，一方面受到后起之秀《纽约时报》和合并后的《纽约先驱论坛报》的压力，另一方面发行量不敌煽情主义小报。[①] 最终，《纽约世界报》在 20 世纪 30 年代大萧条时期被出售，纽约世界报大厦后来也因市政建设而被拆除。

在普利策所生活的年代，新闻从业者大都没有很高的学历，新闻专业教育更是十分欠缺。为了改变这一局面，早在 1872 年普利策就向哥伦比亚大学提出捐资设立新闻学院的建议，但被婉拒。之后，普利策又向哈佛大学提出了同样的建议，仍然未能被采纳。直到 1912 年，普利策去世一年之后，哥伦比亚大学才收下了来自普利策的 200 万美元捐款，同时由学校出资 50 万美元，成立了本科层次[②]的哥伦比亚大学新闻学院（见图 10-6），培养职业记者。1917 年，依照普利策的遗愿，哥伦比亚大学新闻学院设立普利策新闻奖，每年 5 月评选与颁发。目前该奖项已包括新闻、文学、戏剧、历史、音乐等多个类别，奖项的评选对象也逐渐打破国籍限制，被誉为新闻界的诺贝尔奖。

图 10-6 哥伦比亚大学新闻学院

第二节 威廉·伦道夫·赫斯特

与穷苦移民出身的普利策相比，威廉·伦道夫·赫斯特（William Randolph

① 埃默里 M，埃默里 E，罗伯茨．美国新闻史：大众传播媒介解释史：第 9 版［M］．展江，译．北京：中国人民大学出版社，2009：222.

② 1935 年，时任院长的卡尔·艾克曼（Carl Ackerman）带领学院转型为美国第一所新闻研究生院。

Hearst，1863—1951）（见图 10－7）是个名副其实的“富二代”。他出生于美国加利福尼亚州，父亲早年靠开发银矿积累了巨额资产。1880 年，赫斯特的父亲买下了《旧金山考察家报》（*The San Francisco Examiner*），这令不满 20 岁的赫斯特对办报产生了极大兴趣。优渥的家境养成了赫斯特桀骜不驯的性格，他被父亲送入哈佛大学后，无心学业，大学二年级时因为对教授搞恶作剧而被开除。退学之后，赫斯特并没有直接回家，而是专程前往纽约，考察当地的报业市场，并且专门研究了在纽约报业市场独树一帜的普利策《纽约世界报》的办报手法。1887 年，赫斯特当上了家族报纸《旧金山考察家报》的总编，将自己学来的办报手法付诸实践。他认为，一张好的报纸就是要让读者在拿到报纸时能发出“哎呀”的惊叫声。经过赫斯特不到五年的经营，《旧金山考察家报》从一份亏损的报纸成为平均每年获利 35 万至 50 万美元的报纸。[①]

图 10－7 威廉·伦道夫·赫斯特

1895 年，赫斯特在掌握一定办报经验，同时获得母亲 750 万美元资金支持的基础上，进军纽约报业市场，目标是成为“比普利策还普利策”的成功者。这年秋天，赫斯特以 18 万美元的价格买下了普利策哥哥创办的《晨报》（*Morning Journal*），将其改名为《纽约日报》（*New York Journal*），开启了他检验自己能否超越普利策先生的征程。

一 “黄孩子”事件

在赫斯特进入纽约报业市场时，普利策采用当时最先进的高速彩色印刷机出版的《纽约世界报》星期日版——《星期日世界报》（*Sunday World*）——已经大获成功。该报除了刊登日常新闻外，还刊登大量的娱乐新闻、幽默画和插图，最知名的是描述纽约廉租公寓生活的连环画《霍根小巷》（*Hogan's Alley*），核心人物是一个穿着肥大黄色衣服、没有牙齿、咧嘴而笑的“黄孩子”（Yellow Kid）（见图 10－8）。

赫斯特目睹了《星期日世界报》的畅销，于是花重金将负责该连环画的撰稿人和画家都挖至自己的旗下，也推出了以“黄孩子”为核心人物的连环画。普利策得知后，

① 埃默里 M，埃默里 E，罗伯茨．美国新闻史：大众传播媒介解释史：第 9 版［M］．展江，译．北京：中国人民大学出版社，2009：200.

图 10－8 《星期日世界报》上的“黄孩子”

立即收回了赫斯特在其报业大厦租住的办公室，并向法院提出侵权诉讼，同时另请画家团队，继续在《星期日世界报》刊登《霍根小巷》连环画。一时之间，“黄孩子”不仅充斥着两家报纸，还频繁出现在广告、招贴画上，甚至还出现了关于“黄孩子”的戏剧。

经过《星期日世界报》和《纽约日报》之间的“黄孩子”之争，逐渐演化出了“黄色新闻”（yellow journalism）一词，这个词最早出现在 1897 年冬日版的《纽约新闻》（*New York Press*）上，体现出该报主编对这两份报纸博人眼球、刨根问底、自我宣传式的报道方式的不满。在之后的专栏中，《纽约新闻》屡次使用“黄色新闻”这一戏谑的别称指代上述两份报纸上的新闻，并由此传播开来。到 1897 年 3 月底，“黄色新闻”这个词在南至里士满、北至芝加哥、西及旧金山的各地报纸上均有出现。[①] 因此，从黄色新闻的起源来看，黄色新闻并不等于低俗的色情新闻，它体现为一套新闻操作手法，主要包括采用更大的字体、大幅图片，刊发耸人听闻的专题文章等。

二 煽动美西战争

1895 年，古巴爆发武装起义，反抗西班牙的殖民统治。1896 年，西班牙对古巴采取了强硬的镇压措施，美国报纸开始报道西班牙统治者和古巴当地武装之间的战事冲突。当年 12 月，赫斯特决定派记者前往哈瓦那获取独家新闻，于是花重金雇用 35 岁的画家雷明顿（Frederic S. Remington）和 32 岁的文字记者戴维斯（Richard Harding Davis）（见图 10－9）。戴维斯当时在美国文化圈已经小有名气，赫斯特支付他 3 000 美元的高额报酬，请他在古巴做一个月的报道。不过，两人一到哈瓦那就

图 10－9 《纽约日报》派出的雷明顿（左）与戴维斯（右）

① 斯隆．美国传媒史［M］．刘琛，等译．戴江雯，校译．上海：上海人民出版社，2010：327，346．

发现，他们与其他在古巴的记者一样，被西班牙军方挡在了“战区”之外，开展采访工作十分困难。

没过多久，雷明顿灰心丧气，想要打道回府，于是出现了一段著名的电报对话。

雷明顿发电报称：

> “一切平静。这里没有动乱。不会发生战争。我想回去了。”（Everything is quiet. There is no trouble here. There will be no war. I wish to return.）

赫斯特回电道：

> “哈瓦那，雷明顿：请留在古巴。你提供图片，我提供战争。”（Remington，Havana：Please remain. You furnish the pictures，and I'll furnish the war.）

以上对话最初源于当时的明星记者詹姆斯·克里尔曼（James Creelman）的回忆，其真实性一直遭到质疑；而且，当事人雷明顿和赫斯特都否认发过这份电报。根据学者的研究，提供这一说法的克里尔曼当时并不在古巴，而是正在欧洲采访，因此他掌握的不是一手资料。与此同时，古巴局势自 1895 年 2 月起恶化，西班牙迅速派遣 20 万士兵前往古巴，至 1897 年 1 月，双方已经处于僵持阶段。更为重要的是，当时处于战时，任何电报信息都需经过西班牙军方的审查，才能登上前往美国佛罗里达的船只，传递至美国本土。[①]

1897 年 1 月中旬，雷明顿回到了纽约，戴维斯则留在古巴，继续为《纽约日报》写稿。1897 年 2 月 10 日，戴维斯电传回一篇报道，12 日《纽约日报》以头版和二版两整版刊出。在报道中，戴维斯描述了西班牙警察怀疑登上开往美国佛罗里达基韦斯特（Key West）美国轮船的三名古巴妇女携带秘密文件，试图将文件传递给总部设在纽约的古巴革命政府，因此她们遭到了西班牙警察的搜身。尽管美国船长愤怒抗议，但三名女性还是被搜身：

> “我们的国旗能保护妇女吗?”西班牙警方在美国船上无理取闹。理查德·哈丁·戴维斯为您报道古巴最新情况。在奥莉维特号飘扬的我国国旗下，年轻淑女被粗暴的西班牙人脱衣搜身。

《纽约日报》第二版用半个版面刊登了身在纽约的雷明顿所绘制的配图，配图完全凭想象完成：一位女性赤身裸体，身边一群西班牙警察正翻着她的衣服。

---

① CAMPBELL W J. Not Likely Sent：The Remington-Hearst “Telegrams” [J]. Journalism and Mass Communication Quarterly，2000，77 (2)：405 - 422.

当天的《纽约日报》大卖，发行量接近 100 万份。但是这篇报道的配图与事实相去甚远。当报道中的三名女性抵达美国后，《纽约世界报》对她们进行了专访，获知对她们进行搜身的是年长妇女，而不是配图中的西班牙警察。为此，《纽约世界报》立即刊出与竞争对手《纽约日报》不尽相同的访谈内容：

> “真实的流放故事”：阿兰格小姐讲述奥莉维特号“搜身之怒”的真相。她对《世界报》讲述亲身经历。她热爱古巴，因为她所有的兄弟都在为古巴的自由而战。她因探访军营而被驱逐。她否认理查德·哈丁·戴维斯在报道中所说的男人看她脱衣并搜身……

针对《纽约日报》的不实配图，以及《纽约世界报》的访谈，戴维斯直接向《纽约世界报》写信为自己辩护。2 月 17 日，《纽约世界报》在第二版刊出了戴维斯的信，标题为“戴维斯先生出面澄清”：

> 我从没有写她被男人搜身……弗雷德里克·雷明顿先生并不在场，却用自己的想象来描绘当时的场景，使人误以为男警搜身。他才应该对此报道事件负责。如果我在事前看到那副绘画，绝对不会允许它和我的文章一起刊出……

戴维斯因为这件事与赫斯特决裂，以后再也没有给赫斯特的任何一家报纸撰稿。①

这只是赫斯特的《纽约日报》煽动美国民众同情古巴民众，仇视西班牙殖民者，鼓吹战争的一个案例。不久之后，该报对“缅因号”事件的报道，更是煽动了美西战争的爆发。

$50,000 REWARD.—WHO DESTROYED THE MAINE?—$50,000 REWARD.

NEW YORK JOURNAL AND ADVERTISER

DESTRUCTION OF THE WAR SHIP MAINE WAS THE WORK OF AN ENEMY

$50,000! $50,000 REWARD! For the Detection of the Perpetrator of the Maine Outrage!

Assistant Secretary Roosevelt Convinced the Explosion of the War Ship Was Not an Accident.

The Journal Offers $50,000 Reward for the Conviction of the Criminals Who Sent 258 American Sailors to Their Death. Naval Officers Unanimous That the Ship Was Destroyed on Purpose.

$50,000! $50,000 REWARD! For the Detection of the Perpetrator of the Maine Outrage!

NAVAL OFFICERS THINK THE MAINE WAS DESTROYED BY A SPANISH MINE.

Hidden Mine or a Sunken Torpedo Believed to Have Been the Weapon Used Against the American Man-of-War—Officers and Men Tell Thrilling Stories of Being Blown Into the Air Amid a Mass of Shattered Steel and Exploding Shells—Survivors Brought to Key West Scout the Idea of Accident—Spanish Officials Protest Too Much—Our Cabinet Orders a Searching Inquiry—Journal Sends Divers to Havana to Report Upon the Condition of the Wreck.

图 10－10　1898 年 2 月 17 日的《纽约日报》头版

1898 年 2 月 15 日，停靠在哈瓦那港的美国军舰“缅因号”发生爆炸而沉没，致使 266 名美国人丧生。“缅因号”沉没的原因不详，但沉船事件直接牵涉到了美国利益，这激起了美国报纸的大肆报道，并将矛头直指西班牙军方。2 月 17 日，赫斯特的《纽约日报》在头版刊出了悬赏 5 万美元的广告（见图 10－10）缉拿凶手。《纽约日报》当天的销量超过了 150 万，激化了美国民众希望政府与西班牙开战的强烈情绪。

自 1895 年 3 月古巴爆发武装起义，直到 1898 年 4

① 舒德森．发掘新闻：美国报业的社会史［M］陈昌凤，常江，译．北京：北京大学出版社，2009：52－54.

月美西战争爆发，《纽约日报》《纽约太阳报》《纽约世界报》和《芝加哥论坛报》一起主张干预古巴危机，的确起到了煽风点火、推波助澜的作用。1898 年 4 月 18 日，美国国会通过了关于战争的决议。

美西战争后期，《纽约世界报》主动退出，普利策对于该报为战争制造舆论的行为表示后悔。之后，普利策也退出了黄色新闻竞赛。与此相反，赫斯特仍不遗余力地继续黄色新闻事业。美西战争期间，赫斯特亲自指挥一个报道组赴古巴进行报道，在将近 4 个月的战争报道中，花费了 50 万美元，一天所出号外最多达到 40 次。① 美西战争之后，赫斯特将矛头对准了国内事务，《纽约日报》对威廉·麦金利（William McKinley，1843—1901）总统的抨击最终导致一名无政府主义者在 1901 年刺杀总统。②

20 世纪的最初 10 年，赫斯特将事业重心移至政界，他先后担任国会议员，1906 年参与竞选纽约州州长，想以此作为入主白宫的跳板，但未能成功。赫斯特在美国几大城市的报纸逐渐发展为一个报业集团，但在 20 世纪 30 年代大萧条时期遭遇了资产缩水，直到第二次世界大战之后才重新获得发展。目前，赫斯特家族继续经营着赫斯特传媒集团（Hearst Corporation）。

三 “黄色新闻”浪潮

黄色新闻源于美国，在 20 世纪初达到了顶峰。整体而言，美国黄色新闻报纸在形式上经常使用通栏标题和富有想象力的插图，版面颜色更为丰富，注重增强视觉冲击力；在内容上，报道主题更加多元化，包括政治新闻、战争新闻、国际新闻、体育新闻和社会新闻，采用匿名信源，经常向权力阶层发起攻击，具有较强的道德观和自我宣传倾向。③ 美西战争结束后的十年间，随着保守派势力在美国各个领域内的增强，黄色新闻在美国逐渐衰退。

从世界范围来看，源于美国的“黄色新闻”浪潮对当时其他国家的大众报刊都产生了影响。英国的“三每报”，即三份大众报纸《每日邮报》《每日快报》和《每日镜报》都不同程度地受其影响，只不过煽情程度远不及赫斯特的报纸。20 世纪 30 年代我

---

① 埃默里 M，埃默里 E，罗伯茨．美国新闻史：大众传播媒介解释史：第 9 版［M］．展江，译．北京：中国人民大学出版社，2009：209.

② 同①223.

③ 斯隆．美国传媒史［M］．刘琛，等译．戴江雯，校译．上海：上海人民出版社，2010：346－347.

国出现的一些都市小报也受到了影响。

第三节 “黄色新闻”浪潮中的《纽约时报》

图 10 - 11 亨利·雷蒙德

1843 年，23 岁的亨利·雷蒙德（Henry Raymond，1820—1869）（见图 10 - 11）离开了格里利的《纽约论坛报》，投奔《纽约信使与询问者报》（*Courier and Enquirer*），最主要的原因是雷蒙德认为自己工作量极大，但没有得到应有的报酬，因此无法忍受。1851 年 9 月 18 日，雷蒙德与乔治·琼斯（George Jones）联合创立了一份新的便士报——《纽约每日时报》（*New York Daily Times*），1857 年 9 月 14 日该报改名为《纽约时报》（*New York Times*）。

雷蒙德在创办《纽约时报》之初，根据当时纽约报业市场的便士报格局，制定出区别于其他三份成功便士报的办报方针。创刊号上的发刊词写道：

> We shall be *Conservative*, in all cases where we think Conservatism essential to the public good; and we shall be *Radical* in everything which may seem to us to require radical treatment and radical reform. We do not believe that *everything* in Society is either exactly right or exactly wrong; what is good we desire to preserve and improve; what is evil, to exterminate, or reform.
>
> 在所有我们认为保守主义对公共利益至关重要的情况下，我们将保持**保守**；在我们看来需要彻底整治和彻底改革的所有事情上，我们将变得**激进**。我们并不相信，社会中的**每一样事情**都有确切的对或错；是好的我们就期望保留和促进，有害的我们就铲除或改良。

《纽约时报》整体上采取保守的态度，所针对的目标读者是“安静闲适地待在家里，思想保守”的人，完全区别于其他便士报针对中下阶层群体的办报定位。

不过，在《纽约时报》创立之初，雷蒙德遭遇了其他便士报的阻挠。比如，有些报纸威胁投递员，称如果同时投递《纽约时报》就撤销他们的投递路线。尽管面临很多困难，雷蒙德为了留住人才，坚持给编辑发薪水，每周薪酬 50 美元，到第一年末在编辑身上共花费了 1.3 万美元。由于坚持了足够长的时间，《纽约时报》最终在纽约站稳了脚跟。

1869 年雷蒙德去世后，乔治·琼斯成为发行人，《纽约时报》在 19 世纪 70—80 年代影响力不断提升。1891 年琼斯去世后，《纽约时报》的核心编辑团队筹集了 100 万美元，从琼斯家族手中买下了报纸，但并未获得快速的发展。19 世纪末，在当时纽约的同类报纸中，《纽约时报》发行量最低，印数为 2.1 万，却只能收到 9 000 份报款。①

使《纽约时报》从濒临破产的边缘发展为 20 世纪美国首屈一指大报的是一位来自美国田纳西州报童出身的报人阿道夫·奥克斯（Adolph Ochs，1858—1935）（见图 10-12）。1896 年，奥克斯向《纽约时报》注资 7.5 万美元，实际控制了报纸的经营。至今刊印在《纽约时报》报眼位置的口号“刊载一切适宜的新闻”（All the News That's Fit to Print）就出自奥克斯之口。

The New York Times.
Adolph S. Ochs Dead at 77; Publisher of Times Since 1896
Adolph S. Ochs
1858-1935
LEADERS' TRIBUTES
MR. OCHS'S CAREER MARKED BY HONORS

图 10-12　阿道夫·奥克斯

面对当时赫斯特和普利策同城竞争引发的“黄色新闻”浪潮，奥克斯坚决反对。他希望《纽约时报》能够重回雷蒙德和琼斯时期的传统，提出了自己的办报方针：

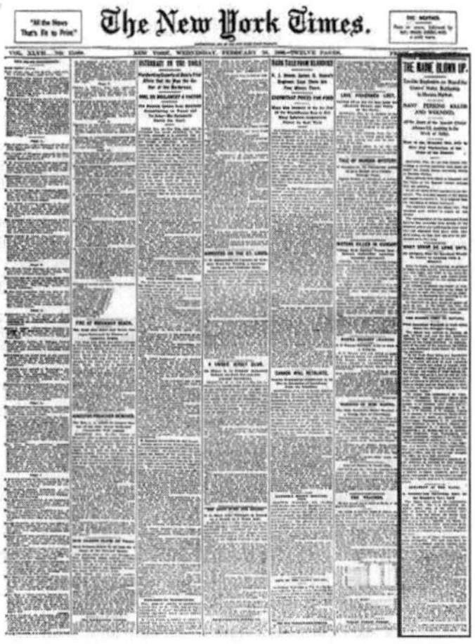
The New York Times.
THE MAINE BLOWN UP.

图 10-13　《纽约时报》报道“缅因”号事件的头版

> 我的殷切目标是：《纽约时报》要用一种简明动人的方式提供所有的新闻，用文明社会中慎重有力的语言提供所有的新闻；即使不能比其他可靠媒介更快提供新闻，也要一样快；要不偏不倚、无私无畏地提供新闻，无论涉及什么政党、派别或利益；要使《纽约时报》的各栏成为探讨一切与公众有关的重大问题的论坛，并为此目的邀请不同见解的人参与明智的讨论。②

奥克斯接手后的《纽约时报》冷静、审慎（图 10-13 展示的是《纽约时报》报道“缅因号”事件的头版），很多已经厌倦危言耸听、玩弄噱头的报道方式的读者和新

① 埃默里 M，埃默里 E，罗伯茨．美国新闻史：大众传播媒介解释史：第 9 版［M］．展江，译．北京：中国人民大学出版社，2009：242.

② 同①243.

闻从业者对此表示欢迎，《纽约时报》在“黄色新闻”浪潮中凭借一种更具保守特征的新闻风格赢得了公众和市场。1899 年，《纽约时报》发行量增至 7.5 万份，1901 年突破了 10 万。① 20 世纪初，《纽约时报》因率先报道“泰坦尼克号”沉船事件而名声大噪，对第一次世界大战的全面报道奠定了它世界性大报的地位。自 1896 年开始，《纽约时报》一直由奥克斯-苏兹贝格家族掌管。奥克斯去世后，他的女婿阿瑟·海斯·苏兹贝格（Arthur Hays Sulzberger）成为发行人。目前，发行人由家族第六代掌门人阿瑟·格雷格·苏兹贝格（Arthur Gregg Sulzberger）担任。

【推荐阅读】

[1] 埃默里 M，埃默里 E，罗伯茨．美国新闻史：大众传播媒介解释史：第 9 版 [M]．展江，译．北京：中国人民大学出版社，2009.

[2] 斯隆．美国传媒史 [M]．刘琛，等译．戴江雯，校译．上海：上海人民出版社，2010.

[3] 舒德森．发掘新闻：美国报业的社会史 [M]．陈昌凤，常江，译．北京：北京大学出版社，2009.

【思考题】

1. 请简述约瑟夫·普利策的办报实践、新闻遗产，以及对他的评价。
2. 请列举“黄色新闻”浪潮中代表性报纸的具体表现，以及如何评价它们。
3. 请简述《纽约时报》的创办背景与发展过程。

【关键词】

阿瑟·格雷格·苏兹贝格 Arthur Gregg Sulzberger　阿道夫·奥克斯 Adolph Ochs
阿瑟·海斯·苏兹贝格 Arthur Hays Sulzberger　雷明顿 Frederic S. Remington

---

① 埃默里 M，埃默里 E，罗伯茨．美国新闻史：大众传播媒介解释史：第 9 版 [M]．展江，译．北京：中国人民大学出版社，2009：244.

乔治·琼斯 George Jones
亨利·雷蒙德 Henry Raymond
儒勒·凡尔纳 Jules Verne
《纽约日报》*New York Journal*
《纽约世界报》*New York World*
普利策奖 Pulitzer Prizes
《圣路易快邮报》*St. Louis Post-Dispatch*
威廉·伦道夫·赫斯特 William Randolph Hearst
赫斯特传媒集团 Hearst Corporation
约瑟夫·普利策 Joseph Pulitzer
内莉·布莱 Nellie Bly
《纽约时报》*New York Times*
报纸的惩恶运动 newspaper crusade
戴维斯 Richard Harding Davis
黄色新闻 yellow journalism
黄孩子 Yellow Kid

第十一章

新闻真实

【本章学习要点】

1. 理解并掌握新闻真实的内涵与特征。

2. 理解并掌握造成新闻不真实的主要原因，能够结合当下的互联网语境和具体案例进行阐释。

第一节 新闻真实的内涵与特征

真实是新闻的生命，是新闻存在的依据，因此新闻真实是新闻学要解决的最基础、最重要的理论问题。

一 新闻真实的内涵

要讲清楚新闻的真实，首先需要厘清新闻活动的本质。一般而言，新闻活动是根据人类生存与发展需要而产生的一种社会性信息交流活动，是人类认识客观世界的重要方式之一。从认识论上讲，新闻活动属于认识活动。究其本质，新闻活动的直接对象是事实世界，就是一定的客观事实，新闻活动的目的就是要把最新的、最有意义的事实信息（即新闻事实信息）报道给社会大众，如图 11－1 所示。[①]

事实世界 ⟹ 事实信息（事实的符号再现）⟹ 社会大众（新闻的收受）

图 11－1 新闻活动的本质

其次需要廓清真实的含义。在哲学领域，真实是一个复杂的概念。综合各家见解，至少有三重含义：一指客体世界本身的运动、变化、发展及其规律性。二指认识的真实性、真理性。在这重含义上，当人的认识反映客观事物及其规律时即谓“真”，否则即谓“假”。三指人所追求的一种境界。在这种境界中，人的思想和行为达到了与规律性的高度一致。[②] 在真实的三重含义中，第一重是本体论意义上的真实，是“本真真实”；第二重是认识论意义上的真实，即反映的真实是认识与对象之间的一种符合关系，属于“认识真实”；第三重是侧重于实践活动的真实，属于“实践真实”。[③] 作为认识活动的新闻的真实是指认识与对象之间的一种符合关系，属于认识真实。

综上所述，新闻的真实是一种认识论意义上的真实，指称的对象和范围是事实的真实。新闻真实反映的是“新闻”及其所反映的客观对象“新闻事实”之间的关系，是指新闻与事实的符合。当“新闻”与“新闻事实”符合时，新闻就是真实的，不符合时，新闻就是不真实的。从理想性上讲，作为认识活动结果的“新闻”可以揭示其所反映的客观对象“新闻事实”的实际面目，但是在具体的新闻传播实践中，“新闻”与其所反映的客观对象“新闻事实”之间的符合关系只能是近似、有限的符合，并且这种符合关系是通过新闻采访、新闻报道等专业手段来认定的。

二 新闻真实的特征

（一）新闻真实是事实性真实

新闻（报道）从原则上或内在要求上排除所有非事实性的表达，一切非事实性的信息在本质上都不是新闻信息，不应被看作是新闻的有机组成部分。[④]

事实性真实主要表现在两个方面：第一，事实性真实是指新闻所报道的对象是客

① 杨保军．新闻本体论［M］．北京：中国人民大学出版社，2008：14．
② 周文彰．狡黠的心灵：主体认识图式概念［M］．海口：南方出版社，2009：46．
③ 杨保军．新闻真实论［M］．北京：中国人民大学出版社，2006：6．
④ 杨保军．新闻理论研究引论［M］．北京：中国人民大学出版社，2009：72．

观存在的事实。这种事实既不能是为了吸引媒体的注意力而刻意制造出的事物，也不能是没有经过专业采访、凭借新闻工作者自己的生活体验而进行的合理想象。第二，事实性真实要求避免在新闻报道中带入新闻工作者个人的价值判断与情感，要以朴素、准确的语言让事实说话。

（二）新闻真实是过程性真实

新闻报道面临的一个永恒难题是客观世界纷繁复杂、变幻莫测，记述和再现新闻事实的新闻报道工作难以一次性呈现事实的全貌，因此新闻真实本身是一种过程性真实。

过程性真实主要表现在两个方面：第一，新闻的真实需要通过多次的、过程性的报道来实现。新闻报道的对象即事实本身在发展、演变过程中，因此作为认识活动的新闻报道也只能一步步地认识、揭示新闻事实。第二，在新闻媒体内部，新闻真实的实现是采写环节、编辑环节和刊发播报环节等共同核定、努力的结果。

马克思对于“有机的报纸运动”的论述很好地诠释了过程性真实：

> 一个报纸记者也只能把他自己视为一个复杂机体的一个小小的器官，他在这个机体里可以自由地为自己挑选一种职能。例如，一个人可以侧重于描写他从民众意见中获得的有关贫困状况的直接印象，另一个人作为历史学家则可以谈论这种状况产生的历史，沉着冷静的人可以谈论贫困状况本身，经济学家则可以谈论消除贫困的办法，而且这样**一个**问题还可以从各方面来解决：有时较多地着眼于地方范围，有时较多地着眼于同整个国家的关系等等。
>
> 这样，只要报刊生气勃勃地采取行动，**全部事实**就会被揭示出来。①

（三）新闻真实是有限的真实

新闻的真实是事实的真实，不是绝对的或哲学意义上的真实，也不是化学方程式那样的真实。在新闻传播实践中，受制于报道对象的复杂多变，以及报道篇幅和时间的有限，新闻只要将新闻事实“照猫画虎”地简单再现出来，就达到了新闻真实的基本要求；新闻只要对相应的新闻事实做出了正确的、全面的反映和报道，就达到了新

---

① 马克思恩格斯全集：第1卷［M］. 2版. 北京：人民出版社，1995：358.

闻真实的较高境界。[①]

有限性真实主要表现在三个方面：第一，新闻是人类认识客观世界的一种方式，因此新闻认识只限于“新闻世界”而不是整个客观世界，新闻真实只是新闻传播活动范畴内的真实。第二，受制于宏观的社会制度、中观的媒体制度和微观的新闻工作者个体的价值判断，新闻真实是一定价值取向下的真实。第三，新闻工作者的认识能力、认识手段相较于多样、复杂且变动的新闻事实而言相对不足，新闻工作者对新闻事实的记述和再现总是有限的。

(四) 新闻真实是即时、公开的真实

新闻活动的及时性和公开性特点决定了新闻真实的即时性与公开性。新闻真实是即时性真实，即是以一定时间点为节点的真实。[②] 新闻报道的对象是变动不居的客观世界，新闻工作者在时间压力之下所能呈现的是某个特定时刻的真实的事实。

新闻真实是公开性真实，即新闻报道将新闻事实的真实面目呈现在社会面前，呈现在社会大众面前，使其成为原则上人人都可以见到的真实、可以进行独立判断的真实。[③] 新闻真实的公开性使新闻真实本身成为社会监督的对象，从根本上减少和消除了新闻不真实的可能性。

第二节 造成新闻不真实的原因

在日常新闻实践中，由于新闻工作者的主观因素和其他客观因素，有时会造成新闻不真实。

一 技术性失实

技术性失实主要是指专业媒体在采访、写作和编辑过程造成的新闻不真实。具体表现为以下几点。

---

① 杨保军. 新闻真实论 [M]. 北京：中国人民大学出版社，2006：10.

② 杨保军. 新闻理论研究引论 [M]. 北京：中国人民大学出版社，2009：77.

③ 同②78.

第一，由于记者未采访、采访不深入而造成的失实。

【案例1】越洋电话采访郎平

【“新闻”】2005年2月5日，某报记者以“越洋电话采访郎平”的形式，报道郎平应邀执教美国女子排球队之事。

【真相】郎平十分奇怪，她根本没有接到这位记者的“越洋电话”。原来，写这篇报道的记者未能与郎平取得电话直接联系，只是通过我国驻意大利使馆人员获得一些郎平在意大利时的新闻素材，报道中大多数内容是从其他媒体上搜集来的。

资料来源：陈斌，贾亦凡，阿仁．2005：中国十大假新闻［J］．新闻记者，2006（1）：14．

【案例2】外国小伙扶摔倒中年女子疑遭讹诈

【“新闻”】2013年12月3日早上5时左右，由中国国际广播电台主办的中央重点新闻网站“国际在线”发布了一组“老外街头扶摔倒大妈遭讹”的图片，图中大妈一脸痛苦，外国小伙一脸无辜。报道称，一名东北口音女子在经过一个骑车老外旁边时突然摔倒，随即瘫软在地。外国小伙急忙下车搀扶女子，却被女子一把揪住，自称被“老外”撞伤腿部无法行走，需要对方负责。外国小伙大惊失色，却被女子死死拖住。最后双方在调解下，外国小伙不得不支付1 800元“医药费”，女子方才作罢，自行离开。

《人民日报》官方微博当天7时48分转载了此组图片。随后，这条新闻被广泛传播开来。凤凰网联系到了图片拍摄者李先生，据他介绍，12月2日上午10时30分许，他驾车路过北京朝阳区香河园路与左家庄东街路口时，看到一名四五十岁的女子摔倒在路上，一名外国小伙将其扶至路边，两人发生拉扯。凤凰网记者还联系到了外国小伙的女友王女士，她证实，经检查女子有轻微的皮外伤。稿件还证实，支付1 800元是在警方的调解之下进行的。

【真相】事情很快发生了反转。12月3日12时35分新京报网的报道《目击者：“老外扶摔倒大妈遭讹”与事实不符》提供了进一步的细节。记者走访事发地点，采访到两位目击者，证实大妈并非“碰瓷”。当时“老外”骑一辆黑色无牌摩托，车上还带有一名女子。其中一位目击者还提供了视频，视频中外国小伙不断用流利的中文骂人。随后，北京市公安局的官方微博“@平安北京”发布了官方调查结果。经过调取路口监控视频等调查手段，警方最终给出了权威结论：中年女子经过人行横道时，被一外籍男子驾驶摩托车撞倒。在现场处理过程中，倒地女子称身体不适，民警立即拨打120将其送往附近医院。经检查，该中年女子伤情轻微。老外无证驾驶，车辆被扣且受处罚。

资料来源：年度虚假新闻研究课题组，等. 2013年虚假新闻研究报告［J］. 新闻记者，2014（1）：5.

在以上两个案例中，名曰“越洋电话采访郎平”，记者实则根本没有采访；“外国小伙扶摔倒中年女子疑遭讹诈”的事件中，凤凰网记者看似采访了，但没有采访到当事人、目击者和处理此事件的民警，因而造成了失实。

第二，由于编辑把关不严而导致的失实。

【案例3】最高法院紧急下令“枪下留人”

【“新闻”】2015年11月28日，《北京晚报》刊文《最高法院紧急下令“枪下留人”》称：伙同他人运毒7.5公斤，河南农民王广建两审均被法院判处死刑。就在行刑前的最后时刻，最高法院罕见地启动了暂缓执行死刑的程序，用老百姓的话说叫“枪下留人”。昨天，记者通过王广建的死刑复核辩护律师谢通祥了解到，最高法院已经委托中院依法调取新证据，将重新对此案做出裁定。

【真相】12月2日，新华网刊发《最高法：未曾就王广建运毒案下令“枪下留人”》，辟谣称：记者2日从中国最高人民法院新闻发言人处了解到，目前王广建运输毒品一案尚未进入死刑执行程序，最高人民法院未做出过对王广建停止执行死刑的裁定。最高人民法院新闻发言人表示，最高人民法院将以事实为依据，以法律为准绳，根据核查情况，严格依法做出裁判。

资料来源：白红义，等 .2015年虚假新闻研究报告［J］. 新闻记者，2016（1）：13-14.

【案例4】保研大学生破解彩票漏洞获刑

【“新闻”】2018 年 5 月 17 日，一篇名为《保研学生利用专业知识破解彩票漏洞获刑》的帖子在网上成为热点。5 月 18 日，《重庆青年报》官方头条号发布的报道《大学生破解彩票漏洞获利 380 万被取消保研名额并获刑》称：“今日，就读于某知名大学的张某，因涉嫌利用专业知识破解彩票漏洞非法获利 380 万元，涉及金额特别巨大，相关执法机关正式向法院提出起诉，而一旦罪名成立，除没收 380 万元赃款之外，张某还将面临 3 年以下有期徒刑。”文章后半部分详细介绍了张某如何计算出博彩网站的漏洞，并晒出了张某与昵称为“注册网址”的博彩网站管理员的聊天页面。这篇“新闻”发布后，在各类内容平台上热传。

【真相】《北京青年报》记者发现这篇报道没有事发的具体时间、地点、人名以及单位名称，疑点重重。而且文中 3 张配图都是其他新闻事件的照片，其中“保研大学生张某”的庭审图片源于 2011 年一篇题为《向多名个体摆摊人员勒索 8 万元 地头蛇强收保护费获刑 7 年》的新闻报道；“张某的班主任”则为已故著名学者李佩的照片；而“张某母亲”的照片，则源于一组题为《高考男孩车祸失忆只记得考试 母亲含泪陪考》的图片新闻。更为蹊跷的是，这条新闻的配图中留下的“暗号”，指向一家名为“爱购彩”的博彩网站。工业和信息化部工作人员称这家网站没有进行过备案，是一家在境外注册的网站。

资料来源：年度虚假新闻研究课题组，等. 2018 年虚假新闻研究报告 [J]. 新闻记者，2019 (1)：5.

在“最高法院紧急下令‘枪下留人’”的报道中，记者没有遵守新闻真实性的原则，听信了案件死刑复核代理律师的一面之词，而没有向最高人民法院核实。至关重要的是，值班编辑没有尽到把关审核之责，致使这一新闻严重失实。“保研大学生破解彩票漏洞获刑”的报道中，《重庆青年报》等传统媒体的官方账号在发布和转发过程中没有对内容进行专业性审核，致使在报道要素方面疑点重重的“新闻”在互联网平台得到了快速传播。

互联网技术的广泛应用加速了新闻的传播效率，扩大了新闻的传播范围，作为依法取得互联网新闻信息服务资质的网络媒体，无论是拥有采编发布权的一类资质网络媒体还是只拥有转载权的二类资质网络媒体，都必须对内容进行专业性审核。

第三，迫于“抢新闻”压力未采访当事人、未核实新闻事实所造成的失实。

【案例5】叙利亚诗人阿多尼斯获诺贝尔奖

【“新闻”】2016年10月13日傍晚，2016年诺贝尔文学奖正式公布前半个小时，一财网、凤凰网、中国日报网等多家媒体率先发布《村上春树又陪跑，叙利亚诗人阿多尼斯获16年诺贝尔文学奖》，称瑞典文学院刚刚宣布，86岁的叙利亚诗人阿多尼斯获得2016诺贝尔文学奖。

【真相】当晚，瑞典文学院公布，本年度诺贝尔文学奖得主是美国民谣歌手鲍勃·迪伦。这让提前将诺奖颁给阿多尼斯的媒体被打脸。澎湃新闻在10月14日发布的文章《昨天叙利亚诗人阿多尼斯在中国“获得”了诺贝尔文学奖》称，本届诺贝尔文学奖提前泄露了，叙利亚诗人阿多尼斯获奖，许多记者据这条“可靠”消息半信半疑囤稿时，发现一个名为“阿多尼斯”的账号在推特（Twitter）上发声：“几分钟前接到瑞典学院电话说我中诺贝尔奖了，棒棒的!”对于这个名为Adonis的账号，众记者一时间难辨真假，但该账号无形中给阿多尼斯获奖的消息的真实性加了筹码，也让中国记者大着胆子发布阿多尼斯获奖的新闻。

资料来源：年度虚假新闻研究课题组，等. 2016年虚假新闻研究报告［J］. 新闻记者，2017（1）：11-12.

【案例6】米脂故意杀人案罪犯赵泽伟被执行死刑

【“新闻”】米脂县发生的“4·27”赵泽伟故意杀人案件，经榆林市中级人民法院依法公开开庭审理，于2018年7月10日做出刑事判决：被告人赵泽伟犯故意杀人罪，判处死刑，剥夺政治权利终身。9月12日9时26分，“华商头条”发布《米脂“4·27”故意杀人案凶手赵泽伟昨日被执行死刑》，称《华商报》记者了解到，陕西省高级人民法院现已复核终结，赵泽伟于9月11日被执行枪决。新京报网、中国新闻网、央视新闻、人民网、环球网等多家重量级媒体转载，引发巨大关注。

【真相】9月12日10时52分，澎湃新闻发布《陕西米脂县警方：“4·27”案凶手赵泽伟仍被羁押在看守所》，报道表示澎湃新闻从米脂县公安局一负责人处获悉，“已执行死刑”的消息不实，目前赵泽伟仍被羁押在看守所。陕西高院宣传部门一负责人则表示："该案在最高法复核。"

12日，榆林市中级人民法院官方微博"@榆林中院"发布声明：网上传播"赵泽伟被执行死刑"的消息系不实消息，目前赵泽伟一案正在审理中。

9月14日，华商头条就"赵泽伟被执行死刑"不实消息致歉。

9月27日上午，经最高人民法院核准，米脂县"4·27"故意杀人案罪犯赵泽伟在陕西省米脂县被执行死刑。

资料来源：年度虚假新闻研究课题组，等. 2018年虚假新闻研究报告［J］. 新闻记者，2019（1）：7.

以上两个案例中的专业媒体均因为抢发新闻，未对所获信息进行真实性核实而导致失实。互联网技术在新闻传播实践中的广泛应用，使专业媒体获得了更多的新闻来源和发布渠道，但与此同时也面临着更为紧迫的时间压力。专业媒体对迟发、漏发重大新闻的担忧易导致新闻核实和把关环节出现漏洞，由此导致新闻失实。

二 蓄意性失实

蓄意性失实主要是指专业媒体出于竞争压力、商业目的等原因故意制造、传播虚假事实或者虚张声势地夸大事实。

【案例7】诗人汪国真卖字求生

【"新闻"】2002年3月19日，四川日报报业集团所属《天府早报》刊发记者杨翘楚的报道《昔日倜傥诗人 今日卖字求生》，称一位自称是汪国真好友的知名杂志编辑披露，曾红极一时的诗人汪国真近来生活窘困，遭遇连串不幸，不仅2001年复出以后的新作无人喝彩，现在竟连生计也成了问题，原因是投资火锅店失败。该报道还言之凿凿：汪国真由于目前每月收入不稳定，为了改善经济状况，有书法基础的汪国真开始大练书法，并为京城一些店铺书写招牌，以换取收入。无独有偶，这篇报道也出现在同一天的《江南时报》上，只是稍加修饰，题目改为《昔日辉煌成过眼云烟 大诗人汪国真为钱所困》。

4 月 26 日，汪国真将两份诉状送至北京西城法院，分别起诉作者杨翘楚和四川日报报业集团、江南时报社。他在起诉书中称，作为一名公民，原告有自己的正当职业、稳定收入和安定生活。这篇报道完全违背了新闻的客观性和真实性，捕风捉影，甚至编造谎言，贬低、损毁原告名誉，给他的良好社会声誉和精神造成巨大损害。

【真相】从《天府早报》后续有关汪国真的报道来看，先前的那篇假新闻只是鱼饵，目的是钓汪国真接受该报专访以辟谣。于是，神圣的新闻报道便被异化为一场游戏。

资料来源：陈斌，贾亦凡 .2002 年十大假新闻 [J]. 新闻记者，2003（1）：28.

【案例8】十万只浙江鸭子出征巴基斯坦灭蝗

【“新闻”】2020 年 2 月 27 日，《宁波晚报》A09 版发表报道《鸭子是灭蝗界“天才”吗？宁波“鸭兵”能出国灭蝗吗？浙江省农业科学院专家一一解答》，声称“根据巴方需求，中国政府已派出蝗灾防治工作组抵达巴基斯坦。随后，10 万‘鸭子军队’也将代表国家出征灭蝗”，“这支由浙江绍兴‘国绍 1 号’鸭苗组成的‘鸭子军队’简直是灭蝗界中的‘奇才’”。报道还引用浙江省农业科学院研究员卢立志的话：“首批预计出动 10 万‘鸭兵’，‘国绍 1 号’鸭苗将代表国家出征灭蝗，鸭苗可通过空运，一天之内就能抵达巴基斯坦。”

当天 20 时 56 分，红星新闻发布《10 万鸭子出国灭蝗背后：为何是“国绍 1 号”?》一文，称“红星新闻记者向新闻当事人——浙江农业科学院研究员卢立志求证获悉，这批鸭子将在疫情结束后先到新疆进行实验，实验结束后才去”。记者还联系了“出征鸭子”的供应者国伟禽业发展有限公司，该公司一位李姓人员表示“我们会按照国家的要求及与巴基斯坦驻华大使馆的商议结果，将鸭子无偿捐赠过去”。该工作人员还向记者介绍了将要出征的“国绍 1 号”鸭苗。

【真相】2 月 27 日 12 时 37 分，微博“@中国经济网”发布消息表示，“中国经济网记者经多方求证，前方不同渠道的回复是‘胡说八道’‘子虚乌有’”。中国经济网微信公众号也发布了报道《十万鸭军远征巴基斯坦？我不敢说这是某某企业的一个策划》。文中表示，记者以个人名义向中国驻巴基斯坦使馆经济商务参赞处（参与协助灭蝗工作的协调部门）、中国驻卡拉奇总领事馆（中国灭蝗专家组正在这里）、中国驻拉合尔总领事馆（该馆领区旁遮普省是巴灾情最严重地区）的相关负责人进行求证，负责人的答复是“胡说八道”“子虚乌有”“假新闻”。文章还引用了中央广播电视总台2月26日报道的中国蝗灾防治工作组在巴基斯坦卡拉奇召开新闻发布会的内容，工作组在回答当地媒体提出的中国政府是否会派大量鸭子到巴基斯坦来进行蝗灾治理时表示，从目前的考察情况来看在巴基斯坦不适合采用这一技术。当天，澎湃新闻微信公众号发布《10万只鸭子出征灭蝗，在线翻车了?》一文。澎湃新闻记者采访了浙江省农业科学院家禽研究室主任、二级研究员卢立志，卢回复称，“由于技术参数、实施方案尚需进一步通过实验完善，因此‘10万只鸭子出征巴基斯坦灭蝗’的计划并不是立刻就能实施的，目前计划今年下半年能够成行”。

资料来源：年度虚假新闻研究课题组，等. 2020年虚假新闻研究报告［J］. 新闻记者，2021（1）：28－29.

【案例9】左权县投资3亿元打造中国“新闻烈士陵园”

【“新闻”】2005年为纪念中国人民抗日战争胜利60周年，缅怀抗日战争中在山西太行山“十字岭”战役中壮烈牺牲的《新闻日报》主编何云等50名新闻记者，山西省左权县日前决定投资3亿元，在烈士牺牲地兴建中国“新闻烈士陵园”。陵园占地300亩，是新中国成立以来中国最大、也是唯一的“新闻烈士陵园”。

2005年7月11日，又有媒体报道：“投资3个亿打造中国‘新闻烈士陵园’，并为50位新闻烈士立碑，让先烈的英名永存千古。昨天，山西省左权县委、县政府在京宣布，‘新闻烈士陵园’将于8月15日正式动工。”

【真相】7月13日，左权县委、县政府联合召开新闻发布会，宣布绝无此事。在新闻发布会上，中共左权县委副书记贾慧生表示10日当天左权县委、县政府根本没有在北京召开过所谓新闻发布会，也从来没有对外宣布过此事。这一谣言内容离谱，对左权16万老区人民造成了精神伤害，希望借此能立即终止谣言传播。

资料来源：陈斌，贾亦凡，阿仁. 2005：中国十大假新闻［J］. 新闻记者，2006（1）：16－17.

以上三个案例的新闻失实都是由新闻工作者或者媒体的主观动机导致的。“诗人汪国真卖字求生”这条虚假新闻只是诱饵，目的在于“钓”出汪国真这个名人接受采访。新冠肺炎疫情期间，“十万只浙江鸭子出征巴基斯坦灭蝗”这篇报道被不同媒体转载，多次提及“国绍 1 号”鸭苗，并且引用专家或企业工作人员的话对这种鸭苗进行褒扬，有“广告植入”之嫌。“左权县投资 3 亿元打造中国‘新闻烈士陵园’”这篇报道的原稿出自一家名叫“将帅旅游开发有限公司”的单位，该公司设在左权县，从事革命老区的旅游开发，这篇报道更像是一则“软广告”。

三 信源差错

【案例10】纸箱馅包子

【“新闻”】2007 年 7 月 8 日北京电视台《透明度》栏目以“纸做的包子”为题，播出了记者暗访朝阳区一无照加工点使用废纸箱为馅制作小笼包出售的节目。

【真相】节目播出后，北京市政府领导高度重视，时任北京市市长的王岐山批示：“如属实要严办，如属虚假，要公开澄清事实!”赵凤桐副市长要求：“请市工商局即派人检查并汇报情况。”7 月 15 日，北京市公安局刑侦总队成立专案组对此事件立案侦查，最终案情大白：今年 6 月初，訾北佳在《透明度》栏目组选题会上提出曾接到过反映“包子有掺碎纸”问题的群众电话，这一选题引起栏目制片人的兴趣，遂被确定为报道专题。此后訾北佳先后在北京四环路一带进行调查，但始终没有发现包子的质量问题。由于选题已上报，压力很大，加之刚到北京电视台，既想出名又想挣钱。其间，栏目主编以时限为由，催促其抓紧拍摄专题节目。于是，他化名“胡月”，以为民工购买早点的名义，要求来自陕西省华阴市的卫全峰、赵晓彦、赵江波、杨春玲等人为其制作包子。6 月底的一天，訾北佳携带秘密拍摄设备，邀请其朋友、无业人员张沄江假扮工地老板，在朝阳区康家沟市场购买了肉馅、面粉等物后要求卫全峰等四人做包子。拍摄过程中，訾北佳要求卫全峰等人将其捡来的纸箱放入水中浸泡，泡软后剁碎掺入肉馅中，制成包子喂狗。因效果不佳，便又随机找到一名农民工，授意其编造了有关“肉和纸比例关系”的谎话，并编造使用火碱的台词，以增强视觉、听觉冲击力。

资料来源：贾亦凡，陈斌，阿仁 .2007 年十大假新闻 [J]. 新闻记者，2008 (1)：22.

【案例11】千年木乃伊出土后怀孕

【“新闻”】2002 年 11 月 7 日，新浪网推出一则报道《美传媒称千年女木乃伊出土后怀孕》：“据美国《世界新闻周刊》(*World Weekly News*) 报道，一埃及考古小组今年 3 月在开罗发掘出一具已逝世超过 3 000 年的经防腐处理的女木乃伊。但该学院负责人塞尔德最近惊人地发现，这具木乃伊竟在出土后怀孕，至今其腹中胎儿看来已有 8 个月，超声波检查显示胎儿正常成长。该学院看守人西塔尔被指是胎儿的父亲，而他也承认自己难以抗拒女木乃伊的美色，不禁对她表达爱意。”虽然内容荒诞，但是仍有一些传媒转载了这则报道。

【真相】这篇新闻绝非新浪网编辑故意造假，而是上当受骗。因为美国《世界新闻周刊》是一份专门编造荒诞故事博读者一笑的“超级市场小报”。

资料来源：陈斌，贾亦凡 .2002 年十大假新闻 [J]. 新闻记者，2003 (1)：33.

【案例12】广电总局出台六禁令

【“新闻”】2012 年 8 月 1 日，《武汉晨报》《沈阳晚报》都报道称，有业内人士爆料，国家广播电影电视总局（以下简称广电总局）近期约见各大电视台高层，口头提出针对电视剧播出的六条意见。8 月 3 日，《新京报》刊发报道《广电总局提六项新要求》称，昨日，经广电总局相关人士证实，广电总局日前对于电视剧创作提出六项要求，其中包括革命历史题材要敌我分明；不能无限制放大家庭矛盾；古装历史剧不能捏造戏说；商战剧需要注意价值导向；翻拍、克隆境外剧不能播出；不提倡网络小说改编，网游不能改编。

其后，各大媒体纷纷转载或跟进报道。由于这六条限令几乎涵盖了收视率较高的所有电视剧品类，所以在电视圈内一下子炸开了锅。8 月 5 日《河南商报》

报道《广电总局传出六禁令 条条都要编剧的命》，报道称，编剧们吐槽“这日子没法过了”；网友则分为两派，支持者称：“以后糟心的电视剧会少多啦!”反对派则表示：“以后不看电视剧，只看广告吧。”

【真相】8月10日，广电总局电视剧司副司长王卫平出席华策影视举办的业内恳谈会时，否认广电总局将对电视剧出台六条限令，明确表示该传闻是子虚乌有。对这条新闻的来源进行追踪后可以发现，这六条禁令中的某几条之前曾得到过报道：如2011年12月，人民网发布《广电总局欲出新限令 宫廷剧穿越剧禁上黄金档》的消息；2005年3月，《京华时报》刊发过报道《广电总局严控“胡编乱造剧”》等。而这一新闻的源头则来自7月25日一个名为“中国剧本网”的认证微博发的相同内容的帖子。

资料来源：年度虚假新闻研究课题组，等. 2012年虚假新闻研究报告［J］. 新闻记者，2013（1）：46-47.

【案例13】温州商人林春平收购大西洋银行

【“新闻”】2012年1月5日，《温州商报》刊出温州春平集团的招聘启事《“春平”提供的美银行工作机会令人心动》，文中首次公布了“春平集团收购美国特拉华州的一家银行，并将其更名为‘美国新汇丰银行股份有限公司’”这一鼓舞人心的爆炸性新闻。紧接着，《温州日报》也刊登《“东方犹太人”抄了西方犹太人的底》，详细报道了林春平收购美国银行一事，并首次点出林春平收购的那家银行叫“美国大西洋银行”。此后几天，全国各地的报纸杂志、广播电视、网络媒体等纷纷加入，林春平的知名度急剧上升，舆论将其视为消除“温州金融风波”造成的负面影响的典型和温州民间资本突围的标杆式人物，由此一顶顶“桂冠”落在他头上：“敢吃第一口螃蟹的人”“银行家”“温州民间资本在金融业左冲右突的破冰之旅”云云。凭借此举，1月18日林春平当选为温州市第九届政协委员，并任温州市瓯海区慈善总会副会长。

【真相】可惜好景不长，同年3月初，网络上开始有人质疑林春平收购美国银行一事。3月3日，《潇湘晨报》报道称，在美国联邦存款保险公司和特拉华州政府网站上根本查不到林春平所收购的“银行”。3月7日，《温州都市报》等媒体开始大篇幅报道林春平收购银行闹剧的真相，所谓收购美国大西洋银行一事纯属子虚乌有，他只是以近乎零成本的代价买了家已宣布破产、与财务沾点边的经营性公司。3月13日，林春平召开媒体沟通会，公开向公众道歉。3月29日，温州市政协同意林春平辞去市政协委员一职。5月23日，林春平因涉嫌虚开增值税专用发票而出逃，6月10日晚10时30分，潜逃至广东省珠海市的林春平被押解回温。

资料来源：年度虚假新闻研究课题组，等. 2012年虚假新闻研究报告［J]. 新闻记者，2013（1）：44-45.

【案例14】上海姑娘逃离江西农村

【“新闻”】2016年2月6日晚，网友“想说又说不出口”在某论坛发帖，称自己是正宗上海人，家庭小康，谈了个男朋友是外地人。今年春节假期，该网友在男友的要求下和他一起去江西老家过年，但到男友家吃第一顿晚饭时，“一看到这个饭菜我真的想吐了。比我想象的要差一百倍，我接受不了”。因此她决定与男友分手回上海。网帖一出，一下子就成了大家关注的焦点，有人力挺“上海女”，也有人支持“江西男”，各方激烈讨论。

2月7日，《华西都市报》官方微博发布了《女孩跟男友回农村过年，见到第一顿饭后想分手了》的报道。

2月10日，新浪微博账号“@风的世界伊不懂”以“江西男”的身份发表声明，希望网友不要苛责“上海女”。

【真相】这个事件成为网络热点后，很快有网友指出其中存在若干疑点。界面、澎湃等媒体也进行追踪报道，从照片、订火车票、返程时间等一系列细节，推断出帖文存在虚构成分。2月21日，《江南都市报》刊发《“上海女孩逃离江西农村”事件：假的》报道，称记者从网络部门获悉，“上海女孩逃离江西农村”事件从头至尾均为虚假内容。根据网络部门的信息梳理，发帖者“想说又说不出口”并非上海人，而是上海周边某省的一位有夫之妇徐某某，春节前夕与丈夫吵架，因不愿去丈夫老家过年而独自留守家中，于是发帖宣泄情绪。而之后在网上自称“江西男”回应的网友“风的世界伊不懂”和徐某某素不相识。

10月18日，国家新闻出版广电总局办公厅下发媒体发布虚假失实报道查处情况的通报，其中通报了对《华西都市报》微博发布虚假报道的查处情况：

2016年2月7日，四川《华西都市报》新浪微博发布虚假报道《女孩跟男友回农村过年，见到第一顿饭后想分手了》。报道称，一上海女孩跟江西男友回农村，见到第一顿饭后决定和男友分手并立即返回上海。经查，该报道内容虚假，《华西都市报》新浪微博根据未经核实的网络信息编发报道，扩大了虚假新闻的传播，造成不良社会影响。对此，华西都市报社对当事编辑及相关责任人做出停职、罚款等处理。四川省新闻出版广电局对《华西都市报》做出通报批评、在2015年度报刊年检中予以缓验两个月的处理，并对其主管主办单位四川日报报业集团做出警告、罚款1万元的行政处罚。

资料来源：年度虚假新闻研究课题组，等. 2016年虚假新闻研究报告［J］. 新闻记者，2017（1）：6-7.

以上五个案例均因信源差错而导致新闻失实。

“纸箱馅包子”编造了消息来源，当事人訾北佳也因损害商品声誉罪被北京市第二中级人民法院判处有期徒刑一年，并处罚金1 000元。

“千年木乃伊出土后怀孕”源自美国的娱乐搞怪杂志《世界新闻周刊》，这本杂志素以刊登荒诞不经的假新闻著称，虽然貌似新闻媒体，但实质近似娱乐趣闻和政治笑话杂志。随着国际新闻交流的增多，国内媒体编译的国际新闻也越来越多，在援引“境外媒体信源”时，一旦不了解这类信源的背景，将搞怪、笑话杂志用作信源，就难免会出现新闻失实。

在“广电总局出台六禁令”这篇报道中，出现了匿名消息来源“国家广电总局相关人士”“广电总局相关负责人”等字眼。在一些情况下，鉴于客观原因，官方信源必须以“相关人士”形式出现，但是大多数情况下，匿名消息来源通常是记者在没有确凿消息来源的情况下杜撰出来的。

“温州商人林春平收购大西洋银行”主要援引了当事人林春平的话，除此之外，能够证实收购银行事件的直接证据一个也没有。随着媒体节奏的加快，很多专业媒体援引“单一消息来源”发布新闻，但很容易由于缺乏其他信源的交叉印证而导致新闻失实。更为极端的情况是媒体间互为信源，共享信息，最后造成以讹传讹的恶果。

“上海姑娘逃离江西农村”来源于网络消息，是互联网语境下典型的“网帖新闻化”造成的虚假新闻。这类虚假新闻的生成路径大致为：源于网络社区的帖子经由专业媒体官方微博的“背书”而成为新闻，进而在更广泛的范围内传播。因此，对于专业媒体而言，在引用或转载作为用户生产内容（UGC）的网络消息时，不能毫无原则地成为“二传手”，而是必须尽到核实的义务，彰显专业媒体的存在价值。

四 “名人效应”引发的“被去世”

【案例15】金庸去世

【“新闻”】《中国新闻周刊》官方微博2010年12月6日发布一则消息：金庸，1924年3月22日出生，因中脑炎合并胼胝体积水于2010年12月6日19时07分，在香港尖沙咀圣玛利亚医院去世。

【真相】报道甫出，《明报》发言人立即表示“该传闻为假消息”。事实上，尖沙咀并没有一家名为圣玛利亚的医院，名字相似的圣玛丽医院则位于湾仔。当天深夜，《中国新闻周刊》副总编辑、新媒体总编辑刘新宇在新浪微博上承认“编辑未做任何核实草率转发”。

资料来源：贾亦凡，陈斌，阿仁．2010年十大假新闻［J］．新闻记者，2011（1）：4-12.

在诸多新闻失实的案例中，名人“被去世”具有典型性。比如，2003年“比尔·盖茨遇刺”、2005年“中科院资深院士陈家镛两度‘逝世’”、2007年“英皇高层证实功夫巨星洪金宝去世”、2015年“李光耀‘病逝’”、2017年“终身创业老人褚时健去世”。在这类虚假新闻中，但凡专业媒体和新闻工作者尽责核实消息来源、主动联系采访家属，就能避免失实。

五 对于科学的误读

【案例16】微波炉是恐怖杀手

【“新闻”】2002年4月23日，《生活时报》发表短文《莫忽视微波炉的危害》，称“微波炉的微波会在人身体上沿神经纤维造成乙酰胆碱（一种激素物质）的积累，即使微波炉的微波发射极其微弱，也会引起许多疾病。……微波炉的电磁外溢（由于采取了安全措施，这种外溢量很小）能造成永远不能愈合的烧伤，……微波炉对食物的破坏十分可怕，'煮'过的或仅仅回了一次锅的、解冻过的食物，就不再含有任何活性维生素了，只剩下一些热量在胃里'滥竽充数'"。该文先后被全国近六百家媒体转载，使许多消费者认为微波炉不再是厨房帮手而是恐怖杀手，因此不愿购买。这使得微波炉生产行业陷入困境，同年5—6月全国微波炉销售同比下滑40%。

【真相】7月8日，微波炉龙头企业格兰仕紧急进京，就该文进行辟谣，并将矛头直指美国某跨国公司，称其为谣言散布者。全国家用电器标准化技术委员会副主任王世和这天在接受记者采访时说："微波炉工作所产生的辐射比手机还要小。"他还说："在欧美、日本等发达国家，家家都使用微波炉，但从来也没有听说过他们出现缺营养的现象。"

资料来源：陈斌，贾亦凡.2002年十大假新闻［J］.新闻记者，2003（1）：29-30.

随着生活水平的提高，人们对健康越来越关注，相关议题的新闻也日益增多。新闻工作者毕竟不是某些科学领域的专家，易因为对科学知识的误读而造成新闻失实，"饮隔夜茶容易得癌症""用铝制品盛食物会得老年痴呆症"等报道也属于此类情况。因此，涉及科学普及、医疗卫生领域的报道，专业媒体和新闻工作者除了自身应具备一定的科学常识外，还应虚心向专家学者请教，尤其需要警惕某些利益集团把科学当作幌子编造虚假新闻，进而造成不良社会影响。

六 刻意追求"高、大、全"的报道模式

【案例17】兵妈妈认了176个兵儿子

【"新闻"】2007年6月《杂文月刊》报道称"2000年，我写过一个兵妈妈乔文娟的故事……在（1998年）抗洪中，她用为女儿借来的上大学的2 000元学费给一线子弟兵买了雨衣。时过6年，再回洛阳，兵妈妈的名字竟如雷贯耳……她认了176个兵儿子，她救助了700多个灾民和患病战士……我去了她家……屋里

比6年前更寒酸，简陋得连一般家庭都不如。她不在，她那退休又打工的丈夫张建民在用煤球炉做饭……50多岁的老人，在兵妈妈背后苦苦撑着这个穷家的老人，他的脸上褶皱纵横，他的两手肿大皴裂，他憨憨地笑着……老人把一个上了锁的大木箱打开给我看，里面是全国各地的火车票汽车票、汇往全国各地及几十个部队的汇款单、爱心捐款的证书。老人告诉我，这些凭据的总数是43.865 6万元。也就是说，月收入从未上过千元的一对夫妻，25年献爱心40多万元。我真的感动了……”

【真相】这篇被职业写手肆意拔高而写就的《一次感动》，经《杂文月刊》刊发、《读者》转载，使得“新时期爱国拥军模范”乔文娟及其家人陷入重重误解之中。事实是：

1998年，乔文娟听说前方抗洪的“铁军”战士吃不上饭、喝不到水，于是匿名将2 000元钱送到防汛指挥部以助其救急。这2 000元钱确实是她为女儿上大学准备的，但不是借来的，而是女儿的爷爷、奶奶、外公、外婆送的。

她救助过一些困难群众和患病战士，但救助人数没有多到“700多个”，也从没救助过“灾民”。

她家住的是原工作单位河柴集团1996年盖的家属楼；当年入住时，在亲友的资助下，她家里几乎换上了全套的新家具。

她爱人张建民今年55岁，身体健康，是河柴集团的一名中层干部，根本没有“退休又打工”，也不是“脸上褶皱纵横，两手肿大皴裂”的样子。

所谓“月收入从未上过千元的一对夫妻，25年献爱心40多万元”完全是无稽之谈。她和爱人都是工薪阶层，就算平时不吃不喝，也难攒40多万元积蓄去做好事。

资料来源：贾亦凡，陈斌，阿仁.2007年十大假新闻［J］.新闻记者，2008（1）：20-21.

这篇稿件的作者张鸣跃回应，《一次感动》的初稿在投递给《杂文月刊》之前已经被三家刊物退稿，主要原因是“感人的分量及细节不足”。鉴于此，作者张鸣跃先后修改了四次，“添加”了不少细节，最后被《杂文月刊》留用。作者造假是事实，但这篇虚假新闻背后隐含的“正面报道”中任意拔高、随意放大、刻意求全的价值倾向更值得深思。

七　文学想象造成具体的新闻失实

【案例18】马特洛索夫式的英雄黄继光

【“新闻”】在这时候，黄继光又醒过来了，不是敌人的机枪把他吵醒的，而是为了胜利而战斗的强烈意志把他唤醒了。黄继光向火力点望了一眼，捏了捏右手的拳头。他带来的两个手雷，有一个已经扔掉了，另一个也在左臂负伤时失掉了。现在他已经没有一件武器，只剩下一个对敌人充满了仇恨的有了七个枪洞的身体。这时天快亮了，四十分钟的期限快到了，而我们的突击队还在敌人的火力压制之下冲不上来。后面坑道里营参谋长在望着他，战友们在望着他，祖国人民在望着他，他的母亲也在望着他，马特洛索夫的英雄行为在鼓舞着他。这时，战友们看见黄继光突然从地上一跃而起，他像一支离弦的箭，向着火力点猛扑过去。用自己的胸膛抵住了正在喷吐着火焰的两挺机关枪……

资料来源：石峰，王玉章．马特洛索夫式的英雄黄继光［N］．人民日报，1952-12-21（1）．

这是刊登在1952年12月21日《人民日报》上的新华社通讯《马特洛索夫式的英雄黄继光》，文中的一些细节和心理活动由于报道对象黄继光已经牺牲无法采访而存在“想象”的成分。这种文学想象式的报道方式经常出现在一些典型报道当中，因为需要拔高人物或事迹而加入了“想象”成分，最终导致具体细节失实。

八　体制性失实，即由政治、经济价值观引发的失实

所谓体制性失实，是指因为政治需要或者是因为经济利益的需要，被默许和鼓励的某些不实报道，这种失实主要出现在某个特定的历史阶段。①

“大跃进”时期，《人民日报》1958年8月13日的头版头条刊登了一篇题为《麻城建国一社出现天下第一田　早稻亩产三万六千九百多斤　福建海星社创花生亩产一万零五百多斤纪录》的新闻（见图11-2），开头就写道：

---

①　陈力丹．新闻理论十讲［M］．上海：复旦大学出版社，2008：80．

湖北省麻城县的早稻生产又放异彩。根据湖北省、黄冈专区和麻城县三级早稻高产验收团联合查验证实，这个县的麻溪河乡建国第一农业社，在一点零一六亩播种“江西早”种子的早稻田里，创造了平均亩产干谷三万六千九百五十六斤的惊人纪录。截至目前，这是我国早稻大丰收中放射出的大批高产“卫星”中的“冠军”，它比安徽省枞阳县石马乡高丰农业社及本县平靖乡第二农业社先后创造的早稻高产纪录高出一倍以上。①

人民日報

REN MIN RI BAO

麻城建国一社出现天下第一田

早稻亩产三万六千九百多斤

福建海星社创花生亩产一万零五百多斤纪录

图 11-2　1958 年 8 月 13 日《人民日报》头版头条

这种违背基本科学规律的“事实”经权威媒体报道，成为那个时期最典型的虚假新闻。

第三节 互联网时代如何辨识新闻的真实

互联网的应用丰富了新闻生产方式，既包含传统媒体时代占主导地位的职业化新闻生产，也包括社会化新闻生产和智能化新闻生产。职业化新闻生产延续自大众媒介时代，生产主体主要是新闻媒体等专业组织机构。社会化新闻生产的历史更为久远，即人类有了语言，就掌握了社会化新闻生产方式，比如吟游诗人、咖啡馆。互联网技

① 麻城建国一社出现天下第一田 早稻亩产三万六千九百多斤 福建海星社创花生亩产一万零五百多斤纪录[N]. 人民日报，1958-08-13（1）.

术在新闻生产领域的应用，给予了被排除在职业化新闻生产之外的其他社会化主体发布新闻的可能性，个人（公民新闻）和组织机构（公务新闻）成为互联网时代社会化新闻生产的主要主体。智能化新闻生产是指智能机器人作为主体在新闻生产领域产生的智能生成新闻。①

互联网时代的新闻生产主体多元，分布在整个人类社会之中，无所不在、无时不在，由此衍生出的信息超载的媒介环境中，无论是职业新闻工作者，还是普通个人，想要辨别海量新闻的真伪，都需要掌握一些新的辨识手段。

两名美国资深记者基于信息超载时代的特征，总结出了六步怀疑性认知方法，分别为：

1. 我碰到的是什么内容？
2. 信息完整吗？假如不完整，缺少了什么？
3. 信源是谁/什么？我为什么要相信他们？
4. 提供了什么证据？是怎样检验或核实的？
5. 其他可能性解释或理解是什么？
6. 我有必要知道这些信息吗？②

依据这些步骤，接下来我们将结合2020年新冠肺炎疫情期间的虚假新闻案例，分析互联网时代如何辨识新闻的真实。

一 我碰到的是什么内容？

2020年3月15日，图11-3在国内各个社交媒体平台上疯狂传播。当时美国新冠肺炎疫情日趋严重，而且就在这张图片广泛传播前不久，与特朗普频繁接触的几名各国政要先后确诊或被怀疑感染了新冠病毒，有媒体建议特朗普去做一下检查。在此背景之下，很多人在社交媒体平台看到这张图时的第一反应是：美国疫情真的挺严重的，你看，连记者采访都保持这么远的距离，以防感染。

① 曾庆香，陆佳怡．新媒体语境下的新闻生产：主体网络与主体间性［J］．新闻记者，2018（4）：75-85.
② 科瓦奇，罗森斯蒂尔．真相：信息超载时代如何知道该相信什么［M］．陆佳怡，孙志刚，译．刘海龙，校．北京：中国人民大学出版社，2014：34.

图 11 - 3　2018 年 11 月 9 日特朗普在白宫接受记者采访

这张图片确实拍摄于 2018 年 11 月 9 日，但实际语境并不像大家认为的那样。当时特朗普即将前往巴黎参加一战结束百年纪念活动，出发之前他在白宫接受了记者采访（图 11 - 4 的文字说明还原了图片的实际语境）。

图 11 - 4　微博主“@熊爸喵喵”还原了图片的实际语境

互联网时代，信息俯首即是，正是这种易得性，要求我们在接收或转发新闻时停下来想一想：我碰到的是什么内容？这些内容的语境是什么？大部分情况下，缺乏语境或者语境变了，对内容的解读便容易产生偏差，虚假新闻由此产生。

二 信息完整吗？假如不完整，缺少了什么？

2020 年 3 月，西班牙知名体育报纸《马卡报》（*Marca*）爆出，效力于尤文图斯队的著名球星克里斯蒂亚诺・罗纳尔多（以下简称 C 罗）把自己在葡萄牙的两家 CR7 酒店捐出来作为免费的抗疫医院。还有报道说，C 罗不仅把自己的酒店捐出来做抗疫医院，而且还将支付在抗疫医院里救治病人的医护人员的薪资。随即这条新闻在国内抖音、快手等平台刷屏，网友纷纷转载。很多人在看了这条新闻后都认为 C 罗此举具有示范意义，符合球迷对偶像的认知。

事实上，这是一条虚假新闻，《马卡报》很快删除了网页上的报道。经核实，《马卡报》的新闻源自 C 罗好友"Edgar Caires"在社交媒体照片墙（Instagram）上发布的一则消息，而他的消息来源是一个名为"Arena Desportiva"的葡萄牙体育博主的脸书（Facebook）主页。

关于这篇虚假新闻，只要了解新闻的基本要素，就能发现其中的破绽。首先，C 罗是当事人，尽管当时他正因为尤文图斯队队友感染新冠肺炎病毒而处于隔离状态，但是打电话采访 C 罗，或者采访他所在的球队、经纪人核实信息都是可行的。其次，新闻事件是 C 罗的酒店被捐出来当作抗疫医院，那么，采访新闻事件直接相关的酒店工作人员也可以核实信息的真实性。其间，有媒体就很聪明地直接打电话到报道中所提及的 C 罗要捐出的两家酒店，直接问前台酒店是不是要变成抗疫的医院，前台则直接回复酒店没有发生任何的变化。最后，如果 C 罗的酒店真的被用作抗疫医院，应该会公布具体措施，如酒店能收治多少感染者等。这些都是读者想要知道的，但新闻中并未提及。

因此，第二步要去看新闻的基本要素，即 5W1H① 是否完整：新闻事件发生的时间、地点分别是什么，以及为什么要这样做。

三 信源是谁/什么？我为什么要相信他们？

2020 年 3 月 13 日晚上，《环球时报》官网环球网发布消息称"巴西总统新冠病毒检测阳性"（见图 11－5），之后国内媒体纷纷转载。

---

① 即原因（Why）、对象（What）、地点（Where）、时间（When）、人员（Who）、方法（How）。

环球网的这条新闻援引的信源是英国《镜报》(*Mirror*)，一份典型的小型报(tabloid)。小型报是19世纪中后期“黄色新闻”浪潮之后出现的一种报刊类型，以传播社会新闻、八卦娱乐新闻著称。英国还有另一份典型的小型报《太阳报》(*The Sun*)。

《镜报》的小型报属性要求新闻接收者需要核实其报道内容的真实性。在英国当地时间3月13日下午3时，《镜报》官网上的报道称“巴西总统否认检测阳性”(见图11-6)，在该报官网下午1时的报道中，标题不变，标题下面的内容却变为“巴西总统还在等待他第二次检测的结果”。

图11-5　2020年3月13日环球网发布的新闻“巴西总统新冠病毒检测阳性”

图11-6　2020年3月13日英国《镜报》官网发布和更新的新闻

由此可见，这条虚假新闻的源头——《镜报》的小型报属性会令稍懂新闻历史的新闻接收者引起警觉，去核实报道的原始内容。经核实，《镜报》本身的报道真实可靠，而且会根据当事人检测的进展情况实时更新报道。反而是国内媒体在援引过程中或因“抢新闻”的压力，或因英文水平有限，把新闻的原意搞错了，因而导致了新闻失实。

因此，第三步，需要了解新闻的来源是什么，是否值得信任，进而去核实原始报道的真实性。

四 提供了什么证据？是怎样检验或核实的？

2020年新冠肺炎疫情在武汉暴发初期，互联网上流传着一种说法：新冠肺炎是参加 2019 年世界军人运动会的五名美国运动员带进武汉的。对于这一说法，专业媒体《南方周末》的记者直接电话联系了当时接收这五名美国运动员的武汉金银潭医院，而且直接向院长进行了核实。院长在电话里非常明确地告诉记者：这五名外籍运动员患的是疟疾，而不是肺炎（见图 11－7）。

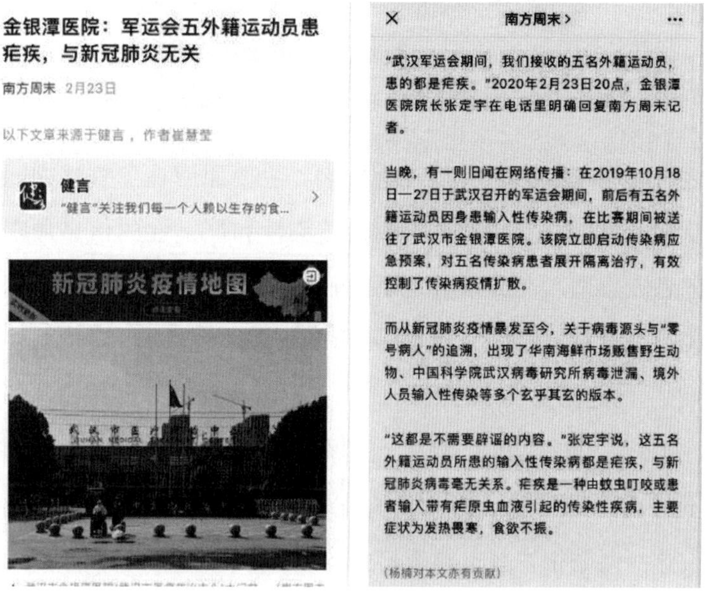
金银潭医院：军运会五外籍运动员患疟疾，与新冠肺炎无关

南方周末 2月23日

以下文章来源于健言，作者崔慧莹

健言

"健言"关注我们每一个人赖以生存的食...

南方周末 >

"武汉军运会期间，我们接收的五名外籍运动员，患的都是疟疾。"2020年2月23日20点，金银潭医院院长张定宇在电话里明确回复南方周末记者。

当晚，有一则旧闻在网络传播：在2019年10月18日—27日于武汉召开的军运会期间，前后有五名外籍运动员因身患输入性传染病，在比赛期间被送往了武汉市金银潭医院。该院立即启动传染病应急预案，对五名传染病患者展开隔离治疗，有效控制了传染病疫情扩散。

而从新冠肺炎疫情暴发至今，关于病毒源头与"零号病人"的追溯，出现了华南海鲜市场贩售野生动物、中国科学院武汉病毒研究所病毒泄漏、境外人员输入性传染等多个玄乎其玄的版本。

"这都是不需要辟谣的内容。"张定宇说，这五名外籍运动员所患的输入性传染病都是疟疾，与新冠肺炎病毒毫无关系。疟疾是一种由蚊虫叮咬或患者输入带有疟原虫血液引起的传染性疾病，主要症状为发热畏寒，食欲不振。

（杨楠对本文亦有贡献）

图 11－7　2020 年 2 月 23 日《南方周末》刊发的新闻

《南方周末》的这篇报道是对互联网时代专业媒体如何核实证据的正面示范。记者在报道中详细记述了张定宇院长的回复，具体到两种病症的不同病理表现，可以有效消除新闻接收者脑海中的疑问。

第四步便是看看新闻报道中提供了哪些证据，这些证据的检验和核实过程是怎样的。

五 其他可能性解释或理解是什么？

在 2020 年新冠肺炎疫情中，最令人印象深刻的虚假新闻当属关于双黄连口服液能够抑制新型冠状病毒的报道。一条发自权威媒体的“双黄连口服液可抑制新型冠状病毒”的新闻使很多人冒着被感染的危险，戴着口罩连夜去药店排队买双黄连。令人啼笑皆非的是，一时间，全国各大药店的双黄连被抢购一空，而没能买到双黄连口服液的人开始在网上抢购双黄莲蓉月饼，名字差不多，估计也有效果，最后竟然导致双黄莲蓉月饼也脱销（见图 11－8）。

图 11-8　2020 年新冠肺炎疫情中的“双黄连事件”

一条新闻之所以会产生如此大的社会影响，主要原因在于疫情期间，公众对于病毒缺乏科学性认知，互联网上各种关于病毒传染性和严重性的信息加剧了公众在不确定性环境之下的恐慌心理。在此情景之下，任何有关病毒的信息都会引起公众的极大关注，更不要说是来自权威媒体的新闻报道了。

“双黄连事件”的起因是 2020 年 1 月 31 日，新华社官方微博“@新华视点”发布了一条经权威药物部门核实的“双黄连口服液可抑制新型冠状病毒”的新闻（见图 11-9）。报道中的“抑制”一词引发了公众的高度关注，并纷纷付诸行动，连夜排队购买双黄连。这一话题很快登上热搜榜。

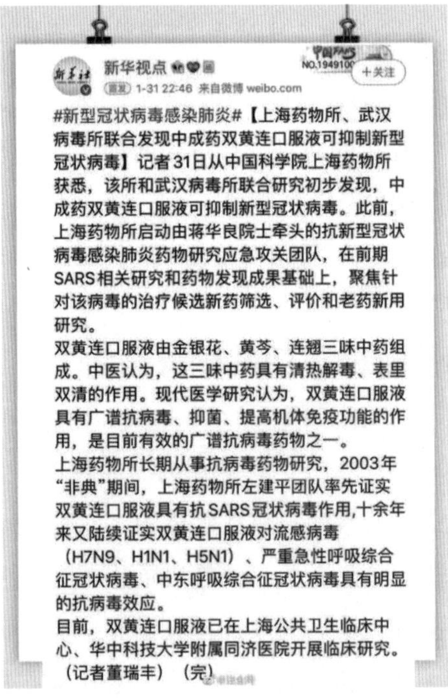
新华视点
1-31 22:46 来自微博 weibo.com
+关注

#新型冠状病毒感染肺炎#【上海药物所、武汉病毒所联合发现中成药双黄连口服液可抑制新型冠状病毒】记者31日从中国科学院上海药物所获悉，该所和武汉病毒所联合研究初步发现，中成药双黄连口服液可抑制新型冠状病毒。此前，上海药物所启动由蒋华良院士牵头的抗新型冠状病毒感染肺炎药物研究应急攻关团队，在前期SARS相关研究和药物发现成果基础上，聚焦针对该病毒的治疗候选新药筛选、评价和老药新用研究。

双黄连口服液由金银花、黄芩、连翘三味中药组成。中医认为，这三味中药具有清热解毒、表里双清的作用。现代医学研究认为，双黄连口服液具有广谱抗病毒、抑菌、提高机体免疫功能的作用，是目前有效的广谱抗病毒药物之一。

上海药物所长期从事抗病毒药物研究，2003年“非典”期间，上海药物所左建平团队率先证实双黄连口服液具有抗SARS冠状病毒作用,十余年来又陆续证实双黄连口服液对流感病毒（H7N9、H1N1、H5N1）、严重急性呼吸综合征冠状病毒、中东呼吸综合征冠状病毒具有明显的抗病毒效应。

目前，双黄连口服液已在上海公共卫生临床中心、华中科技大学附属同济医院开展临床研究。（记者董瑞丰）（完）

图 11-9　“@新华视点”发布的“双黄连口服液可抑制新型冠状病毒”的新闻

第二天一早，《人民日报》官方微博“@人民日报”进行了辟谣，称“抑制并不等于预防和治疗”（见图 11－10）。显然，“@人民日报”经过核实，发现“@新华视点”刊发的新闻事实不准确。

图 11－10　“@人民日报”发布的辟谣新闻

在“双黄连事件”中，由执业医师把关的自媒体“丁香医生”为公众提供了“双黄连事件”的其他可能性解释。

2 月 1 日，“丁香医生”发布了题为《为什么不该用双黄连预防新型冠状病毒?》的文章。该文章以上热搜的新闻开篇，层层递进，从医学专业角度辨析新闻报道中的核心争议点——双黄连口服液的“抑制”作用。

第一步，明确厘清“抑制”和“预防”的不同含义（见图 11－11）。在辨析概念的基础上，论证了双黄连口服液对普通人是没有用的，而且人一旦已经感染新型冠状病毒，用药就没有任何意义了。这一步帮助公众厘清概念、纠正错误认知。

第二步，借助专业知识，对照新闻报道中的细节，说明“目前双黄连口服液已在上海公共卫生临床中心、华中科技大学附属同济医院展开临床研究”对应的是药物临床研究中的第几步。同时向公众科普：想要证明一种药物真实有效必须要经过四步，目前双黄连口服液刚刚“开始做”临床试验，也就意味着还缺乏临床研究数据。所以，双黄连口服液的抑制或者预防作用还没有具体的证据可以证明（见图 11－12）。

第三步，列举权威来源，包括双黄连口服液的说明书中所提示的不良反应监测数据，证明如果随意服用双黄连口服液可能会产生不良反应（见图 11－13）。

一、「抑制」不是「预防」

什么叫「抑制」？

「抑制」是：**通过药物来控制病毒复制的各个环节，来达到控制病情的效果。**

你要是身体里没有病毒，就没有东西可以被「抑制」；

如果身体里有病毒可以被「抑制」，那就证明：你已经被感染了。

都感染了，你还「预防」什么？

总不能去「抑制」一个不存在的东西吧……

图 11－11 “丁香医生”的专业解释（1）

二、所谓的「可抑制病毒」缺乏临床研究数据

想要证明一种药物真实有效，至少要这几步：

- 第一步，动物实验
- 第二步，一期临床试验
- 第三步，二期临床试验
- 第四步，三期临床试验

一般来说，完成前两步，才能证明「安全」；完成后两步，才能证明「有效」。

在今天新闻的最后，有这样一句话：

「目前，双黄连口服液已在上海公共卫生临床中心、华中科技大学附属同济医院开展临床研究。」

丁香医生敲黑板了，请问现在是「第几步」？

答案是：开始做临床试验。

目前，没有足够的公开数据能证明它在人体中

图 11－12 “丁香医生”的专业解释（2）

三、双黄连过去有大量的不良反应证据

有人说：不管那么多，吃了总比不吃好，万一有用呢？

但你有没有想过：万一有害呢？

2013—2014 年国家药品不良反应监测年度报告显示，双黄连合剂（口服液、颗粒、胶囊、片）在中成药口服制剂不良反应中名列前茅，发挥稳定！

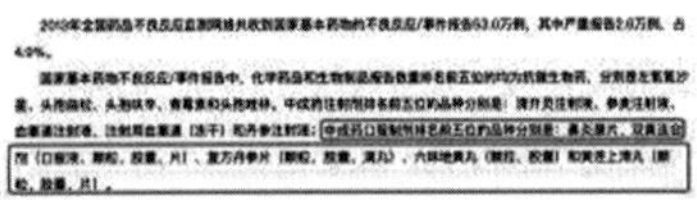

图片来源：国家药品不良反应监测年度报告（2013 年）

首页　分享

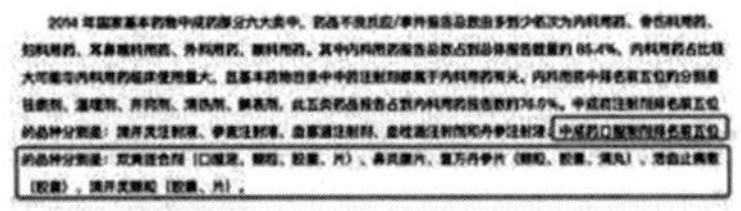

图片来源：国家药品不良反应监测年度报告（2014 年）

双黄连口服液的药品说明书记载：「不良反应」主要是皮肤瘙痒、皮疹等过敏反应，或者是恶心、呕吐、腹痛、腹泻等轻微胃肠道反应。

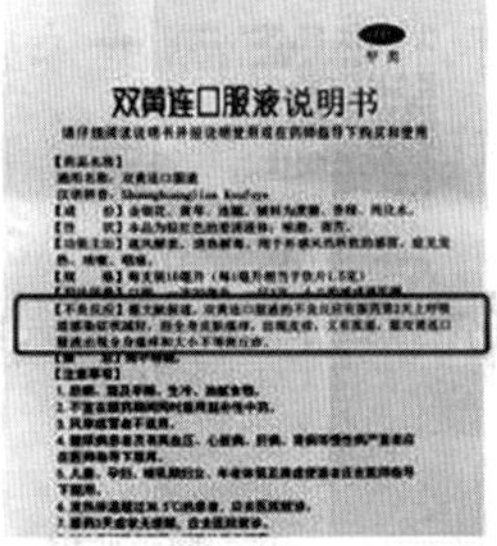

首页　分享

图 11－13 “丁香医生”的专业解释（3）

第四步，文末列出所有的参考文献（见图 11－14），这种典型的学术论文写作方式进一步增强了这种可能性解释的可信度。

“双黄连事件”的始作俑者是专业媒体，职业新闻工作者在缺乏必要的科学知识、看似援引权威药物部门的情况下造成了严重失实，并由此导致公众在急需确定信息、寻求生命安全的情况下冲动行动，造成不良的社会影响。互联网令权威媒体的这一虚假新闻病毒式传播，与此同时，互联网促成的专业领域人士搭建的自媒体则以专业、科学的方式给出了另一种解释，成为帮助公众辨析新闻是否真实的利器。

参考文献：

Nmpa.gov.cn. (2015). 国家药品不良反应监测年度报告（2014年）. [online] Available at: http://www.nmpa.gov.cn/WS04/CL2155/318885.html [Accessed 17 Jul. 2015].

Samr.cfda.gov.cn. (2014). 国家药品不良反应监测年度报告（2013年）. [online] Available at: http://samr.cfda.gov.cn/WS01/CL1989/99794.html [Accessed 31 Jan. 2020].

Samr.cfda.gov.cn. (2015). 国家药品不良反应监测年度报告（2014年）. [online] Available at: http://samr.cfda.gov.cn/WS01/CL1989/124407.html [Accessed 31 Jan. 2020].

Samr.cfda.gov.cn. (2016). 国家药品不良反应监测年度报告（2015年）. [online] Available at: http://samr.cfda.gov.cn/WS01/CL0844

首页 分享

图 11－14 “丁香医生”的专业解释（4）

六 我有必要知道这些信息吗？

第六步是在前面五个步骤基础之上的递进：这些信息都是我所需要的吗？我能够把我所接收的新闻说给别人听吗？如果我要把这条新闻说给别人听，是不是还要找其他证据来补充？换个角度而言，信息超载时代，每个人的注意力资源有限，对于扑面而来的各种信息，无论是职业新闻工作者还是普通公众都要判断一下：这些内容我有没有必要去了解。

【推荐阅读】

[1] 科瓦奇，罗森斯蒂尔．真相：信息超载时代如何知道该相信什么［M］．陆佳怡，孙志刚，译．刘海龙，校．北京：中国人民大学出版社，2014.

[2] 杨保军．新闻本体论［M］．北京：中国人民大学出版社，2008.

[3] 杨保军．新闻真实论［M］．北京：中国人民大学出版社，2006.

[4] 杨保军．新闻理论研究引论［M］．北京：中国人民大学出版社，2009.

[5] 陈力丹．新闻理论十讲［M］．上海：复旦大学出版社，2008：80.

【思考题】

1. 如何理解新闻真实的内涵与特征?

2. 造成新闻不真实的主要原因有哪些? 结合当下的互联网语境和具体案例，谈谈职业新闻工作者和普通公众如何辨识新闻真实。

【关键词】

《世界新闻周刊》*World Weekly News*

照片墙 Instagram

《镜报》*Mirror*

《太阳报》*The Sun*

《马卡报》*Marca*

脸书 Facebook

小型报 tabloid

第十二章

电子新闻：广播电视

【本章学习要点】

1. 理解并掌握英国广播公司（BBC）的创办背景、创办过程，及其公营性质特点。
2. 理解“炉边谈话”的内涵，以及广播的作用。
3. 理解欧美主要国家 20 世纪末的“解除管制”。

第一节 广播的兴起与黄金时代

19 世纪下半叶电磁波的发现，19 世纪 90 年代意大利人古列尔莫·马可尼（Guglielmo Marconi）的无线电实验，以及 20 世纪初被美国人称为“广播之父”的李·德·福雷斯特（Lee de Forest）发明的真空三极管，为 20 世纪初广播业的兴起奠定了技术基础。

一 广播在欧美主要国家的兴起

1920 年 11 月 2 日，美国西屋公司（Westinghouse）创办的匹兹堡 KDKA 电台开播，这是世界上第一家商业电台，西屋公司创办电台的主要目的是推销收听节目的矿石收音机。KDKA 电台首次直播的节目是哈定-考克斯（Harding-Cox）总统竞选的结果。图 12－1 展示了该电台 1921 年时的转播间。

图 12－1 1921 年 KDKA 电台的转播间

世界上最早的无线电通信实验是由马可尼在英国完成的，但是英国广播电台的创立要晚于美国，这主要是因为英国政府认为无线电资源属于国家资源，应该用于军事通信领域，而不宜用作商业用途。不过，当时的英国邮政总局迫于络绎不绝的无线电台执照的申请压力，从 1922 年初开始允许私人开办广播电台。同时为了避免出现美国放开商业电台申请而导致的无线电频率混乱的局面，英国邮政总局决定只向马可尼公司牵头的六家电气公司发放一张许可证，组建民营英国广播公司（British Broadcasting Company）。在此后的两年内，民营英国广播公司成为唯一被允许在英国境内开展广播业务的公司。①

20 世纪初，法国也开始了广播实验。1922 年 2 月，法国邮政电报电话部创办巴黎邮电电讯台（Paris PTT），这是法国第一家国营广播电台。同一年，工程师埃米尔·吉拉尔多（Émile Girardeau）创办了法国第一家民营广播电台拉迪奥拉电台（Radiola）。② 1923 年 10 月，德国第一家广播电台——柏林"无线电时光"（Funk-Stunde Berlin）开播，其前身是德国外交官、德国广播事业的开拓者福斯（Ernst Ludwig Voss）在 1922 年创办的"德意志时光"（Deutsche Stunde）。

1922 年 9 月 17 日，列宁亲自指导的苏联第一家广播电台"莫斯科中央无线电话台"开播，同年 11 月 7 日，该台被命名为"共产国际广播电台"，成为世界上第一家无产阶级电台。

---

① 陈力丹，董晨宇．英国新闻传播史［M］．北京：人民日报出版社，2015：177.

② 陈继静．法国新闻传播史［M］．北京：人民日报出版社，2017：175.

20世纪20年代，三大广播体制基本形成，分别是以美国为代表的商业广播体制，以英国为代表的公营广播体制和以苏联为代表的国营广播体制。

二　广播的黄金时代

（一）英国广播公司

1. 公营广播体制的创立

1922年11月14日，民营英国广播公司在伦敦成立，约翰·里思（John Reith，1889—1971）（见图12-2）成为首任总经理。依据许可证的要求，民营英国广播公司不能接受任何形式的赞助，因此不能播广告，收入主要来源于听众支付的每年10先令的收听许可费和从收音机生产商的销售收入中获取的一定比例的收入。①

图12-2　约翰·里思

随着英国邮政总局发放许可证数量的增加，英国民营广播电台的数量迅速增加。政府就英国广播业的发展成立了专门的调查委员会，寻求适用于英国的解决方案，英国国会最终采纳了公共企业性质的广播体制。1927年元旦，英国国王向民营英国广播公司发放“皇家特许状”，民营英国广播公司改组为公营的英国广播公司（British Broadcasting Corporation，BBC），里思继续担任总经理。

里思的精英主义观念和对广播性质的认知主导了BBC公共服务广播（Public Serv-

① 陈力丹，董晨宇．英国新闻传播史［M］．北京：人民日报出版社，2015：177.

ice Broadcaster）特点的形成。里思认为，广播的最主要功能在于教育大众而非盈利，因此公营性质的BBC既不同于美国的商业电台，它不播广告；又不同于苏联的国营电台，它不受政府的直接控制。整体而言，BBC主要有两大特点：第一，BBC不播广告，收入主要来自每台收音机支付的收听许可费，后来又增加了电视收看许可费。第二，BBC的节目多样，不偏向任何一个群体，新闻报道能够做到相对公正客观，不偏不倚。

里思出生于一个苏格兰长老会牧师家庭，严格的家庭教育和宗教信仰直接导致他成年后性格古板、专断。里思主政时期的BBC，星期日12时30分之前不播任何节目，目的是让听众可以去教堂做礼拜，星期日的其余播出时段则主要播放宗教性内容和古典音乐。著名小说家乔治·奥威尔（George Orwell）曾在BBC当过两年记者，他的小说《1984》里真理部（Ministry of Truth）的原型就是里思主政时期的BBC。

2. “报业-广播大战”

作为当时的新媒体，BBC自开播起就面临着来自报纸行业协会的联合抵制。英国报纸经营者联合会（Newspaper Proprietors Association）和代表省级出版社的报纸协会（Newspaper Society）联合起来反对BBC提供自己的新闻服务，这使得BBC不可以在晚上7时之前播出新闻，而且播出的新闻内容也只能由报纸提供，报纸还要收取年费。[①] 因此，直到1934年BBC才创办了自己的新闻节目，建立起自己的新闻报道网络。

BBC第一次真正向英国公众展示自己的新闻制作能力是在1926年5月的大罢工期间。1926年5月3日至12日，英国有近200万名来自交通和重工业领域的工人走上街头，反对政府降低工资，要求改善生活状况。大罢工期间，整个英国陷入混乱和停顿状态，很多报纸中断出刊，BBC因此成了绝大多数人获取罢工消息的唯一渠道。也是在此期间，BBC明确了自己与政府之间的关系。

大罢工期间，为了获取新闻，BBC与政府开展了密切合作。BBC的工作人员搬入了位于英国海军部的办公室，以便海军部协助其进行相关内容的报道和澄清。[②] 不过，里思清醒地处理了与时任英国首相的鲍德温（Stanley Baldwin）领导的政府之间的关系，在防止BBC完全受制于政府的基础上保证BBC的独立性。BBC每天会分5次定时发布有关大罢工的新闻，这些新闻对罢工工人和政府的立场都进行了报道，在获得公

---

① 威廉姆斯．一天给我一桩谋杀案：英国大众传播史［M］．刘琛，译．上海：上海人民出版社，2008：137.

② 同①139－140.

众信任的同时，界定了自身与政府的关系。BBC“没有公开地表明立场，但是又的确是在一种对政治和道德秩序的特定理解中开展工作”，BBC“公正”（impartial）的报道实际上对政府起到了支持的作用。[①] 正是这种默契关系的达成，BBC才逐渐得到了英国政府的信任。第二次世界大战之前，BBC借助大英帝国海外殖民地的拓展而将其影响力由国内延伸至海外。BBC逐渐成为除英国外交、牛津与剑桥大学和伦敦城之外的英国国家特征的一个组成部分。

（二）美国三大广播公司

1. 全国广播公司

1926年11月15日，由美国无线电公司（Radio Corporation of America，RCA）[②]、通用电气公司和西屋公司合资成立的全国广播公司（National Broadcasting Company，NBC）开播。全国广播公司的创立标志着美国广播事业进入了成熟发展阶段。创立之初，全国广播公司拥有两个广播网，一个是以WEAF电台为旗舰的红色网，另一个是以WJZ电台为首的蓝色网。红色和蓝色之分源于NBC在广播网线路图（见图12-3）上标示两个广播网所包含附属台时所用的红色和蓝色铅笔的颜色。

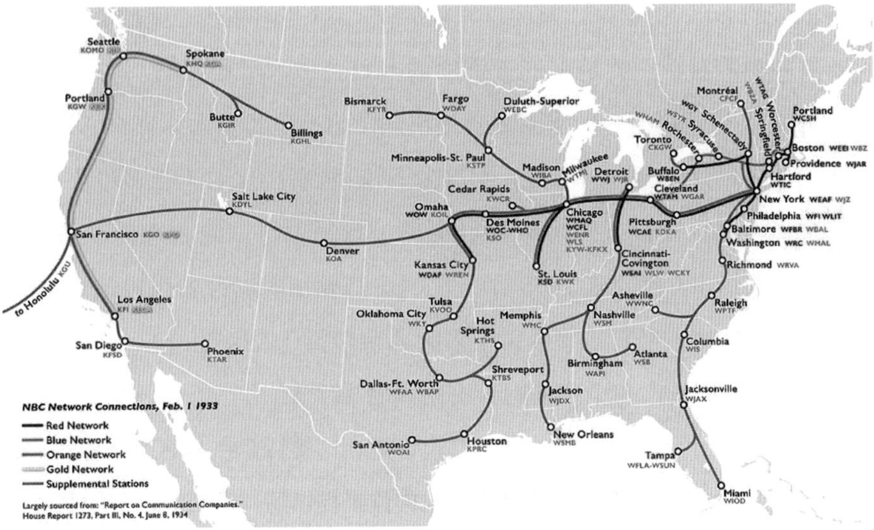

图12-3　1933年NBC广播网线路图

---

① 威廉姆斯．一天给我一桩谋杀案：英国大众传播史［M］．刘琛，译．上海：上海人民出版社，2008：141.

② 美国无线电公司由美国电话电报公司、西屋公司和通用电气公司在1919年联合成立，后来独立发展。

1927 年元旦，NBC 正式区分了两个广播网不同的营销策略，红色网主要播出有广告经费支持的娱乐和音乐节目，蓝色网主要播出没有广告的新闻和文化节目。可以说，蓝色网从一开始就在节目资源和广告资源方面先天不足。1928 年，NBC 建立了第三个广播网太平洋海岸网，同年年底撤销。[①] 1930 年，鉴于联邦政府提起的反垄断诉讼，通用电气和西屋公司先后放弃了 NBC 的股份，NBC 完全由美国无线电公司控制。

2. 哥伦比亚广播公司

1927 年 4 月，由新闻业界优秀人才成立的独立广播业者联合公司（United Independent Broadcasters Network）与哥伦比亚唱片公司组成联盟，成立了哥伦比亚留声机广播公司（Columbia Phonographic Broadcasting System），并于 1927 年 9 月 18 日开播。1928 年初，迫于高额的运营费用，哥伦比亚留声机广播公司被出售给了位于费城的 WCAU 电台，之后又经转手，被出售给了在费城经营雪茄生意的威廉 • 佩利（William S. Paley）及其家族，正式更名为哥伦比亚广播公司（Columbia Broadcasting System，CBS）。当时年仅 26 岁的威廉 • 佩利买下电台的主要原因是想向父亲证明广播电台的广告能够为家族的雪茄生意扩大销路。

佩利家族在获得 CBS 控股权后，威廉 • 佩利出任总经理。为了与当时占据美国广播市场主导地位的 NBC 相竞争，佩利首先理顺了 CBS 与附属台之间的关系。当时的广播市场主要有两类节目，一类是有广告资助的节目，另一类是没有广告资助的自制节目。NBC 采取的经营策略是，如果附属台播出的节目有广告资助，那么 NBC 向附属台支付费用；如果附属台播出自制节目，则需向 NBC 付费，这对于很多中小型附属台来讲是很大的负担，而且直接导致附属台很少播出自制节目。佩利选择了另一种策略，即附属台可以免费播出 CBS 的任何节目，但 CBS 需要从附属台的广告收入中获取一定比例的收入。佩利的这一经营策略吸引很多附属台转投于 CBS 门下。1934 年，CBS 的附属台增加至 94 家，NBC 两个广播网共有附属台 127 家。[②]

相较于 20 世纪 20 年代英国的“报业-广播大战”，广播行业在美国兴起之时，报纸行业的反应不一。最初，报纸将刊登广播节目表作为向读者提供的一项服务，宣传电台取得的进展和电台明星。根据美国报纸发行人协会电台委员会 1927 年的统计数据，当时 48 家报纸拥有自己的电台，69 家报纸在别人的电台上出钱主办节目，97 家报纸提供无线电新闻节目。

①② 埃默里 M，埃默里 E，罗伯茨．美国新闻史：大众传播媒介解释史：第 9 版［M］．展江，译．北京：中国人民大学出版社，2009：284.

一半以上的高级电台同报纸有某种从属关系。因此，美国报纸发行人协会电台委员会认为，电台报道新闻事件促进了报纸的销售。① 但是，随着美国广播电台数量的增加及其对重大新闻的报道能力的凸显，报纸与广播在新闻报道和广告收入方面的竞争日益激烈。20 世纪 30 年代初，美国报纸也曾联合起来抵制广播播出新闻：禁止在上午 9 时 30 分之前播出新闻，播报新闻必须在晚上 9 时之后，即报纸上摊 12 小时之后，广播才能播报新闻。为了应对这种抵制，美国广播行业采取的对策是自己进行新闻采写。在这一方面，CBS 走在了最前面，力抓新闻报道也成为 CBS 在与 NBC 的竞争中采取的另一策略。

开播初期，CBS 为了提升收听率和增加广告收入，黄金时段主要播出音乐、喜剧等娱乐节目，白天时段播出针对家庭妇女的肥皂剧和广告。1934 年秋天，佩利在 CBS 成立了独立的新闻部，聘请《纽约时报》前专栏作家和新闻主管负责这个新部门，自制新闻报道，佩利想以此树立 CBS 严谨、具有社会意识的公共形象。1935 年，日后成为美国著名广播电视人的爱德华·默罗（Edward R. Murrow）加盟 CBS。1937 年，随着欧洲局势日益紧张，29 岁的默罗被派往伦敦担任 CBS 欧洲记者站负责人。默罗在欧洲组建了 CBS 的报道团队，1938 年 3 月 12 日德国入侵奥地利时，默罗在奥地利维也纳开启了他职业生涯的第一次现场报道："这是爱德华·默罗从维也纳发来的报道……此刻是凌晨 2 时 30 分，希特勒还没有到。"1940—1941 年伦敦大轰炸（London Blitz）期间，默罗从伦敦发回了一系列现场报道，他的开场白"这里是伦敦……"让美国听众记住了他低沉、冷静的声音。1941 年底默罗返回美国后，佩利为他举办了盛大的欢迎宴会，同时宣告 CBS 新闻品牌的诞生。

1951 年，CBS 开始采用形似眼睛的台标（见图 12-4），这个新台标象征着该台注重新闻报道的冷静、客观的态度。此后，CBS 也经常被称为"眼睛台"。

图 12-4　哥伦比亚广播公司 1951 年的台标

3. 美国广播公司

美国广播公司源于 NBC 旗下的蓝色网（NBC Blue Network）。蓝色网的历史可以追溯至 1923 年，当时美国无线电公司从西屋公司购得了 1921

① 埃默里 M，埃默里 E，罗伯茨．美国新闻史：大众传播媒介解释史：第 9 版［M］．展江，译．北京：中国人民大学出版社，2009：283.

年成立于美国新泽西州纽瓦克市的 WJZ 电台。1923 年 5 月，WJZ 电台迁至纽约市。1927 年元旦，以 WJZ 电台为首的蓝色网在 NBC 旗下播出节目。

1927 年至 1941 年期间，蓝色网与红色网共用 NBC 的工程师和设施，偶尔也会播出一样的新闻节目。但整体而言，蓝色网的节目资源一直不如红色网，比如蓝色网一直没有获得深受北美公众喜爱的美国职业棒球大联盟 10 月举行的总冠军赛（World Series）播出资格。在发展规模上，蓝色网也远远落后于红色网。1927 年 1 月 1 日，蓝色网只拥有 7 个附属台，1937 年也才增加至 33 个。

全国广播公司高层中一直存在着让蓝色网独立发展的声音，令蓝色网真正实现独立运营的诱因是 20 世纪 30 年代末美国联邦通讯委员会（Federal Communication Commission，FCC）针对全国广播公司和哥伦比亚广播公司的反垄断调查。1941 年 12 月，美国司法部的反垄断部门做出了针对全国广播公司和哥伦比亚广播公司的反垄断诉讼，全国广播公司开始被分割为两个广播网运营。1942 年 1 月，全国广播公司成立蓝色网公司（Blue Network Company，Inc.），全国广播公司名义上拥有该公司的所有权，但蓝色网事实上完全独立。1943 年 7 月，依据美国最高法院的裁决，蓝色网最终被出售给了前美国商务部副部长爱德华·诺布尔（Edward J. Noble），1945 年 6 月正式更名为美国广播公司（American Broadcasting Company，ABC）。

（三）“炉边谈话”

1933 年初，民主党人富兰克林·罗斯福（Franklin D. Roosevelt，1882—1945）入主白宫，成为美国第 32 任总统。当时席卷欧美主要国家的经济大萧条导致美国通货紧缩、失业率上升，为了安抚民心，罗斯福在上任之后的第八天通过广播向美国公众讲述了他上任一周以来是如何应对银行关门问题的，“我想与美国人民谈几分钟银行的业务问题”①，就此拉开了“炉边谈话”（fireside chats）的序幕。“炉边谈话”一词最早由谁提出，目前尚无定论，但人们对“炉边谈话”内涵的理解基本一致：美国公众通过广播收听总统的讲话，仿佛与总统本人一起围坐在火炉边，倾听他的讲话。事实上，罗斯福每次发表讲话的地点都是在白宫的办公室。

罗斯福之所以选择广播来传递自己声音、讲解新政，最主要的原因是当时美国的

① 埃默里 M，埃默里 E，罗伯茨．美国新闻史：大众传播媒介解释史：第 9 版［M］．展江，译．北京：中国人民大学出版社，2009：310.

主要报刊及其报刊言论都在其竞争对手的掌控之中。20 世纪 30 年代，有近 40%的美国家庭拥有收音机。罗斯福希望通过当时的新媒体——广播，将自己的执政理念和政策直接传递给美国民众。罗斯福本人在担任纽约州州长时就曾利用广播发挥政治沟通的作用，当与共和党之间出现争议时，他会通过广播与纽约公众直接对话。

罗斯福在四个总统任期内一共进行了 30 次“炉边谈话”，谈话主题涉及经济、政治、战争等诸多领域。罗斯福通过“炉边谈话”向美国公众解释了新政府的一系列新政，在稳定民心的同时使新政得到了很好的实施。广播史学家约翰·邓宁（John Dunning）认为，这是历史上第一次大部分公众可以通过广播直接倾听美国总统讲话，这些谈话帮助罗斯福在国内保持了高支持率。①

“珍珠港事件”之后，罗斯福通过“炉边谈话”向美国公众讲述了当时的国际局势。1942 年 2 月 23 日，罗斯福做了题为“关于战争进展”（On the Progress of the War）的谈话，在谈话开始时，他还提醒听众最好在自己面前放一幅世界地图（见图 12－5）。罗斯福在谈话中基于世界地理知识向美国公众解释了美国当前最紧要的问题、战争的整体情况，以及美国接下来的计划。罗斯福认为，只有让美国公众了解最新的国际局势，他们才会安然接受任何可能的坏消息。

图 12－5　1942 年 2 月 23 日罗斯福的“炉边谈话”

罗斯福是美国历史上唯一一个连任 4 届的总统②，他在第四任期内因病于 1945 年 4 月 12 日去世。罗斯福总统一直与记者保持着良好的关系，据称在他执政的 12 年中一

① DUNNING J. On the Air：The Encyclopedia of Old-Time Radio [M]. New York，NY：Oxford University Press，1998：495.

② 1951 年开始生效的美国宪法第二十二条修正案规定，总统每届任期四年，连选连任不得多于两次，也不能担任总统或执行总统职责超过两年后再被选为总统多于一次。

共会见记者 998 次，平均每年 83 次。[①] 美国媒体对罗斯福总统也保有善意，很多美国民众直到罗斯福去世后很久才知道总统腰部以下瘫痪，无法独自站立。罗斯福本人一生都没有接受这一生理缺陷，他经常由助手或儿子搀扶着站立在公众面前，只在私下使用轮椅。

罗斯福总统是世界上最懂得利用广播的潜能来实现全国团结的领导人之一[②]，因此也被后人称为“广播总统”。罗斯福的“炉边谈话”成了美国重要的政治遗产，受其影响，之后的历任美国总统先后使用广播、电视和互联网定期向美国公众发表讲话。

（四）国际广播的创办

一个国家为供另一个（或另一些）国家收听而进行的广播被称为国际广播，也称对外广播。国际广播的主要作用在于新闻发布、政治和文化宣传。1927 年，荷兰为维护殖民统治，开始用荷兰语向其遥远的海外殖民地东印度和其他一些地区广播，成为世界上最早开办对外广播的国家。德国（1929 年）、法国（1931 年）、英国（1932 年）、日本（1934 年）等国家也相继向其海外领地广播，目的是加强与海外侨民的联系，为它们在殖民地的代理人、军人、商人服务。[③]

早期的国际广播主要采用开办国的语言，节目内容也主要转播国内的广播节目，由于广播发射电力弱，播出时间通常较短。第二次世界大战期间，出于对外宣传的需要，世界各主要国家大力开办国际广播，国际广播得到飞速发展。1939 年，全世界只有 27 个国家开办对外广播，1945 年增加到了 55 个。[④]

1. 英国广播公司的国际广播

1932 年，BBC 借助于短波信号开办了帝国广播服务（Empire Service），主要向英国殖民地提供英语广播。第二次世界大战爆发前夕，为了应对意大利和德国的广播宣传，1938 年 1 月，BBC 开设了阿拉伯语广播，同年 3 月又开设针对拉美地区的西班牙语和葡萄牙语广播。1938 年 9 月，BBC 开始向欧洲大陆提供法语、德语和意大利语广播。BBC 国际广播服务的资金不是出自国内听众的执照费，而是从英国外交部预算中拨付。1939 年 11 月，BBC 帝国广播服务更名为 BBC 海外广播服务（Overseas Serv-

---

① 埃默里 M，埃默里 E，罗伯茨．美国新闻史：大众传播媒介解释史：第 9 版［M］．展江，译．北京：中国人民大学出版社，2009：315.

② 同①331.

③ 赵水福，郭北平．国际广播概况［J］．国际新闻界，1986（4）：27.

④ 时风．国际广播与“电波战”［J］．世界知识，1982（9）：25.

ice)，是战后 BBC 全球广播服务（BBC World Service）的前身。

第二次世界大战期间，BBC 除了被用于本国的战争宣传外，也是整个欧洲战场针对轴心国宣传的重要国际电台。1940 年 6 月 18 日，流亡英国的戴高乐（Charles de Gaulle）利用 BBC 的国际广播设备，向法国境内播出了《告法国人民书》，即著名的"6・18 号召"。他揭露了法国维希政府的投降意图，表达了战斗到底的决心："法国并没有完""无论发生什么事情，法兰西抵抗的火焰不能熄灭，也绝不会熄灭!"，举起了争取民族解放的旗帜。此后，BBC 不断向法国播出抵抗号召，刚开始每天向"自由法国"提供两次法语广播，每次 5 分钟，二战结束时，每天时长已达 5 小时。①

2. 美国之音

早在 1923 年，美国通用电气公司和西屋公司就曾试验过国际广播，当时的主要目的在于试验和完善发射设备，播出的内容转播自国内广播节目。20 世纪 30 年代中后期，美国的国际广播活动日益活跃，全国广播公司、哥伦比亚广播公司、克罗斯利广播公司（Crosley Broadcasting Corporation）、通用电气公司下属电台等先后开办了国际广播服务，但它们所提供的节目很少是专门为外国听众制作的，只有全国广播公司和哥伦比亚广播公司推出了用西班牙语播出的针对拉美地区听众的新闻节目和纪实类节目。20 世纪 30 年代末，随着欧洲局势的恶化，美国国会中有人提出由政府开办国际广播电台，但提案并未获得通过。

1941 年 12 月 7 日，"珍珠港事件"爆发，美国随即宣布加入战争。为了抵制德意日的宣传，美国政府征用了当时几乎所有进行国际广播的私营广播电台，据说这些电台短波发射机的发射功率加起来也只有 50 千瓦。这个由众多私营国际广播电台拼凑组成的电台就是美国之音（Voice of America，VOA），1942 年 2 月 24 日凌晨 2 时 30 分，美国之音第一次用德语从美国纽约向欧洲播出了 15 分钟的节目，宣布："美国之音现在开始广播。今天是美国参战以来的第 79 天。今后每天的这个时候，我们将向你报道关于美国和战争的消息。这些消息可能是好的，也可能是坏的，但是我们将向你报道真实的情况。"② 1942 年，美国战时新闻办公室（Office of War Information）成立，正式接管美国之音。战争期间，美国之音与英国广播公司合作，共用在英国的中波发射设备向北非国家播出节目。

大部分国家的国际广播都是基于国内广播而创立，比如英国广播公司，但是美国

① 陈继静．法国新闻传播史［M］．北京：人民日报出版社，2017：189.

② 韩召颖．输出美国：美国新闻署与美国公众外交［M］．天津：天津人民出版社，2000：162－163.

之音完全是美国政府为了二战宣传而创办的。二战结束后，关于美国政府是否应该保留美国之音，美国国内产生了分歧，但接踵而至的冷战让美国之音得以保留。1948 年 4 月，美国国会通过《史密斯-蒙特法案》（Smith-Mundt Act，即《1948 年美国新闻教育法案》），正式授权美国政府经营官方性质的广播电台，用于对外广播宣传，支持美国的对外政策。这项法案正式确立了美国政府进行国际宣传和教育交流活动的合法地位，成为美国之音及政府其他对外宣传活动的主要法律依据。美国之音的资金来源于美国国会每年划拨给驻外使领馆的费用，1953 年美国新闻署（United States Information Agency）成立后，美国之音隶属于该机构。

第二节 二战后电视的发展与繁荣

1929 年，英国广播公司进行了第一次电视广播。1936 年 11 月 2 日，BBC 在伦敦的亚历山德拉宫（Alexandra Palace）第一次播出了电视节目。1937 年 5 月 12 日，BBC 转播了英王乔治六世的加冕典礼。1939 年 9 月 1 日，BBC 电视停止播出，直至二战后 1946 年 6 月 7 日恢复播出。

1939 年 4 月，美国无线电公司总经理戴维·萨尔诺夫（David Sarnoff）在纽约世界博览会上第一次向公众大规模展示电子电视。1939 年 4 月 30 日，富兰克林·罗斯福总统宣布世博会开幕，全国广播公司进行了实况转播，罗斯福成为第一个出现在电视上的总统。之后，NBC 开始定期播放电视节目。

20 世纪 30 年代，法国、德国、苏联、意大利、日本等国家也先后开始播出电视节目。

一 二战后电视的恢复与发展

20 世纪 30 年代末，随着第二次世界大战的全面爆发，很多科学技术都由民用转为军用，世界主要国家的电视发展陷入停滞，直至二战结束才逐渐恢复。

1950 年，有 5 个国家播出定时的电视节目。到 1955 年，这个数字达到 17 个，到 1960 年则增加了四倍。10 年后，播送电视节目的国家已超过 100 个。[①] 1952 年，美国

---

① 麦克布赖德．多种声音，一个世界［M］．北京：中国对外翻译出版公司，1981：84.

34%以上的家庭，即约 1 500 万个家庭拥有了电视机。在 1952 年美国总统竞选中，电视成为实时播报美国政治进程的主要媒介，公众首次在电视上看到了商业广告、纪录片和选举之夜的特别节目。① 1953 年 6 月 2 日，BBC 电视转播了英国女王伊丽莎白二世的加冕典礼，转播持续了近 12 个小时，通过电视收看加冕典礼的英国观众人数超过了广播听众人数，在英国电视史上具有跨时代意义。②

早期的电视节目以娱乐为主，画面质量较差。最早在电视上播出的新闻节目不是由电视台自制，而是由新闻片公司提供。新闻片一般用电影胶片拍摄，内容是通过拍摄一段剧情重现现场而非在现场报道，新闻片经过拍摄、制作和剪辑之后被送到电视台播出。早期的电视新闻节目不具有时效性，往往是为计划好的事件或不受时间限制的特写报道所预备的，因此难以报道突发新闻。③ 这个时期的电视新闻节目制作人和主播大都在电台工作过，他们沿袭了广播新闻的制作和播出风格，新闻主播也只是对着摄像机镜头念新闻稿（见图 12－6）。可以说，早期的电视新闻是广播新闻和电影新闻片的结合。

图 12－6　爱德华·默罗在电视上播报新闻

便携式电子摄像机的发明和应用使电视新闻制作过程日益简化，新闻时效性提高。20 世纪 50 年代，美国哥伦比亚广播公司和全国广播公司开始自己拍摄新闻片，电视新闻逐渐受到美国观众的青睐。1963 年，在美国依靠电视了解新闻的人第一次超过依靠报纸了解新闻的人，这是一个历史性转变，它标志着电视新闻时代的来临。④

① 埃默里 M，埃默里 E，罗伯茨．美国新闻史：大众传播媒介解释史：第 9 版［M］．展江，译．北京：中国人民大学出版社，2009：377.

② 陈力丹，董晨宇．英国新闻传播史［M］．北京：人民日报出版社，2015：191.

③ 斯蒂芬斯．新闻的历史：第 3 版［M］．陈继静，译．北京：北京大学出版社，2014：206.

④ 李彬．全球新闻传播史（公元 1500—2000 年）［M］．2 版．北京：清华大学出版社，2009：297.

二 “电视总统”：约翰·肯尼迪

在1952年陆军五星上将艾森豪威尔（Dwight D. Eisenhower）和伊利诺伊州州长史蒂文森（Adlai E. Stevenson）的总统竞选中，电视已经开始影响政治进程。1960年，美国历史上的第一次总统竞选电视辩论会诞生。同年6月，美国国会中止了《1934年通讯法》的第315款，即要求广播电视业主给每个政党谋求公职的候选人相同广播时间的所谓均时规则。副总统理查德·尼克松（Richard Nixon，1913—1994）和民主党候选人约翰·肯尼迪（John F. Kennedy，1917—1963）的竞选负责人开始谈判，双方最后决定在9月和10月举行四场由电视直播的辩论。①

1960年9月26日，尼克松和肯尼迪在位于芝加哥的CBS附属台WBBM-TV开始了首场电视辩论会，辩论会由CBS新闻记者霍华德·史密斯（Howard Smith）主持，三大电视网现场直播。在首次电视辩论会上，两位候选人都谈及了国家安全、共产主义的威胁、需要加强美国军事力量，以及为美国建设更光明的未来的重要性，但显然，在电视荧幕上显得轻松、自信的肯尼迪赢得了更多的电视观众。副总统尼克松有着丰富的从政经验，是个资深的政客。不巧的是，他在辩论会之前得了流感，录制当天还在发低烧，再加上当天抵达现场下车时尼克松又撞到了受伤的膝盖，加重了之前的腿伤，因此在摄像机镜头前显得筋疲力尽。第一次电视辩论会之后，支持率稍微落后的肯尼迪开始反超。10月7日、10月13日和10月21日又相继举行了三次电视辩论会（图12-7展示了第二场总统竞选辩论时的情景）。据称，当时全美国至少收看了一次肯尼迪与尼克松辩论会的有8 500多万人。1960年11月，肯尼迪以微弱优势赢得大选，成为当时美国历史上最年轻的总统。自此，电视这一大众媒介对美国政治开始起到至关重要的作用。

与“广播总统”富兰克林·罗斯福相似，肯尼迪善于运用电视媒介发挥政治沟通作用。早在当选总统之前，肯尼迪就在父亲的安排下，于1945年在赫斯特报业集团担任过一段时间的特派记者，在此期间报道过波茨坦会议。当选总统之后，肯尼迪不仅开创了电视与广播现场直播总统记者招待会的先例，他本人也经常接受记者的采访，与记

① 埃默里M，埃默里E，罗伯茨．美国新闻史：大众传播媒介解释史：第9版［M］．展江，译．北京：中国人民大学出版社，2009：411.

图 12-7 1960 年尼克松-肯尼迪第二场总统竞选辩论

者交朋友。肯尼迪本人及其家族频繁出现在电视上，是那个时期名副其实的电视明星。

肯尼迪入主白宫后，对内采取减税政策，打击赌博卖淫等行业，支持国内日益高涨的民权运动，引发了既得利益集团和敌对政治势力的不满。在对外关系方面，“猪湾事件”和古巴导弹危机令美国和古巴之间的关系进一步恶化，美苏两国之间激烈对抗，而身处越南战争泥淖的美国更是越陷越深。可以说，当时美国所处的内外环境对希望赢得总统连任选举的肯尼迪造成了很大压力。1963 年 11 月，为修复民主党内自由派和保守派之间的关系，以及为赢得 1964 年总统连任选举拉票，肯尼迪前往得克萨斯州。

11 月 22 日上午，肯尼迪抵达得克萨斯州达拉斯市，当天中午他将在达拉斯市中心的一个集市上发表讲话。为了表示总统对达拉斯市民的信任，肯尼迪乘坐了没有安装防弹罩的豪华敞篷车，总统车队从机场开往市中心。美国中部标准时间 12 时 30 分，总统车队途经得克萨斯州教材仓库大楼，正当肯尼迪向人群挥手微笑时，枪声响起，总统遭遇枪击（见图 12-8）。枪击发生后，肯尼迪被迅速送往 6.4 公里以外的帕克兰纪念医院，30 分钟后被宣告死亡。

图 12-8 肯尼迪枪击案发生地路口和“第六层博物馆”（教材仓库大楼）

肯尼迪遇刺后，随行采访记者中的合众国际社记者梅里曼·史密斯（Merriman Smith）通过西南总分社在 12 时 34 分发出了第一条电讯稿：

合众国际社达拉斯 11 月 22 日电 今天在达拉斯商业区，有人向肯尼迪总统的汽车开了三枪。①

史密斯随即跟随车队抵达救治医院，在听到特工处的克林特·希尔（Clint Hill）说“他死了”之后，打通了达拉斯分社的电话，口述了最新的电讯稿：

快讯

肯尼迪严重受伤。可能严重，可能因身中刺客子弹而受了致命伤。

合众国际社 19N 简讯，枪击第一稿导语

肯尼迪总统和得克萨斯州长约翰·B. 康诺利（John B. Connolly）今天乘敞篷车视察达拉斯商业区时被刺客的子弹撂倒。②

下午 1 时 32 分，美联社发出快讯：“两位牧师说肯尼迪已经去世。”此时，全国的电视机都打开了。

嫌疑人李·哈维·奥斯瓦德（Lee Harvey Oswald）当场被抓获，据称他是争取公平对待古巴委员会的成员。枪击案发生的 2 天后，奥斯瓦德从达拉斯警局被押送至县监狱。中午 12 时 30 分，当他在当地警察的押送下穿过地下室大门进入一个地下停车场时，被据称是当地夜总会老板的杰克·鲁比（Jack Ruby）开枪刺杀。这一幕被直播押送奥斯瓦德过程的 NBC 捕捉到（见图 12－9），电视机前的观众清楚地听到了枪响。奥斯瓦德在 1 小时后死亡，他被枪击的地方距离肯尼迪总统丧命处仅有 3 米。

图 12－9 摄影师罗伯特·杰克逊（Robert Jackson）拍摄的奥斯瓦德被枪击（获 1964 年普利策摄影奖）

11 月 25 日下午，电视直播了肯尼迪葬礼。依据尼尔森的统计数据，当时有 4 100

①② 埃默里 M，埃默里 E，罗伯茨．美国新闻史：大众传播媒介解释史：第 9 版［M］．展江，译．北京：中国人民大学出版社，2009：414.

多万台电视机同时收看，创下了历史最高纪录。电视画面中，在阿灵顿国家公墓上空，军用飞机从空中掠过，一架飞机从编队中消失，象征着总统的离去。[①] 肯尼迪短暂而又辉煌的政治生涯始于电视直播，也终于电视直播，因此被后人称为“电视总统”。

三　福克斯广播公司、美国有线电视网和独立电视网的崛起

1962 年 7 月 10 日，世界上第一颗通信卫星“电信一号”（Telstar - I）发射升空，电视节目从此可以进行洲际传播，“全球一村”的格局开始形成。传播技术的完善使电视由娱乐至上的媒介变为新闻为王的媒介，电视走向全面繁荣。在美国，三大广播网的垄断地位逐渐遭遇其他广播公司的挑战；在英国，英国广播公司的垄断地位也面临威胁。

（一）福克斯广播公司

1986 年 10 月，媒体大亨鲁珀特·默多克（Rupert Murdoch）和巴里·迪勒（Barry Diller）创办了福克斯广播公司（Fox Broadcasting Company），它经常被称为美国的“第四广播网”。为了与老牌的三大广播公司竞争，福克斯从成立之初就将自己的目标受众锁定为 18～49 岁的年轻观众，播出《艾莉的异想世界》（Ally McBeal）、《五口之家》（Party of Five）、《比弗利山庄 90210》（Beverly Hills，90210）等校园、爱情轻喜剧。福克斯还瞄准非洲裔美国人，播出幽默喜剧《活色生香》（In Living Color）等。[②]

在处理与附属台之间的关系方面，福克斯广播公司给予附属台更多的自主权。当时三大广播公司周一至周六每晚设置 3 小时黄金时段，周日设置 4 小时黄金时段，而福克斯广播公司周一至周六每晚的黄金时段仅为 2 小时，周日 3 小时，把晚间 10 点档空出来，让附属台在这个时段播出本地新闻。每日早晚时段福克斯广播公司不播全国性新闻，日间节目也没有统一的安排，附属台可以播出自制节目或购买辛迪加节目（syndicate）[③]。20 世纪 90 年代中期，福克斯广播公司凭借自身的社会影响力证明了其“第四广播网”的地位。

---

① 埃默里 M，埃默里 E，罗伯茨．美国新闻史：大众传播媒介解释史：第 9 版［M］．展江，译．北京：中国人民大学出版社，2009：415.

② 同①505.

③ 辛迪加（syndicate）是一个节目分销系统，节目分销商会把同一个新节目的播出权卖给不同的电视台，以“一稿多投”的方式扩大节目影响力。

（二）美国有线电视网

1980年6月，特德·特纳（Ted Turner）在美国佐治亚州亚特兰大市创建了美国有线电视网（Cable News Network，CNN）。在这之前，特纳曾开办过卫星传送业务，利用卫星向有线电视台传送体育节目和影片重播。

CNN是美国第一家24小时电视新闻网，内容包括每小时一次的新闻综述、重头的体育和商业报道、专题新闻和贯穿全天的就各种主题展开的长时间访谈。① 开播之初，CNN一度因为缺乏资源和主播播音失误而被外界戏称为"鸡汤面电视网"（Chicken Noodle Network）。不到一年，发生在首都华盛顿的总统遇刺事件令CNN崭露头角。1981年3月30日，美国总统里根（Ronald Reagan）在华盛顿希尔顿酒店参加午餐会并发表演讲，离开酒店时遭遇枪击，当天直播里根讲话的CNN第一时间报道了这条新闻。

CNN在国际新闻舞台大放光彩是在1991年初的海湾战争期间。1990年8月，伊拉克军队入侵科威特，以美国为首的多国部队在取得联合国授权后，于1991年1月17日凌晨开始对科威特和伊拉克境内的伊拉克军队发动军事进攻。军事行动开始前，出于安全考虑，大部分报道战争的国际记者都被要求撤出伊拉克，CNN特派记者伯纳德·肖（Bernard Shaw）、约翰·霍利曼（John Holliman）、彼得·阿内特（Peter Arnett）和团队成员选择留在巴格达继续跟进战事。多国部队轰炸行动开始后的几小时内，CNN成了从伊拉克境内向外界发出最新消息的唯一媒体。

1991年1月16日战事开始时，身处巴格达的伯纳德·肖通过CNN向世界报道：

> 这是伯纳德·肖。外面已经开始行动了……彼得·阿内特，快过来。让我们一起向观众描述我们所看到的……巴格达上空的天空已经被照亮了……我们看到明亮的闪光灯在天空中飞逝。

在最开始的现场报道中，由于没有现场图像，CNN的电视画面上出现的是地图和特派记者的照片（见图12-10），同时播出与特派记者的电话连线。这一幕令人想起了二战时期爱德华·默罗在伦敦大轰炸期间发回的"这里是伦敦"广播现场报道。

CNN发自巴格达的最新战事新闻吸引了全世界的关注。整个中东的外交家和将军

---

① 埃默里M，埃默里E，罗伯茨．美国新闻史：大众传播媒介解释史：第9版［M］．展江，译．北京：中国人民大学出版社，2009：503.

图 12－10　海湾战争期间 CNN 特派记者发自巴格达的现场报道

们，以及美国五角大楼，都在收看 CNN 的最新报道。最高的赞赏来自 NBC 的晚间新闻主播汤姆·布罗考（Tom Brokaw），他在海湾战争开始的第一个晚上就把 CNN 在巴格达的报道团队介绍给了他的观众。在播放了 CNN 的录像并同伯纳德·肖通话以后，布罗考说："美国有线电视网过去被称为小电视网，它现在不再是了。"①

CNN 把新闻变成了正在发生的事情。美国学者们后来用"CNN 效应"（CNN Effect）这个词来形容 CNN 式的 24 小时实时新闻报道对美国政府对外决策的重要影响。

（三）独立电视网

英国广播公司在电视领域的垄断地位在 1954 年被打破，那年《1954 年电视法案》出台，英国政府开始允许民众开办商业电视台。该法案提出了独立电视网（Independent Television Network，ITV）理念，认为独立电视应该是一个区域性系统，每个特定地区都分设商业电视频道，而且由一个单独的承包商负责该地区的电视播放。英国被分为 14 个地区，所有的独立电视公司共同拥有一个中央新闻服务公司（Independent Television News，ITN），其负责提供国内和国际新闻。每个中央新闻服务公司的所有者单独与独立电视签订合同，以获准在自己的区域播放节目。②

对于是否要在英国开办商业电视台，英国不同政党之间一直存在不同的声音。出

---

① 埃默里 M，埃默里 E，罗伯茨．美国新闻史：大众传播媒介解释史：第 9 版［M］．展江，译．北京：中国人民大学出版社，2009：504.

② 威廉姆斯．一天给我一桩谋杀案：英国大众传播史［M］．刘琛，译．上海：上海人民出版社，2008：220.

于平衡与规制的目的，《1954 年电视法案》出台后的第 4 天，独立电视管理局（Independent Television Authority，ITA）成立，专门负责确定独立电视网电视发射设备的选址、建造和运营，确定特许经营区域并为每个区域性商业广播公司授予特许经营权，机构成员由政府任命。

相较于美国的商业广播网，英国的独立电视网更像是商业电视与公共电视的结合体。在《1954 年电视法案》出台之前，英国国内对美国商业电视台在 1953 年转播英国女王伊丽莎白二世加冕典礼时插播广告的行为表示不满，因此在规制英国商业电视台发展方面，《1954 年电视法案》明确提出避免出现美国商业电视的“庸俗化”现象：禁止将节目与广告商及其产品直接挂钩；明确限制商业电视台播放的广告数量，最高上限是每小时 6 分钟广告；广告必须在节目之间播放，不许插播。①

面临诸多限制的独立电视网最初发展缓慢，独立电视网因此采取了几项发展策略，比如采用更加个人化的新闻播报方式、引入更加大众化的娱乐节目，以及引入报纸、杂志、剧团等其他传媒行业资源。尤其值得一提的是，面对严苛的广告播放限制，独立电视网旗下的多家公司推出《购物者指南》（*Shopper's Guides*）等广告杂志节目，模糊了电视节目与广告之间的界线，在整个节目中推销产品，而节目本身不属于法案所限制的每小时 6 分钟广告范畴。独立电视网通过此举打开了广告市场，也赢得了更多电视观众。1957 年底，几乎有 75%的英国电视观众收看独立电视频道，而同期 BBC 的观众数量下降了 28%。②

自 20 世纪 60 年代开始，英国电视业的双头垄断局面形成。

第三节 20 世纪末的“解除管制”

20 世纪七八十年代开始，英国政府和美国政府积极推行新自由主义政策，强调自由市场的机制，反对政府对国内经济的干预、对商业行为和财产权的管制。具体到媒体领域，则是取缔了对媒体所有权的限制，全面引入市场竞争。“解除管制”政策改变了英美两国原有的媒体格局。

---

① 威廉姆斯．一天给我一桩谋杀案：英国大众传播史［M］．刘琛，译．上海：上海人民出版社，2008：220.

② 同①224.

一 英国“双头垄断”局面的打破

1979 年 5 月 4 日，“铁娘子”撒切尔（Margaret Hilda Thatcher，1925—2013）当选英国首相。在她主政的 11 年间，英国政府奉行新自由主义政策，英国广播公司的公共服务属性接连遭遇挑战，商业电视台在英国境内被允许合法经营，英国广播电视行业的生态环境彻底发生了改变。

在撒切尔政府内部，抨击公共服务性广电体制的声音一直存在。这些人认为英国电视掌握在一个公共垄断公司和许多地区私营公司手中，因此呼吁解除对广播电视行业的管制，这背后当然也有广告行业的助推。为了协商 BBC 新的收视费模式，1985 年 3 月，撒切尔政府成立了由经济学家阿兰·皮考克（Alan Peacock）领导的委员会，1986 年 5 月，该委员会公布了《皮考克报告》(Peacock Report)。从内容来看，这是一份充满自相矛盾观点的报告。报告一方面认为，在当前市场条件下公共广播服务系统是确保节目多样性的最佳手段，在 1996 年更新许可证之前，应该保留 BBC 现有的收费和经营模式。另一方面，报告指出英国广电行业需要从强调公共服务向以盈利和商业服务为中心转型。正如有些评价所言：“该报告播下了广播电视行业市场化的种子，这与当时盛行的出版市场化主张是相似的。”①

语焉不详、观点不明确的《皮考克报告》未能令希望通过播放广告来解决 BBC 资金问题的撒切尔夫人满意。1987 年，撒切尔夫人赢得第三任期大选，1988 年 11 月撒切尔政府亲自起草了《广播电视白皮书》(*The Broadcasting White Paper*)，提出了对 90 年代英国广电行业发展的基本主张，即继续放松对有线电视、卫星电视和广播电台的管制。英国议会在此基础上通过了《1990 年广播电视法案》（The Broadcasting Act 1990），最终决定通过促进竞争来放宽对英国广电行业的管制。《1990 年广播电视法案》直接导致独立电视管理局被撤销，代之以独立电视委员会（Independent Broadcasting Authority）和广播事务管理局（Radio Authority），这标志着 BBC 和 ITV 双头垄断局面的终止。依据法案，各个商业电视台在设备和业务上可以独立运行，特许经营权通过竞标方式授予，竞标者的财务计划与节目报告由独立电视委员会评估。

---

① 威廉姆斯．一天给我一桩谋杀案：英国大众传播史［M］．刘琛，译．上海：上海人民出版社，2008：248.

《1990 年广播电视法案》允许开设三家独立的全国性广播电台，同时要求 BBC 至少有 25%的电视节目要从独立制作公司购买。1995 年底，政府公布了 BBC 新的许可证内容，其中有两点与过去迥然不同：第一，允许 BBC 既具有商业性，又是一个公共服务性的广播机构。它有权提供“由广告、订户费、赞助商和按次付费点播电视（pay-per-view）系统赞助的服务，或者享受其他形式的资助”。第二，增加董事会的任命权，不仅是总经理，还有管理委员会的所有其他成员，以及英国广播公司里的其他重要任命。总经理不再独自负责任命管理委员会，他只能提出建议。不过，政府仍然独享对董事的挑选特权。① 很明显，公共服务属性的 BBC 在改革中增加了对市场力量的依赖，同时降低了独立性。

二 美国《1996 年电信法》

1996 年 2 月，美国总统克林顿（William Jefferson Clinton，1946— ）签署了《1996 年电信法》(The Telecommunications Act of 1996)，旨在通过消除监管准入壁垒来开放竞争市场：“提供有利于竞争的、解除管制的国家政策框架，通过开放所有电信市场竞争，加速私有领域对先进信息技术和服务的快速部署，为所有美国人提供服务。”②

《1996 年电信法》是对《1934 年通讯法》的全面修订，其几乎将美国电信业的所有领域推向了竞争。《1996 年电信法》有两大特点：第一，放宽了对广播、电视台所有制的限制，例如，废除了以往一个广播公司最多只能拥有 12 家电视台的数量限制，允许业主在一个市场内同时拥有广播电台、电视台，及同时拥有无线电视网和有线电视系统，并将广播电视执照的拥有期限从以往的 7 年、5 年一律延长到 8 年。第二，打破了媒介种类的限制，允许电话公司参与有线电视市场的节目竞争，促进电话行业和有线电视之间的相互渗透与合作。③

政府监管政策的松动直接导致的是媒体所有权的加速集中化，大型跨媒介、跨国媒体集团涌现。

---

① 威廉姆斯．一天给我一桩谋杀案：英国大众传播史［M]．刘琛，译．上海：上海人民出版社，2008：260.

② Telecommunications Act of 1996［EB/OL]．(1996－01－31)［2021－07－30]．https://www.congress.gov/congressional-report/104th-congress/house-report/458/1.

③ 郭镇之．北美传播研究［M]．北京：北京广播学院出版社，1997：170.

截至 2002 年底，世界十大媒体集团为：

美国在线-时代华纳（美国）、迪士尼/美国广播公司（美国）、通用电气公司/全国广播公司（美国）、维亚康姆/哥伦比亚广播公司（美国）、新闻集团（美国）、维旺迪（法国）、索尼（日本）、贝塔斯曼（德国）、美国电话电报公司（美国）、自由媒体公司（美国）。

《1996 年电信法》表面上鼓励开发新的电信技术，声称通过引入竞争和减少管制让消费者以较低的价格获得较优的服务，但是自该法案出台起，对其内容的批判声从未停止过。60 多年前，美国国会通过《1934 年通讯法》，设立联邦通讯委员会，加大对无线电广播的监管，这一举措被视为违背了保护言论自由的美国宪法第一修正案的核心精神。《1996 年电信法》实际导致了大规模的媒体跨媒介、跨国并购，媒体集团规模越来越大，盈利能力越来越强，影响力也愈加巨大，但造成的直接后果是媒体所有权逐渐落入少数媒体巨头手中，这违背了无线电资源、电信资源等作为公共资源的本质，更是对美国宪法第一修正案核心精神的侵蚀。诚如美国批判学者罗伯特·W. 麦克切斯尼（Robert W. McChesney）所言，媒体集团的唯利是图必然导致新闻和公共讨论的消失，“对民主而言，这是一剂毒药”。

【推荐阅读】

[1] 埃默里 M，埃默里 E，罗伯茨．美国新闻史：大众传播媒介解释史：第 9 版 [M]．展江，译．北京：中国人民大学出版社，2009.

[2] 麦克布赖德．多种声音，一个世界 [M]．北京：中国对外翻译出版公司，1981.

[3] 斯蒂芬斯．新闻的历史：第 3 版 [M]．陈继静，译．北京：北京大学出版社，2014.

[4] 李彬．全球新闻传播史（公元 1500—2000 年）[M]．2 版．北京：清华大学出版社，2009.

[5] 赵水福，郭北平．国际广播概况 [J]．国际新闻界，1986（4）：27.

【思考题】

1. 英国广播公司（BBC）的创办背景、创办过程，及其公营性质特点。
2. 请解释“炉边谈话”的内涵，谈谈你对广播作用的理解。
3. 谈谈你对欧美主要国家 20 世纪末“解除管制”的理解。

【关键词】

史蒂文森 Adlai E. Stevenson
美国广播公司 American Broadcasting Company
巴里・迪勒 Barry Diller
伯纳德・肖 Bernard Shaw
英国广播公司 British Broadcasting Corporation
美国有线电视网 Cable News Network
戴高乐 Charles de Gaulle
效应 CNN Effect CNN
哥伦比亚广播公司 Columbia Broadcasting System
戴维・萨尔诺夫 David Sarnoff
艾森豪威尔 Dwight D. Eisenhower
爱德华・默罗 Edward R. Murrow
埃米尔・吉拉尔多 Émile Girardeau
福斯 Ernst Ludwig Voss
美国联邦通信委员会 Federal Communication Commission
炉边谈话 fireside chats
福克斯广播公司 Fox Broadcasting Company
富兰克林・罗斯福 Franklin D. Roosevelt
乔治・奥威尔 George Orwell
古列尔莫・马可尼 Guglielmo Marconi
霍华德・史密斯 Howard Smith
独立电视网 Independent Television Network
杰克・鲁比 Jack Ruby
约翰・邓宁 John Dunning
约翰・肯尼迪 John F. Kennedy
约翰・霍利曼 John Holliman
约翰・里思 John Reith
李・德・福雷斯特 Lee de Forest
李・哈维・奥斯瓦德 Lee Harvey Oswald
撒切尔 Margaret Hilda Thatcher
梅里曼・史密斯 Merriman Smith
全国广播公司 National Broadcasting Company

彼得·阿内特 Peter Arnett
查德·尼克松 Richard Nixon
里根 Ronald Reagan
特德·特纳 Ted Turner
公共服务广播 Public Service Broadcaster
罗伯特·麦克切斯尼 Robert W. McChesney
鲁珀特·默多克 Rupert Murdoch
《1990 年广播电视法案》The Broadcasting Act 1990
《广播电视白皮书》*The Broadcasting White Paper*
《1996 年电信法》The Telecommunications Act of 1996
汤姆·布罗考 Tom Brokaw
克林顿 William Jefferson Clinton
美国之音 Voice of America
威廉·佩利 William S. Paley

第十三章

新闻客观性

【本章学习要点】

1. 了解新闻客观性产生的时代背景。

2. 理解并掌握新闻客观性确立的原因。

3. 理解并掌握新闻客观性的基本内涵，了解新闻客观性所受的争议及其攻而不倒的原因。

第一节 新闻客观性的产生与确立

客观性（objectivity）是新闻学的一个重要问题，同时也是面对最多质疑的一个新闻学理论问题。如果将新闻客观性问题还原至它所根植的报业实践中进行考察，那么我们对于这个问题的认识与理解就会更加全面与客观。

一 新闻客观性的产生

新闻业的客观性实践远早于客观性理念的提出。1702 年，英国第一份日报《每日新闻》的创办人伊丽莎白·马利特在创刊时就声称：公平公正地报道新闻，不会发表任何评论或推测，只报道事实；相信读者有足够的理智为自己做出反思。尽管马利特没有直接使用“客观性”这个词，但其表达的报道理念与后来的客观性理念相近。

客观性理念最初出现于19世纪中叶欧美主要国家政党报刊向商业报刊转变的报业实践中。作为“观点纸”的政党报刊向“新闻纸”的商业报刊转变时，最根本的变化是党派观点不再成为报刊报道的重点；同时，商业报刊为了能迎合更大范围的读者群体，扩大销量，进而增加广告收入，开始选择报道揭露社会现实的事实，尽管便士报时期充斥着耸人听闻的事实。19世纪30年代，美国三大便士报之一的《纽约先驱报》创办人詹姆斯·戈登·贝内特在报纸创刊号上明确宣布：《纽约先驱报》将是一份面向所有人的报纸。和其他大部分报纸不同，《纽约先驱报》拒绝支持任何政党的立场，尽可能简短、客观地报道事实。19世纪70年代，购入《圣路易快邮报》的约瑟夫·普利策宣称：本报只为人民服务，不做党派喉舌……对不论在何地发生的何种欺骗和虚假行为都一律反对；本报宣扬的是（公正的）原则和思想，而非歧视和党派的偏见。这一时期，报业的客观性实践具体表现为：报道事实，拒绝鼓吹党派观点；通过强调服务社会公共利益赢得广泛的读者，从而赢得广告收入。一些报刊之所以采用这种将事实与观点分开、采用不偏不倚报道立场的做法，主要原因是使自己与政党报刊划清界限。

几乎是在同一时期，美国早期新闻专业教材也开始教授将事实与观点分开的方法。1867年出版的《哈尼创作指南》（*Haney's Guide to Authorship*）写道：新闻写作方法所应注意的远远不止不偏不倚，还要注意不应该有评论，不应站在党派立场，应该罗列事实但不能插入意见，应该公正、忠实报道新闻，把个人观点放到报纸的其他部分等。之所以如此，是因为“报纸像卖鞋子和外套一样必须适合消费者的观点和期待”。1872年出版的《年轻编辑指南》（*Hints to Young Editors*）明确提出：所有的新闻要严格作为新闻来对待，即要和社论意见区分开，应该以毫无遮掩的公正来写每一条新闻，用最清晰、最简洁的方式来记录事实。1890年，被誉为第一本真正学院风格的新闻学著作《新闻学入门》（*Steps into Journalism*）深入讨论了倒金字塔结构及不党（non-partisanship）、不偏（detachment）、据实（a reliance on observable）和平衡（balance）等理念，指出记者应当避免对任何事情的任何观点及任何政治的、信仰的和社会的偏见，尤其是个人情感。“新闻和社论分开”是“现代新闻业精神”的要求，两者的混合就像国家和教堂不分一样危险。[①] 1902年，约瑟夫·普利策筹办哥伦比亚大学

① 黄旦．传者图像：新闻专业主义的建构与消解［M］．上海：复旦大学出版社，2005：72-73.

新闻学院，在谈到新闻教育理念时，他指出新闻教育应强调正确与可靠的报道，应训练学生把事实与意见区分开来。

19 世纪媒介与传播技术的发展也促成了客观性理念的产生。1839 年法国画家达盖尔（Louis-Jacques-Mandé Daguerre）发明的银版照相法及其应用，使人们相信眼见为实，增强了人们对外部事物可以被准确反映的照相式复制理念的信心。19 世纪 40 年代，随着电报的发明和欧美通讯社的创办，尤其是美联社的前身港口新闻社的诞生，一种中立的、不偏不倚的新闻写作方式开始出现。这个时期的新闻工作者普遍认为，只要发掘事实并把它们按照一定的顺序组合，事实真相自然就会浮现。美国南北战争时期出现的倒金字塔结构更坚定了新闻工作者的这一信念，认为这种把事实按照重要程度依次递减的新闻写作方式，可以为公众客观地呈现事实。此外，19 世纪中后期盛行的科学实证主义思潮为客观性理念增添了理论依据。《纽约先驱报》的创办人詹姆斯·戈登·贝内特就曾在 1840 年提到，他对报业的基本信念是真理、公众信心和科学，并将用其对抗虚假、欺诈和无知。

新闻业的客观性理念产生于欧美主要国家的便士报时期，这一时期的新闻工作和新闻教育主要强调在具体新闻操作层面做到将事实与观点分开，这样做的目的在于体现与政党报刊之间的区别，同时为新闻工作者提供一种基于朴素经验主义的写作规范，让新闻工作者成为一种具有某种行为模式的独特的职业。此时，作为职业理念或理想层面的新闻客观性尚未形成。

二 新闻客观性的确立

如果说实践层面的新闻客观性建立于朴素的经验主义之上，那么理念或理想层面的新闻客观性的提出和确立恰是对第一次世界大战时期的战时宣传兴起和战后公关行业发展做出的应激反应。

第一次世界大战期间，许多国家拨付专门款项设立宣传机构，战时宣传兴起。1917 年，美国参战后不久，威尔逊总统就设立了公共信息委员会（Committee on Public Information），由陆、海军部长，国务卿，以及有揭露丑闻专长的编辑乔治·克里尔（George Creel）组成，并由克里尔负责该委员会。公共信息委员会根据美国总统行政命令而组建，经费来源于拨给总统用于国防总动员的资金，既搞国内宣传，也负责海外宣传。委员会聘用了很多记者，撰写、收集和散播大量有利于美国战事的消息，总共发出6 000篇新闻稿。在国内宣传中，公共信息委员会采用“四分钟发言人”(Four Minute Men)形式，雇用了7.5万名志愿者到电影院等公共场所，围绕美国在一战中的战绩发表演说，目的是让美国人民支持美国参战。据统计，在18个月内，“四分钟发言人”的听众规模达到了1 100万。同时，委员会还找来童子军，挨家挨户派发威尔逊的演讲。[①] 在英国，由报业大亨北岩勋爵(Lord Northcliffe)负责的宣传政策委员会(Propaganda Policy Committee)在1918年成立，统一协调英国的宣传工作。英国的宣传资金主要来自政府为“女王陛下的外交和其他秘密情报机构”提供的补给拨款。[②]

一战期间，许多记者也直接加入国家宣传。美国的很多新闻工作者在海内外充当了美国宣传机器的代言人。比如，《芝加哥论坛报》执行总编和《芝加哥先驱报》发行人詹姆斯·基利(James Keeley)在盟国宣传委员会中担任美国代表，沃尔特·李普曼(Walter Lippmann)有一段时间是军事情报上尉，负责美国驻巴黎宣传部门的编辑工作，查尔斯·梅尔兹(Charles Merz)在就任《纽约时报》社论版主编之前，曾任情报中尉，和李普曼共事。[③] 英国的许多报纸主编和报业主，比如《快报》《泰晤士报》《每日邮报》《晚邮报》和《纪事报》等的主编，都被要求在英国宣传机构中任职。法国则向海外派遣高级专员补充对外宣传，新闻使团在国外公使馆派驻有他们的代表。[④]

一战宣传的成功(图13-1展示了一幅一战时期美国著名的征兵宣传海报)直接推动了战后公共关系行业的发展。在美国，红十字会、救世军(Salvation Army)和基督教青年会公益金(Y. M. C. A Community Chests)都按照战时模式组织了公关宣传。据称，到1920年，华盛顿几乎有1 000个“宣传处”，它们都是在战时模式的基础上建立起来的。[⑤] 战时宣传的很多手法都被商业领域习得，被创造性地应用于市场领域；公关行业及其培植的代理人大量“入侵”新闻业，使得新闻业的“事实”信条岌岌可危。根据塞拉斯·本特(Silas Bent)的统计，1926年12月29日《纽约时报》

图13-1 一战时期美国的宣传画

---

① 舒德森．发掘新闻：美国报业的社会史[M]．陈昌凤，常江，译．北京：北京大学出版社，2009：127-128.

② 拉斯韦尔．世界大战中的宣传技巧[M]．张洁，田青，译．展江，校．北京：中国人民大学出版社，2003：30，44.

③ 同①127.

④ 同②31-32，35.

⑤ 同①128.

的 255 篇报道中至少有 147 篇由报业代理起草，1926 年 1 月 14 日那一期的 162 篇报道中有 75 篇也是如此。《财富》（*Fortune*）和《生活》（*Life*）杂志的老编辑约翰·杰瑟普（John Jessup）回忆说，他在 20 世纪 30 年代初为汤普森（J. Walter Thompson）打工时，从别人那里听说《纽约时报》有 60%左右的文章由报业代理拟写初稿，当时不由得大吃一惊。政治学家彼得·奥德加德（Peter Odegard）1930 年曾估计，当时的报刊中一半左右的新闻报道来自公关稿件。①

战时宣传和战后公关行业的发展日渐击毁了新闻业刚刚建立不久的"事实"信条，在此背景之下，作为职业道德准则的新闻客观性终于在 20 世纪 20 年代粉墨登场。1920 年，李普曼明确提出，对于新闻工作者的训练，一定要以"客观见证的理想"（the ideal of objective testimony）为主，这使得客观性理念不但得以见诸文字讨论，并且正式进入教育的殿堂。此后，不信任消息来源成为报道训练的焦点；分辨事实与价值，也成为新闻的专业标记。② 1923 年，美国报纸编辑协会（American Society of News Editors，ASNE）订立专业原则时，"客观性原则"已经基本得到美国新闻业界的普遍认可。在 1924 年出版的克劳弗德（Nelson Antrim Crawford）撰写的《新闻伦理》（*Ethics of Journalism*）中，第一次明确地给"客观报道"做了界定。

在新闻业界，为了应对战时宣传与公关行业对新闻业的影响，署名的新闻报道越来越多，媒体公开承认新闻报道有主观成分。比如，在 20 世纪 20 年代初，《纽约时报》头版还罕有署名栏，署名栏一般只给驻外特派记者使用，而且只有用第一人称写作时才会出现。但到了 30 年代，美国国内记者也开始使用署名栏。美联社第一篇附署名栏的新闻稿诞生于 1925 年，当时还被认为是特殊情况，但几年之后，美联社的稿件署名就很平常了。③

诚如迈克尔·舒德森（Michael Schudson）所言，新闻客观性的崛起"与其说是因为天真经验主义和对事实的盲从，还不如说是对怀疑主义的回击。它最终表达的不是对事实的信任，而是声明为一个连事实都不能相信的世界设计了一个方法"④。也就是说，新闻客观性的确立不是因为人类认为自己能够客观的天真想法，而恰恰是因为认识到自己不能客观。战时宣传与战后公共关系行业的联袂出场，给予事实与观点分开、

① 舒德森．发掘新闻：美国报业的社会史［M］．陈昌凤，常江，译．北京：北京大学出版社，2009：130.

② 彭家发．新闻客观性原理［M］．台北：三民书局，1994：27－28.

③ 同①130.

④ 同①110.

不偏不倚报道等新闻报道规则致命一击。已经拥有自己独特工作方式、规则和职业文化的新闻业为了在怀疑声中确保自己的合法性，寻找出路，终于打出了“新闻客观性”的旗号。为此，新闻工作者建立起一整套检验信息的方法——将所有证据公之于众，从而保证个人的和文化的偏见不会损害新闻报道的准确性。可以说，新闻客观性是一种价值观，一种道德上的承诺，也是一种方法。新闻客观性并非一种产品，而是一种行为模式，实现新闻客观性的关键在于规范和约束生产方式。

第二节 新闻客观性的内涵与争论

新闻客观性产生于特定的历史、政治、技术和媒体文化土壤之中，新闻客观性既是一种职业理念，也是一种报道方式。尽管新闻客观性自提出以来就面临诸多诘难，但不可否认的是，新闻客观性作为一种新闻职业的追求，一种评判新闻工作水平的标准，虽不完美，却是一个可行的规定原则。

一 新闻客观性的内涵

依据韦氏词典，客观性是公开的或者主体间可观察的、可验证的，尤其是可通过科学方法进行证实的……它独立于个人的理解和感知之外……它的本质是用理性的头脑确保事实真实和有效……在表达和概括事实时避免由个人感觉和偏见造成的曲解。[①] 新闻客观性是由理想、原则和写作实践构成的一种体制，贯穿于整个新闻生产过程。新闻客观性包含职业层面的“客观性规范”和写作层面的“客观报道”，客观报道的规范是客观专业理念的必然要求，客观专业理念需要通过具体的写作要求来体现。

具体而言，新闻客观性涵盖了三个层面的内容：第一，宏观层次的道德理想（a moral ideal）；第二，中观层次的报道与编辑的原则（a set of reporting and editing practices）；第三，微观层次的新闻写作样式（a pattern of news writing）。[②]

在道德理想层面，新闻客观性是指一种新闻从业者自觉追求的专业理念和守则，

① Webster's Third New International Dictionary［M］. Springfield，MA：Merriam-Webster，Inc.，1993：1556.

② SCHUDSON M. The Objectivity Norm in American Journalism［J］. Journalism，2001，2（2）：149.

即要向公众客观地、不带偏见地报道事实，而且相信能够把事实和价值区分开来。中观和微观层面的新闻客观性指的是作为一种报道方式的客观性，其内涵包括：

第一，新闻工作者在搜集和呈现（报道）新闻时，以事实为主；无偏私，也无党派立场，展现的是正确、真实的报道。

第二，对于新闻事件，新闻从业者除了只愿作为“公平的证人”的角色外，不做他想；平衡、平均地处理一个论题的各方意见是不变的原则。

第三，新闻工作不受自己成见或念头左右，也将个人态度或者个人涉入（involvement）减至最少。

第四，新闻工作不受个人情绪影响，将事实与意见分开处理。

第五，不在讯息中灌注个人意见或判断，但尽量提供所有主要的相关观点。

第六，所提供的资讯，都属中立而又非评论性；避免存有扭曲、仇怨，或者误导他人的目的。

第七，所提供的讯息，是各项可查证事实的总和。①

二 新闻客观性的争论

对于新闻客观性的争论，主要表现在以下几点。

第一，任何新闻业都依赖于一定的政治制度，不可能不受其影响。比如，美国学者赫伯特·甘斯（Herbert Gans）就做过统计：在20世纪60—70年代美国媒体报道的新闻中，主角大多是知名人士，最为常见的是总统、总统候选人、联邦官员和各级政府官员。② 这充分表明，在新闻媒体自以为“客观”的新闻中，政府或社会权势阶层是主要的消息来源，这意味着新闻媒体认同并依附于社会权力。

第二，任何新闻机构都有特定的组织结构与文化，新闻生产不可能不受其影响。发行量、收视率、广告等商业考量直接影响媒体所有者对于报道内容的选择；新闻编辑部的既有规则和决策流程也会影响报道倾向。

第三，新闻工作者自身无法做到完全超然于新闻报道之外、没有偏见、没有观点而且无所不知。新闻工作者总是成长和生活于特定的政治、社会和文化环境当中，在

① 彭家发．新闻客观性原理［M］．台北：三民书局，1994：41.

② 黄旦．传者图像：新闻专业主义的建构与消解［M］．上海：复旦大学出版社，2005：95.

从事新闻报道工作之前，他们认识问题的方式和思维习惯已经存在，因此新闻工作者的个人阅历和价值观念必然会不自觉地渗透进新闻报道当中。况且，有些事实本身就体现了一定的立场和观点。

第四，对于新闻接收者来说，每天面对新闻媒体提供的海量事实，人们各自形成了自己的辨别和选择标准，尽管新闻工作者遵循客观性理念进行新闻报道，但仍然无法令每个新闻接收者都感到“客观”。新闻工作者的报道与新闻接收者的要求之间存在偏差。

三 新闻客观性为何攻而不倒？

20 世纪 60—70 年代，新闻客观性遭到了最猛烈的攻击，一些新的新闻报道样式开始出现，并宣称比传统的新闻客观性更加客观。比如，借用文学手法进行新闻写作的新新闻学（new journalism），支持记者在一些特殊事件上违背客观传统的倡导式新闻学（advocacy journalism），揭露社会问题的调查性新闻报道（investigative reporting），将调查研究等社会科学方法作为报道工具的精确新闻学（civic journalism）。新闻客观性似乎成了一个不可能实现的目标。

作为回应，学者菲利普斯（Barbara E. Phillips）基于调查和归纳，明确指出新闻业所强调的客观性区别于社会科学研究所要求的客观：其一，社会科学是通过学术刊物针对特殊的对象传播，而新闻业面对的是各种背景、兴趣和知识程度的“大众”，因此，对于媒介管理者和新闻工作者来说，客观报道是一种明智的策略，以便不冒犯观点与意识形态各异的受众。其二，发掘“新闻背后的新闻”的愿望固然不错，但无论是人力资源还是花费，都远远高于一般报道，而收到的回报未必足够高。同时，美国的绝大多数大众媒介处于垄断地位，压根就没有必要不断改变自己的现有面貌。其三，客观报道也是新闻组织生产，比如时间限制、人力分配、版面分配等的要求。其四，绝大多数新闻工作者是通才（generalist）而不是“专家”，他们无法判断或分辨信源（通常是专家）所提供的内容、意见，尤其是一些复杂事件的真实性，他们不得不述而不作，以客观陈述来避开价值评判。其五，新闻业的工作方式与社会科学完全不同。新闻工作者依赖直觉的、具体的和直接的感受来理解世界，而不是像社会科学家那样，用理论的、概念的框架来系统分析和排列事实，从中抽绎出规律性。新闻工作者更多是通过参与来感知事件，与社会科学研究所需要的那种冷静、超然和边缘背道而驰。

新闻作为一种实践，偏重行动而疏于理论，是通过报道为人提供决策和反应的依据，而不是一种理论知识。这些特点决定了新闻的客观性体现在注重特殊事件，在观念上强调“事实”本身而不是社会“真相”。①

【推荐阅读】

[1] 舒德森. 发掘新闻：美国报业的社会史 [M]. 陈昌凤，常江，译. 北京：北京大学出版社，2009.

[2] 彭家发. 新闻客观性原理 [M]. 台北：三民书局，1994.

[3] 黄旦，孙藜. 新闻客观性三题 [J]. 新闻大学，2005 (2)：10－16.

【思考题】

1. 请简述新闻客观性产生的时代背景与最终确立的原因。
2. 请简述新闻客观性的基本内涵与面临的争论。
3. 选择一篇新闻报道和一篇社会科学研究论文，分别辨析两者在“客观性”上的不同表现。

【关键词】

据实 a reliance on observable

倡导式新闻学 advocacy journalism

平衡 balance

菲利普斯 Barbara E. Phillips

查尔斯・梅尔兹 Charles Merz

精确新闻学 civic journalism

公共信息委员会 Committee on Public Information

不偏 detachment

《新闻伦理》*Ethics of Journalism*

四分钟发言人 Four Minute Men

乔治・克里尔 George Creel

《哈尼创作指南》*Haney's Guide to Authorship*

---

① 黄旦，孙藜. 新闻客观性三题 [J]. 新闻大学，2005 (2)：14.

赫伯特·甘斯 Herbert Gans
汤普森 J. Walter Thompson
约翰·杰瑟普 John Jessup
达盖尔 Louis-Jacques-Mandé Daguerre
克劳弗德 Nelson Antrim Crawford
不党 nonpartisanship
彼得·奥德加德 Peter Odegard
宣传政策委员会 Propaganda Policy Committee
《新闻学入门》*Steps into Journalism*
客观见证的理想 the ideal of objective testimony
沃尔特·李普曼 Walter Lippmann
调查性新闻报道 investigative reporting
詹姆斯·基利 James Keeley
北岩子爵 Lord Northcliffe
迈克尔·舒德森 Michael Schudson
新新闻学 new journalism
客观性 objectivity

第十四章

19 世纪以降的中国新闻史

【本章学习要点】

1. 理解并掌握 19 世纪在华外报对中国新闻业的影响。
2. 理解并掌握清末民初三次国人自办报刊高潮。
3. 了解《申报》和《大公报》的办报过程和办报特点。
4. 了解 20 世纪初中国新闻教育的发端。
5. 理解并掌握《解放日报》改版的背景、过程和意义。
6. 了解改革开放以来中国新闻业的发展特点。

第一节 19 世纪的外报与国人自办报刊

中国报刊的近代化进程与 19 世纪初西方殖民者在全球范围内的扩张行为密切相关，19 世纪来华的外国人在中国出版了一批中外文近代报刊，这些外报客观上推动了近代中文报业的发展。鸦片战争后，基于“救亡”与“自强”的时代背景，国人相继在维新运动、辛亥革命和五四运动三个时期掀起了清末民初的三次办报高潮。

一 19 世纪的外报

中国新闻史上所讲的“外报”，特指 19 世纪来华外国人所创办的中外文近代报刊。

在这些外报中，来华教会和传教士创办的报刊主导着当时的中国报业主流。外国人在华办报贯穿于中国报刊近代化的整个过程，直至1949年中华人民共和国成立，外报才退出中国的历史舞台。

（一）《察世俗每月统记传》

《察世俗每月统记传》（*Chinese Monthly Magazine*）是中国近代历史上最早的一份中文报刊，由英国传教士罗伯特·马礼逊（Robert Morrison，1782—1834）1815年8月5日在马六甲（Malacca，今马来半岛南部）创办，传教士米怜（William Milne，1785—1822）主编。

罗伯特·马礼逊是一名英格兰出生的苏格兰传教士，清嘉庆十二年（1807年）受英国伦敦布道会（London Missionary Society）的派遣来华传教，他是该会派遣到中国的第一位传教士，也是来华传教的第一位基督教新教传教士。马礼逊来华前，伦敦布道会委任他三项主要任务：学会当地语言、编纂词典和将《圣经》译成中文。[①]

1807年1月，马礼逊自伦敦启程前往中国。当时英国东印度公司垄断了从伦敦到广州的航线，但东印度公司为了避免因搭载传教士而得罪禁教的清政府，拒绝马礼逊乘坐该航线，马礼逊只能先绕道美国设法取得美国护照，这样英国东印度公司就无法将他驱离中国。[②] 1807年9月，马礼逊抵达广州，因无法进入中国其他地区而滞留在广州的十三行，并在隐居的一年间苦学中文。1809年，马礼逊被英国东印度公司聘为中文翻译，同时以公司人员身份留居澳门。

马礼逊来华之时，中国禁教已近百年，清朝政府明令禁止口头传教。限于清政府对外国人传教的限制，马礼逊逐渐萌生了印刷中文书籍和传教小册子的想法，并开始采用中国传统木刻书的形式印刷传教图书。至1814年，马礼逊已在广州、澳门两地印刷出版了包括《新约》在内的九种书，这些书籍都是在“最秘密最小心而且不易被追踪到自己”的情况下印刷完成的，他深知自己印刷传教书的行为一旦被中国官府发现，不仅自己会被驱逐出境，协助他的华人也将陷入困境。不久，马礼逊便将印书地点从广州、澳门转移到了马来半岛上的马六甲。[③]

1813年7月，伦敦布道会派遣的第二位基督教传教士米怜抵达澳门，担任马礼逊

① 方汉奇．中国新闻传播史［M］．2版．北京：中国人民大学出版社，2009：42.
② 苏精．铸以代刻：十九世纪中文印刷变局［M］．北京：中华书局，2018：8.
③ 同②7－8.

的助手。米怜来华前并未取得拥有英国对华贸易专利权的东印度公司的同意，按照英国法律他不能来华，澳门的天主教葡萄牙人也不准他在澳门居留，因此米怜接受了马礼逊的建议，1815 年转往马六甲建立布道站并附设印刷所英华书院，以免于中国官府、葡澳当局以及英国东印度公司三方面的威胁与为难，而英华书院需要的中文印刷工匠、纸张和板片等，则由马礼逊在中国雇用和购买后运补南下。早在 1814 年初，马礼逊就有了编印中文期刊的想法。1815 年 4 月，马礼逊和米怜在议定马六甲建设中国布道团的十项工作要点时，在第四项明确提出要创办中文杂志："为兼顾传播一般性与基督教知识，以月刊或其他合适的期刊，于马六甲出版一种小型中文杂志。"①

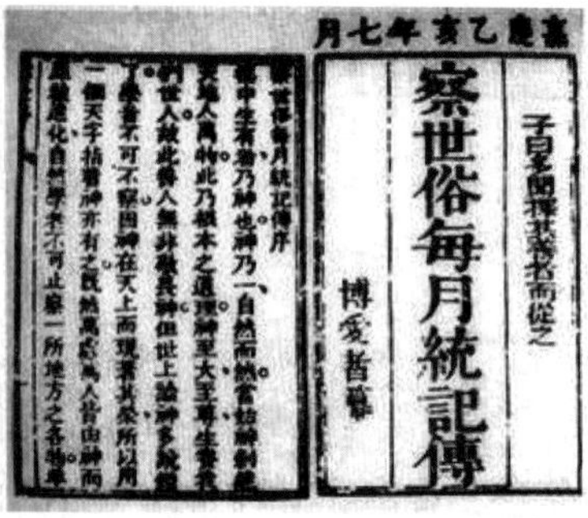
嘉慶乙亥年七月
察世俗每月統記傳
子曰多聞擇其善者而從之
博愛者纂

图 14－1 《察世俗每月统记传》

1815 年 8 月 5 日，中国近代历史上第一份中文报刊《察世俗每月统记传》（见图 14－1）在马六甲创刊，每月出版一期，每期 5 页，每面 8 行，每行 20 字，木刻竹纸印，全年合订一卷，印有全年目录、序文和封面。②

在版式上，《察世俗每月统记传》采用了中国书本样式和大清历法纪年，封面正中用宋体大字刻写《察世俗每月统记传》，左下角署有米怜笔名"博爱者"，每期封面上必印有孔子语录一行："子曰：多闻，择其善者而从之"，迎合并符合中国人的阅读习惯。

在内容上，《察世俗每月统记传》主要涵盖了宗教与伦理、科技、史地、文学、时事、序文告帖等内容，其中宗教与伦理内容超过 85%，注重宣扬宗教与道德。之所以将《察世俗每月统记传》作为中国近代历史上最早的中文报刊，其例证是间或随刊发行的《新闻篇》，内容是包含何人、何时、何地与如何等新闻基本要素的消息。目前仅残存的一篇内容是：

> 上一年（1819 年）发生的四则消息：一，直隶省之寨河水涨成灾；二，南掌国有使臣到中国；三，皇帝住满洲时坠马未伤；四，陕西省西安府南郑县民人张守善因父奸其妻杀死伊父一案。③

在印刷方式上，米怜采用的是中式木刻印刷，最开始工匠只有华人梁发一人，他

① 苏精．马礼逊与中文印刷出版［M］．台北：台湾学生书局，2000：34.
② 方汉奇．中国新闻传播史［M］．2 版．北京：中国人民大学出版社，2009：44.
③ 同①168.

身兼刻工、印工与装钉数职。至1818年8月，印刷所规模扩大，各国籍工匠增加至16人，学徒2人，其中华人至少11人。[①] 值得一提的是，随刊发行的《新闻篇》采用的是铅字中文活字印刷，这是中文报刊与西式印刷术首次产生联系。

《察世俗每月统记传》自创刊开始即采用免费赠阅方式，主要在马六甲和南洋各地发行，每逢广东省县府乡试时被运回国内与宗教书籍一起分送。创刊初期，《察世俗每月统记传》每月印刷500册，3年后增至1 000册，最高发行量达2 000册。1821年12月，因主编米怜病重，《察世俗每月统记传》停刊，共出7卷70多期，累计574页。[②] 1834年8月，马礼逊在广州去世，葬于澳门旧基督教坟场。马礼逊在华27年间，将《圣经》全文翻译成中文并出版，独自编纂了第一本《华英字典》，在广州、澳门与马来半岛的马六甲三地共出版21种中文书。在印刷方面，马礼逊先后采用了木刻板印和手刻活字，引介了石印方式，晚年时期开始尝试铸造金属活字，对西式中文活字印刷技术在中国的应用奠定了基础。

(二)《东西洋考每月统记传》

1833年，《东西洋考每月统记传》(*Eastern Western Monthly Magazine*)[③] 在广州创刊，这是中国境内第一份中文近代报刊，由普鲁士传教士郭士立（Karl Friedrich August Gützlaff，1803—1851）创办，郭士立兼任主编。

清道光七年（1827年），郭士立受荷兰布道会的派遣到东南亚传教，往来于巴达维亚（今雅加达）、新加坡、暹罗和马六甲等地。1829年，郭士立与荷兰布道会脱离了关系，转而同英国来华的传教士、商人和官方人士建立起广泛的联系。早在荷兰学习神学时，郭士立就见过回欧洲休假的英国传教士马礼逊，并由此建立了合作关系。1831年，郭士立开始在中国沿海各地考察，同时散发马礼逊刊印的传教小册子。1835年起，郭士立担任英国驻华商务监督的中文秘书之一；1843年，他开始担任英国驻香港当局的中文秘书，直至1851年在香港逝世。郭士立参与过鸦片贸易，在鸦片战争中担任过英方代表团的翻译，也鼓吹过以武力进攻中国，扮演过极其不光彩的角色。

1833年8月1日，郭士立在广州创办《东西洋考每月统记传》，目的在于强调外国

---

① 苏精．马礼逊与中文印刷出版［M］．台北：台湾学生书局，2000：160.

② 方汉奇．中国新闻传播史［M］．2版．北京：中国人民大学出版社，2009：44.

③ 根据原始刊物记载，《东西洋考每月统记传》和《东西洋考每月统纪传》两种刊名都曾被使用过，现采用其创刊号的用法《东西洋考每月统记传》，并与《察世俗每月统记传》相统一。“统记传”是英文单词“magazine”的对应词，意为“杂志”。

人的友好，宣扬西方科学文化的优越，消除中国人的排外心理。尽管《东西洋考每月统记传》最初由郭士立一人创办，但郭士立本人及这份刊物与西方在华各方力量之间联系的广泛性远超《察世俗每月统记传》。郭士立曾在一篇用英文撰写的办报宗旨中说道："这个月刊是为维护广州和澳门的外国公众利益而开办的。它的出版意图，就是要使中国人认识我们的工艺、科学和道义，从而清除他们那种高傲和排外的观念。刊物不必谈论政治，也不要在任何方面使用粗鲁的语言去激怒他们。这里有一个较为巧妙的表明我们并非'蛮夷'的途径，就是编者采用摆事实的方法，让中国人确信，他们需要向我们学习的东西还是很多的。"①

在版式上，《东西洋考每月统记传》与《察世俗每月统记传》类似，都采用了中国书本样式和大清历法纪年，中式木刻印刷。在现存的 39 期中，33 期封面都载有儒家经典语录，有时甚至在一则新闻的前面，也用儒家语录"开路"，比如其创刊号就刊载了出自《论语》的"人无远虑必有近忧"，署名"爱汉者"即为郭士立（见图 14－2）。

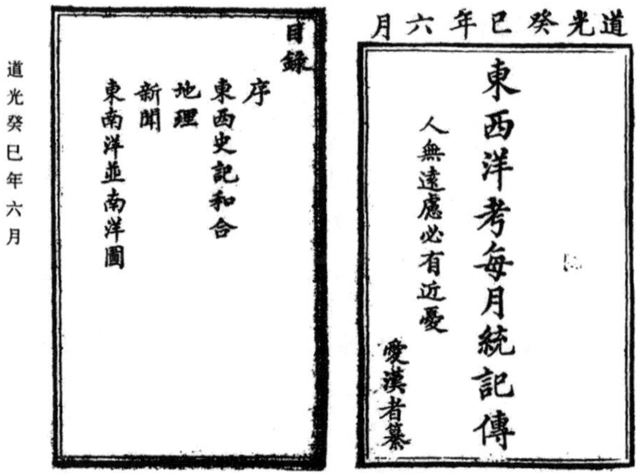
道光癸巳年六月
東西洋考每月統記傳
人無遠慮必有近憂
愛漢者纂

目錄
序
東西史記和合
地理
新聞
東南洋並南洋圖
道光癸巳年六月

图 14－2　《东西洋考每月统记传》

在内容上，《东西洋考每月统记传》削减了宣教的篇幅，更多地介绍了新闻、天文、地理、政治、军事、经济等内容，这些内容被中国最早"睁眼向洋看世界"的一代先进学者，如魏源、梁廷枏、徐继畬等人大量征引，魏源的《海国图志》就大量引用了该刊地理方面的内容。1833 年 12 月，《东西洋考每月统记传》在新闻栏目中发表了《新闻纸略论》一文，这是第一篇用中文撰写的新闻学专业文章，文中简要介绍了西方新闻纸"加西打"［即格塞塔（Gazette）］的产生，以及英美法三国的新闻纸概况：

① 宁树藩．《东西洋考每月统记传》评述［J］．新闻大学，1982（5）：59.

> 在西方各国有最奇之事，乃系新闻纸篇也。此样书纸乃先三百年初出于义打里亚国（意大利），因每张的价是小铜钱一文，小钱一文西方语说“加西打”，故以新闻纸名为“加西打”，即因此意也。后各国照样成此篇纸，致今到处都有之甚多也。唯初系官府自出示之，而国内所有不吉等事不肯引入，之后则各国人人自可告官而能得准印新闻纸，但间有要先送官看各张所载何意，不准理论百官之政事，又有的不须如此各可随自意论诸事，但不犯律法之事也。其新闻纸有每日出一次的，有二日出一次的，有七日出二次的，亦有七日或半月或一月出一次不等的，最多者乃每日出一次的……其每月一次出者，亦有非纪新闻之事，乃论博学之文。于道光七年，在英吉利国核计有此书篇共四百八十多种，在米利坚国有八百余种，在法兰西国有四百九十种也。此三国为至多，而其理论各事更为随意，于例无禁，然别国亦不少也。［癸巳年（1833年）十二月，甲午年（1834年）正月重刊］①

《东西洋考每月统记传》创刊号印刷了600本，后又加印300本。该刊的主要订阅者和支持者是在华的外国侨民，很多中国人也通过不同方式成为该刊读者，但主动订阅者极少。创刊第二年起，该刊被寄往北京、南京和中国其他城市，但没有引起太大的社会反响。1834年5月出版第十期后，该刊因郭士立忙于筹备“在华实用知识传播会”一度休刊，1835年2月在广州复刊，出版六期后又因郭士立工作繁重，再度休刊。之后该刊由“在华实用知识传播会”接办，并于1837年2月在新加坡正式复刊，郭士立和马礼逊的儿子马儒翰（John Robert Morrison）担任该刊编辑。目前所能看到的最后一期出版于1838年9月。②

总体而言，19世纪的在华外报可以鸦片战争为界分为前后两个时期（见表14-1）。鸦片战争之前，清政府对外报控制得很严，外报数量屈指可数。鸦片战争之后，随着中国国门被迫打开，西方传教士、商人接踵而至，外国人在华办报活动日益活跃。

表14-1　19世纪的主要外报

	鸦片战争前	鸦片战争后
报刊属性	以宗教报刊为主	宗教报刊、商业报刊
创办人	以传教士为主	传教士、商人
创办地	澳门、广州、东南亚地区	香港、上海等通商口岸，延伸至内地

①② 爱汉者，等．东西洋考每月统记传［M］．黄时鉴，整理．北京：中华书局，1997：66．

鸦片战争前，一般外国人难以进入中国内地，只能停留在澳门和广州等沿海城市。西方来华传教士的口头传教活动被严令禁止，因此，最早来华的一批传教士分别在澳门、广州和东南亚地区以印刷传教书、小册子的形式进行传教，在这个过程中，他们创办了最早的中文报刊，其内容以宗教、西方科技知识为主。1842 年《南京条约》签订以后，香港岛被割让给英国，中国国门被迫打开，西方来华传教士、商人逐渐深入上海、宁波等地，19 世纪 60 年代以后，又到达京津两地。

鸦片战争后，香港和上海相继成为中国近代报刊兴起与发展的两大基地。1841 年 5 月 1 日，《香港钞报》（*Hongkong Gazette*）成为第一份在香港出版的英文报刊。1853 年 8 月 1 日，香港最早的中文刊物《遐迩贯珍》创刊，该刊由英国传教士麦都思（Walter Henry Medhurst，1796—1857）创办并兼任主编，由迁至香港的英华书院采用铅字活字印刷设备印制。尽管由传教士创办，但《遐迩贯珍》实际上是一份以新闻为主的刊物，宗教宣传内容所占比重很小。香港最早的中文商业报纸孕育自英文商业报纸。1857 年 11 月 3 日，英文报纸《孖刺报》（*Daily Press*）所属的孖刺报馆创办了中国历史上第一份中文商业报纸《香港船头货价纸》，刊登船期、商品价格、商业行情和广告。

上海报业起步于 19 世纪 50 年代，19 世纪 90 年代上海取代香港成为当时中国的报业中心。上海报业的发展因循了澳门、广州和香港报业发展的脉络，也是先有外文报刊，再有中文报刊。1850 年 8 月 3 日创刊的周报《北华捷报》（*North-China Herald*）是上海的第一份英文报刊，1859 年起被英国驻沪领事馆指定为公署文告发布机关，在一定程度上反映英国政府的观点，因而被视为"英国官报"。1857 年 1 月 26 日创刊的月刊《六合丛谈》是上海的第一份中文近代报刊，由英国伦敦布道会传教士伟烈亚力（Alexander Wylie，1815—1887）主编，墨海书馆印行，它是一份综合性的新闻刊物，涵盖宗教宣传、自然科学、商业行情和中外新闻。1861 年 11 月 19 日，北华捷报馆创办了上海最早的中文商业报纸《上海新报》，字林洋行出版。1872 年 4 月 30 日，由英国商人美查（Ernest Major，1830—1908）等四人集资 1 600 两白银创办的《申报》（初名《申江新报》）是上海的第二份中文商业报纸，但《申报》在中国近代新闻史上的地位远超前者。

对于 19 世纪的外报，方汉奇先生的评价较为中肯：首先，外报属于殖民主义的文化侵略，是帝国主义列强的一支方面军，这一点在 19 世纪的历次中外冲突中，特别是中外交战中表现得尤为明显，比如中英战争、中法战争、中日战争等。中外一旦发生冲突和战争，这些外报的立场都非常鲜明，即几乎无一例外地站在列强一边，从而形成对中国极为不利的舆论氛围。其次，19 世纪的外报客观上促进了中西文化的交流。比如《察世俗每月统记传》和《东西洋考每月统记传》在宣传教义的同时介绍了西方的天文地理知识和现代科技，这些都是当时中国人不了解的新知识，对于中国读者具有深刻的启蒙作用。最后，19 世纪的外报推动了近代中文报业的发展，中文的近代报刊无论是办报理念还是具体操作，如编辑、采访、评论、发行等，都与外报有着密切关系。与此同时，外报培养了中国第一代新闻人，比如王韬、钱昕伯，他们正是在外报的办报实践中成长起来的。因此，19 世纪的外报对中国近代报业的产生与发展起到了积极作用。

二 国人自办报刊

西方报业的发展源于商业和贸易的需要，而中国近代报业的缘起则更多是基于“救亡”与“自强”的背景。国人对近代报刊的认识和接触始于禁烟运动时期林则徐的译报活动，1838 年底林则徐被任命为钦差大臣赴广东禁烟，1839 年 3 月抵达广州后他就开始组织人译报，目的在于通过了解在华外报有关政治、军事、贸易等方面的报道，了解西方国家的基本情况，以此制定对策。这些翻译材料后来汇编成《澳门新闻纸》[①]留存下来，但它属于内部传抄的新闻资料，不是严格意义上的报纸。

国人中最早系统提出办报思想的是太平天国的干王洪仁玕。洪仁玕因金田起义逃避清政府抓捕而逃亡香港，停留香港期间，他受洗并认真研习了西方的政治制度与思想文化，1859 年返回天京（今南京）后在《资政新篇》中提出了设立新闻馆、设置新闻官、准卖“新闻篇”（即报纸）等主张。

国人自办报刊的实践始于 19 世纪 70 年代。1873 年 8 月 8 日，艾小梅在汉口创办的日报《昭文新报》是中国人在国内创办的第一份报纸[②]，主要刊登趣事、诗词类的文章，后因销路不畅，出版不到一年便停刊。

在第一批国人自办报刊中，影响力最大的当属早期资产阶级维新派思想家王韬

---

① 《澳门新闻纸》现存六册，所译稿件时间为 1838 年 7 月 23 日至 1840 年 11 月 7 日，另有一篇 1838 年 7 月 16 日的译稿。

② 关于国人在国内创办的第一份报纸，一说为 1872 年在广州出版的《采新实录》（又名《羊城采新实录》），但是这份报纸早已失传，具体情况不可考。

循環日報

《循環日報》

图 14－3 《循环日报》

(1828—1897）在香港创办的《循环日报》（见图 14－3)。王韬初名利宾，学名瀚，字兰卿，一字懒今，江苏苏州人，18 岁考取秀才，后乡试未中，回家教书。1849 年秋，应英国传教士麦都思的邀请，王韬前往上海墨海书馆任麦都思的助手，重新翻译《圣经》。其间，王韬参与了传教士伟烈亚力创办的《六合丛谈》的编辑工作，他是较早接触西方在华办报的一批人。1861 年冬王韬回家探亲，次年 2 月 4 日以“苏福省儒士黄畹”署名上书太平军苏州地方长官出谋划策，后落入清军之手而遭清政府通缉。1862 年 10 月 4 日，王韬在英国领事馆人员的护送下搭乘邮轮“鲁纳”号流亡香港，改名韬，字仲弢。旅居香港期间，王韬受到香港英华书院院长、汉学家理雅各（James Legge）的赏识，协助翻译《中国经典》，相继翻译了《尚书》《诗经》《左传》《礼记》《竹书纪年》等。1867 年理雅各返回苏格兰期间邀请王韬前往欧洲游历，同时王韬继续协助翻译《易经》。1867 年 12 月至 1870 年 3 月长达两年多的欧洲生活令王韬眼界大开，他对器物和制度层面的西方有了更为全面的了解，对议会和报馆尤为感兴趣。1872 年理雅各退休回国，王韬与香港伦敦会印务所经理黄胜合资购入了英华书院的印刷设备，1873 年初组建中华印务总局，1874 年 2 月 4 日创办了中文报纸《循环日报》，王韬自任主笔。该报之所以取名“循环”，是因为王韬信奉强弱可以转化的循环论：“弱即强之机，强即弱之渐，此乃循环之道然也”。

王韬创办《循环日报》时提出了一句有名的口号“强中以攘外，诹远以师长，变法以自强”，强调办报是出于政治目的，希冀变法自强。因此，《循环日报》既不同于传抄上谕、刊发奏章为主的中国古代报刊，又区别于传播宗教教义、刊载商业行情的外报，它是我国第一份以刊载政论著称的报纸。王韬利用笔杆子在《循环日报》上共发表了约 800 篇政论文章，他的文章每篇固定在 1 000 至 1 200 字之间，文本短小精悍，较少使用典故，内容浅白，具有了现代新闻报刊的行文特点。可以说，王韬是我国的第一位报刊政论家，他为变法强国制造舆论，开创了“文人论政”的先河。王韬的政论文章经内地的《申报》《万国公报》等转载，逐渐在中国官员和知识人群内产生影响。

1884 年，王韬在李鸿章的帮助下获得朝廷宽恕回到上海，自此不再担任《循环日报》主笔，《循环日报》出至 1959 年终刊。

鸦片战争后，接踵而至的内忧外患令最早一批睁眼看世界的知识分子意识到必须要改变以自强，国人自强办报的传统延续了下来，并在维新运动、辛亥革命和五四运动三个时期掀起了清末民初的三次办报高潮。

（一）维新运动与国人第一次办报高潮

1. 维新派报刊的创办

国人第一次办报高潮的主体是资产阶级维新派，19 世纪 90 年代中期，维新派发动的维新运动席卷全国，与此同时涌现出一大批报刊。据不完全统计，从 1895 年《马关条约》签订至 1898 年戊戌变法流产的三年时间里，全国出版的报刊有 120 种左右，其中 80％以上是中国人自办的，它们遍及全国许多城市，积极推动维新变法运动，逐渐打破外报在华的优势地位，成为中国社会舆论的主要力量。[①]

1895 年 8 月 17 日，资产阶级维新派的第一份报刊《万国公报》在北京创办，康有为、陈炽等负责筹款，梁启超、麦孟华担任编辑。《万国公报》采用木板雕刻印刷，双日刊，版式与报房《京报》[②] 相似，内容以讲论洋务为主，随报房《京报》免费派送给在京的各级官绅阅读。同年，强学会成立后，《万国公报》成为该学会的机关报。1895 年 12 月 16 日，《万国公报》改名为《中外纪闻》在北京继续出版，梁启超、汪大燮任主编，内容除论说外，还增加了外电、外报选译和国内各报摘录等。1896 年 1 月被迫停刊。

1895 年底，康有为等维新派人士决定离京南下宣传维新变法主张。1895 年 11 月，维新派在上海创立强学会，次年 1 月 12 日创办机关报《强学报》。《强学报》为五日刊，铅字印刷，免费派送，内容为倡导变法维新，明确提出了“穷则变，变则通，通则久；不变则不能久矣”“开设议院”等主张。1 月 25 日，强学会被迫解散，《强学报》停办，这份报纸只存在了 14 天，第三期印好后还未来得及发行。

从 1896 年至戊戌变法前，粤学会、湘学会、桂学会、知耻学会等维新派团体相继建立，《时务报》《湘学新报》《湘报》《知新报》《国闻报》等维新派报刊先后涌现，变法维新思想在全国广泛传播开来。

---

① 方汉奇．中国新闻传播史［M］．2 版．北京：中国人民大学出版社，2009：83．另据统计，从 1815 年第一张近代中文报刊问世到甲午战争爆发，中国出版的报刊总计 73 种，平均一年不到 1 种，其中外报约占 2/3。

② 指得到官方允许，由北京的民间报房经营的报纸。

2. 梁启超的办报活动

在维新派的代表人物中，梁启超的办报活动最具影响力。梁启超（1873—1929）字卓如，号任公，广东新会人，年少聪慧，11 岁中秀才，17 岁中举人，两次会试落第后拜康有为为师。从戊戌变法到辛亥革命，梁启超虽然有组党参政等经历，但报人的身份仍是他最突出的公共形象，他凭借报刊言论获得了广泛的社会影响力与社会地位。

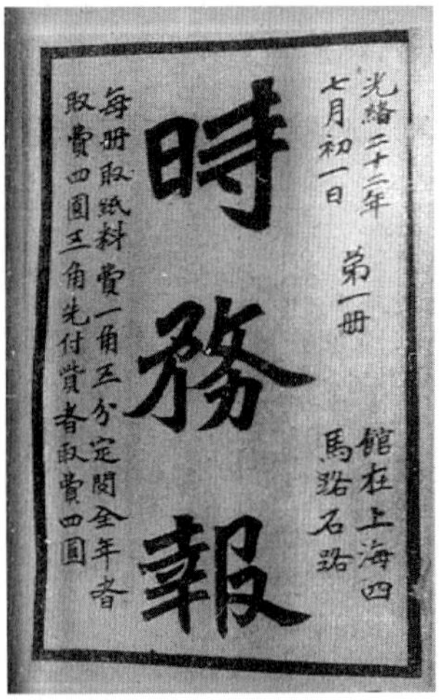

图 14-4 《时务报》

1896 年初《中外纪闻》被迫停刊后，梁启超南下上海主持维新派报刊《时务报》（见图 14-4）。《时务报》于 1896 年 8 月 9 日创刊，虽然名为“报”，实则是书本式的旬刊，每期 30 页左右，内容主要是有关时事的评论和外国报纸译文，梁启超任主笔。

《时务报》创刊初期，梁启超一人担负了全部编撰工作，发表数十篇政论文章，其中最著名的是《变法通议》，自创刊号起在报上连载了 43 期。梁启超在文中阐述了变法的必要性，提出了涉及政治、经济、教育等多方面的变法主张。他认为，作为识时务的政治家，既要能创立新制度，又要能适应时代的变化；中国已经到了非变不可的地步，不变法就不能生存下去：

> 法者，天下之公器也；变者，天下之公理也。大地既通，万国蒸蒸，日趋于上，大势相迫，非可阏制。变亦变，不变亦变。变而变者，变之权操诸已，可以保国，可以保种，可以保教。不变而变者，变之权让诸人，束缚之，驰骤之。呜呼，则非吾之所敢言矣！①

以梁启超为代表的维新派人士继承了王韬等早期维新派思想家开创的政论传统，创造出了一种新的政论文体——“时务文体”，这也是中国早期的报章文体。据梁启超在《清代学术概论》一书中的总结，时务文体的特征为：“务为平易畅达，时杂以俚语、韵语及外国语法，纵笔所至不检束……条理明晰，笔锋常带情感……”② 时务文体形式灵活，文字介于士大夫所喜爱的古文和劳动者所习惯的俗语之间，具有清新的风格，语言浅显流畅，使用俗语、韵语和外来的词汇和语法进行论证，逻辑清晰，饱含

---

① 梁启超．变法通议［M］．北京：华夏出版社，2002：15.

② 梁启超．清代学术概论［M］．上海：上海古籍出版社，1998：85-86.

感情，令读者感同身受，受到社会各个阶层读者的普遍欢迎。

戊戌变法失败后，康有为、梁启超等维新派人士流亡海外。在流亡海外的 15 年间，梁启超先后担任在日本出版的《清议报》和《新民丛报》的主编。1898 年 12 月 23 日，《清议报》创刊于日本横滨，样式和《时务报》相似，线装书式，旬刊，每期 3 万多字，内容有评论、新闻、小说等，该刊开办了中文报刊上最早的时事短评专栏“国闻短评”。1901 年 12 月 21 日，《清议报》出版至第 100 册后，报馆毁于一场大火，报纸因此停刊。在旅日华侨的支持下，1902 年 2 月 8 日该刊在横滨以《新民丛报》的名字复刊，半月刊，包含社会科学、自然科学等中外内容，每期 5 万字。自《新民丛报》的创刊号起，梁启超就在刊中连载自己撰写的政论文章《新民说》，直至 1906 年刊完。《新民说》系统阐述了只有通过教育提高国民素质，造就“新民”，国家才能富强的观点。

梁启超的时务文体在这两份报纸上得到了更为成熟的运用，发表于 1900 年 2 月 10 日《清议报》上的《少年中国说》具有代表性。文章不拘格式，多用比喻，寄托了梁启超对少年中国的热爱和期望，气势磅礴、析理精辟，具有强烈的鼓动性：

> 老年人如夕照，少年人如朝阳；老年人如瘠牛，少年人如乳虎；老年人如僧，少年人如侠；老年人如字典，少年人如戏文；老年人如鸦片烟，少年人如泼兰地酒；老年人如别行星之陨石，少年人如大洋海之珊瑚岛；老年人如埃及沙漠之金字塔，少年人如西伯利亚之铁路；老年人如秋后之柳，少年人如春前之草；老年人如死海之潴为泽，少年人如长江之初发源。
>
> …………
>
> 少年智则国智，少年富则国富，少年强则国强，少年独立则国独立，少年自由则国自由，少年进步则国进步，少年胜于欧洲，则国胜于欧洲，少年雄于地球，则国雄于地球。红日初升，其道大光；河出伏流，一泻汪洋；潜龙腾渊，鳞爪飞扬；乳虎啸谷，百兽震惶；鹰隼试翼，风尘吸张；奇花初胎，矞矞皇皇；干将发硎，有作其芒；天戴其苍，地履其黄；纵有千古，横有八荒；前途似海，来日方长。美哉！我少年中国，与天不老！壮哉！我中国少年，与国无疆！
>
> 《少年中国说》

从《清议报》到《新民丛报》，梁启超支持官方改革的立场未变，但报名的变化体现了他将改革重心从向上的“建言清议”转为向下的“改造国民”。流亡期间，《清议报》每期数千册、《新民丛报》每期多达万余册通过不同渠道流入国内，梁启超的政论文章经由知识人群在中国境内广为扩散，梁启超的政论风格与思想形成了广泛的影响力。

1912 年 11 月 13 日，梁启超从日本抵大沽，三天后回到天津，正式结束了 15 年的海外流亡生涯。11 月 28 日梁启超入京，在随后的 12 天里，拜会舆论巨子梁任公成为京城各界时髦之举。梁启超的办报生涯自 1895 年担任《万国公报》主编开始至 1922 年脱离报界，前后共 27 年，他亲自创办和积极支持过的报刊有 17 家，撰写各类文字 1 400 万言。

3. 维新派的新闻思想

资产阶级维新派希望通过报刊完成启蒙，但这种启蒙有别于西方基于个人主义的启蒙，维新派知识分子最终指向的是国家富强。在国人第一次办报高潮中，代表人物是康有为和梁启超，主要报刊形态是以宣传变法维新为主旨的政论性报刊。整体而言，维新派人士认为报刊乃“国之利器，不可假人”，即新闻、报纸等是一个国家的利器，是国家民族的命脉所系，必须掌握在自己手中，而不能让外人操控。因此，在变法维新运动中，维新派将组织学会、创办学校和发行学刊结合了起来，做到三位一体。维新派不是为了办报而办报，他们将办报同维新派的社会政治目标紧密联系了起来。

在维新派人士中，梁启超是维新派新闻思想的集大成者。梁启超先后在《时务报》《清议报》和《新民丛报》上发表了三篇与新闻有关的政论文章，分别是《论报馆有益于国事》《本馆第一百册祝辞并论报馆之责任及本馆之经历》和《敬告我同业诸君》，这三篇文章集中体现了梁启超及维新派的新闻思想。

《论报馆有益于国事》发表于 1896 年《时务报》的创刊号上，文章比较系统地论述了报刊的功能。第一，他认为报纸具有“耳目喉舌”的作用；第二，他强调了报纸的“去塞求通”的功能，中国受侮数十年，主要原因在于上下不通、内外不通，要改变这种状况，开设报馆是最好的办法；第三，他提出了发挥报纸“去塞求通”功能的四条要求，即“广译五洲近事”“详录各省新政”“博搜交涉要案”和“旁载政治学艺要书”。

《本馆第一百册祝辞并论报馆之责任及本馆之经历》发表于 1901 年《清议报》第 100 期，梁启超在文中第一次提出“党报”概念，并指出了衡量一份报纸是否属于好报纸的四条标准：“一曰宗旨定而高，二曰思想新而正，三曰材料富而当，四曰报事确而速。若是者良，反是则劣。”

《敬告我同业诸君》发表于 1902 年《新民丛报》第 17 期，梁启超在文中提出了报馆的两大天职，即“监督政府”和“向导国民”，也就是今天所说的舆论监督、舆论导向。梁启超将报刊视为一种有效的工具，他对报刊、舆论的认识深刻而系统，远超同侪。

（二）辛亥革命与国人第二次办报高潮

1. 革命派报刊的创办

1901 年 1 月末，逃亡途中的慈禧以光绪帝的名义颁布改革诏书，内容涉及外交、政治、军事、经济和文化教育等诸多方面，被称为“清末新政”或“慈禧新政”。随后，“报禁”“言禁”被废除，国内报刊数量猛增。辛亥革命爆发前的 10 年间，即 1901 年至 1911 年，全国有近 1 100 种报刊问世，平均一年有 100 多种，而且几乎遍及全国每个省市，形成了中国新闻史上国人第二次办报高潮。① 第二次办报高潮的主角是革命派，孙中山所领导的革命派报刊更是独占鳌头。

1894 年 11 月 24 日，孙中山在檀香山创立兴中会。兴中会成立之初，孙中山等人因为没有自己的机关报，在与保皇派的舆论斗争中处于劣势。1900 年 1 月 5 日，兴中会的第一份机关报《中国日报》在香港创刊，由陈少白主持，每日出大小两张，大张为正张，转载新闻和评论，小张只载货价和船期。《中国日报》的内容主要分为以下几个主题：一是揭露清政府的腐败无能和卖国罪行，宣传反清革命；二是初步宣传天赋人权、自由、民主等资产阶级思想，赞美共和制度；三是与保皇派报刊论战。从兴中会成立到 1905 年夏中国革命同盟会（同盟会）在东京成立的 10 年间，市场上的革命派报刊以《中国日报》为代表，总量达 40 余种。《中国日报》不仅是革命派的舆论宣传阵地，也是他们的活动据点，这种既是舆论机关又是联络机关的组织形式被多家革命派报馆所继承。辛亥革命后，《中国日报》被迁往广州出版，1913 年 8 月被查封。

1905 年 11 月 26 日，同盟会机关报《民报》（见图 14－5）在东京创刊，以宣传“三民主义”的政治纲领为宗旨。《民报》是一份大型时事性政论月刊，设有论说、时评、谈丛、纪事、译丛等栏目，每期 6 万至 8 万字。在创刊号上，孙中山亲自撰写《发刊词》，首次将革命主张概括为民族

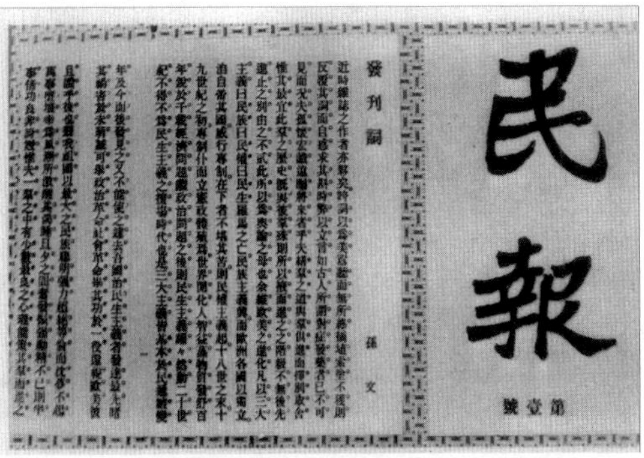
民報
第壹號
發刊詞
孫文

图 14－5　《民报》

---

① 方汉奇．中国新闻传播史［M］．2 版．北京：中国人民大学出版社，2009：115.

主义、民权主义和民生主义。依据这一政治纲领，《民报》的主要内容包括：第一，宣传以排满为中心的民族主义；第二，宣传以建立共和政体为中心的民权主义；第三，报道和介绍世界各国的资产阶级革命运动和民族解放运动、西方的新文化和新思潮。《民报》的出刊日期不定，出刊周期通常在一两个月以上，1910 年 2 月终刊。

从 1905 年同盟会成立到武昌起义，革命派报刊数量迅速增加，报刊总量达 160 多种，其中海外 60 多种，国内 100 多种。1905 年后，很多同盟会成员回到国内，由此形成了国内革命派报刊高潮，上海和武汉成为革命派报刊的主要阵地。

2. 报刊论战与小册子

1903 年初，受美洲保皇会的邀请，梁启超赴美洲游历考察，在此期间思想发生了根本变化，认为中国不适合美国式的共和制度，至此之后不再谈共和、谈革命。1905 年，革命派的机关报《民报》创刊后，与梁启超担任主编的《新民丛报》围绕革命还是改良展开了中国近代历史上的第一场报刊论战。

《民报》与《新民丛报》之间的论战主要围绕四个问题展开：第一，要不要通过民族革命推翻清政府统治；第二，实行民主共和制还是实行君主立宪制；第三，要不要实行土地国有、平均地权；第四，革命会不会引起帝国主义干涉，使中国被瓜分。在《民报》与《新民丛报》展开论战的同时，香港、檀香山、温哥华、旧金山、新加坡、曼谷、仰光、广州、巴达维亚等地出版的革命派与保皇派报刊也展开了论战。1907 年冬《新民丛报》停刊，论战以《民报》的大获全胜而告终，革命派的思想得到了广泛传播，同时也促进了革命派报刊的大发展。

在革命派为革命进行舆论准备的时期，他们采用了欧美主要国家革命或独立战争时期广泛使用的小册子传播革命思想。在革命派的小册子中，最具影响力的是陈天华（1875—1905）的《警世钟》《猛回头》《狮子吼》和邹容（1885—1905）的《革命军》。

> 醒来！醒来！快快醒来！快快醒来！不要睡的像死人一般。同胞！同胞！虽然我知道我所最亲最爱的同胞，不过从前深处黑暗，没有闻过这等道理。一经闻过，这爱国的心，一定就要发达了，这救国的事，一定就要担任了。前死后继，百折不回，我汉种一定能够建立个极完全的国家，横绝五大洲。我敢为同胞祝曰：汉种万岁！中国万岁！
>
> 《警世钟》(1903)

> 扫除数千年种种之专制政体，脱去数千年种种之奴隶性质，诛绝五百万有奇

被毛戴角之满洲种，洗尽二百六十年残惨虐酷之大耻辱，使中国大陆成干净土，黄帝子孙皆华盛顿，则有起死回生，还魂返魄，出十八层地狱，升三十三天堂，郁郁勃勃，莽莽苍苍，至尊极高，独一无二，伟大绝伦之一目的，曰“革命”。巍巍哉！革命也！皇皇哉！革命也！

……

革命！革命！我四万万同胞，今日为何而革命？吾先叫绝曰：不平哉！不平哉！中国最不平、伤心惨目之事，莫过于戴狼子野心、游牧贱族、贼满洲人而为君，而我方求富求贵，摇尾乞怜，三跪九叩首，酣嬉浓浸于其下，不知自耻，不知自悟。哀哉！我同胞无主性！哀哉！

《革命军》(1903)

革命派的小册子以呐喊和口号的方式唤醒世人，在当时中国半殖民地半封建的历史境况下具有鲜明的时代进步意义，但是这种极端化、情绪化的表达方式对中国的报章文体和文化生态也产生了不可否认的消极影响。

3. 革命派的新闻思想

在国人第二次办报高潮中，革命派的办报目的十分明确，就是制造舆论、宣传革命和唤醒民众，报刊成为革命的一支方面军。可以说，辛亥革命的成功靠的是两个杆子——笔杆子和枪杆子。

首先，高度重视报刊宣传在革命斗争中的作用，大力倡导机关报。以孙中山为首的革命派引入和鼓吹西方新闻学著作中流行的“一家报馆犹如一支军队”“报纸的威力胜过四千毛瑟枪”等观点。其次，公开承认报纸的党派性，明确提出为革命办报的主张。孙中山在《民报》发刊词中说，革命报刊应把“非常革新之学说，其理想灌输于人心，而化为常识”。最后，革命派认为党报要重视反映舆论、影响舆论和制造舆论，孙中山在《民报》发刊词中就提出报纸是“舆论之母”。

（三）五四运动与国人第三次办报高潮

1919 年 5 月 4 日，北京学生游行示威，抗议巴黎和会上有关山东问题的决议，敦促政府不可签约，要求惩处相关官员，由此引发了一系列的罢课、罢市、罢工及其他事件，最终导致了整个社会的变动和思想界的革命。五四运动并不仅仅指 5 月 4 日这一天的抗议活动，它是一个复杂现象，包括“新思潮”、文学革命、学生运动、工商界的罢市罢工、抵制日货运动，以及新式知识分子所提倡的各种政治和社会改革。[①] 大体来说，五四运动指 1917 年到 1921 年之间发生的一系列重要事件，1917 年《新青年》发表胡适的《文学改良刍议》和陈独秀的《文学革命论》，直接导致新文化运动的开始；1921 年《新青年》被迫停刊，同年，中国共产党成立。

回溯鸦片战争后国人的三次办报高潮，第一次办报高潮的主角是维新派及其变法图强的思想，第二次办报高潮的主角是革命派及其建立民国的主张，第三次办报高潮的主角则是“科学”“民主”文化。在袁世凯时期，由于严苛的出版限制，辛亥革命促成的出版业发展极速萎缩。辛亥革命时期，全国约有 500 家日报社，其中北京 50 家、上海 15 家、汉口 6 家；而到了袁世凯时期，北京报社的数量锐减至 20 家左右，上海减到 5 家，汉口则只剩下 2 家。1912 年之后的两年内，全国报纸发行总数也由 4 200 万份降到了 3 900 万份。[②] 五四运动促进了报纸的又一次大发展。据记载，1921 年全国共有报刊 1 134 种，其中日报 550 种；到 1924 年，全国华文报刊每日发行共有 628 种，其中北京 125 种、汉口 36 种、广州 29 种、天津 28 种、济南 25 种、上海 23 种。[③]

1. 《新青年》

《新青年》是五四运动时期的旗帜性刊物。1915 年 9 月 15 日，陈独秀（1879—1942）在上海创办《青年杂志》，出版到第一卷第六号后停刊。1916 年 9 月 1 日自第二卷第一号起改名为《新青年》（法文名为 *La Jeunesse*）（见图 14 - 6）。《新青年》为 16 开本，每月 1 日出版，每 6 号为一卷。

陈独秀在《新青年》第一号的发刊词《敬告青年》中提出，青年人要能够“发挥人间固有之智能，抉择人间种种之思想——孰为新鲜活泼而适于今世之争存，孰为陈腐朽败而不容留置于脑里”。对此，他提出青年人要不妥协、不犹疑，要像“利刃断铁，快刀理麻”，青年人要遵循六大行动原则，即“自主的而非奴隶的”“进步的而非保守的”“进取的而非退隐的”“世界的而非锁国的”“实利的而非虚文的”“科学的而非想象的”。

《新青年》经历了三个发展阶段。

第一阶段，1915 年 9 月 15 日创刊至 1917 年 12 月为陈独秀主撰阶段。第一卷出版

① 周策纵．“五四”运动史：现代中国的知识革命［M］．陈永明，张静，等译．欧阳哲生，审校．北京：世界图书出版公司，2016：1 - 6.

② 戈公振．中国报学史［M］．北京：中国传媒大学出版社，2016：152.

③ 方汉奇．中国新闻传播史［M］．2 版．北京：中国人民大学出版社，2009：147.

时并未引起社会关注，销量较少，连赠送在内共发行 1 000 份。1917 年 1 月 1 日，《新青年》第二卷第五号发表了时为美国哥伦比亚大学研究生的胡适所写的《文学改良刍议》，提出改良中国文学的主张，掀开了中国新文化运动的大幕。1917 年初，陈独秀被聘为北京大学文科学长，杂志编辑部迁往北京，但仍在上海印刷出版。

图 14-6 《新青年》第二卷第一号封面

> 吾以为今日而言文学改良，须从八事入手。八事者何？一曰，须言之有物；二曰，不摹仿古人；三曰，须讲求文法；四曰，不作无病之呻吟；五曰，务去烂调套语；六曰，不用典；七曰，不讲对仗；八曰，不避俗字俗语。
>
> 《文学改良刍议》，胡适

第二阶段，1918 年 1 月至 1920 年 5 月为编辑部同人轮流主编阶段。1918 年以后，《新青年》成立了由 6 人组成的编辑委员会，分别是陈独秀、钱玄同、胡适、李大钊、刘半农和沈尹默。自第四卷第一号开始，每个月轮流由一名委员担任编辑，鲁迅、周作人、沈兼士和王星拱等人参与撰稿。从 1918 年 1 月开始，杂志中所有文章几乎全部采用白话文撰写。1919 年 6 月，《新青年》由于五四运动爆发而被迫停刊，当年 11 月复刊。

第三阶段，1920 年 9 月至 1922 年 7 月为中国共产党上海发起组机关刊物阶段。1920 年 9 月 1 日，自第八卷第一号起，《新青年》成为中国共产党上海发起组的机关刊物，转由新青年社印刷发行，而前七卷都由位于上海棋盘街的群益书社印行。刊物封面也做了改变：正中为一个地球，从东西两半球分别伸出两手相握，这暗示着中国人民与十月革命后的苏维埃俄国团结，全球无产阶级团结。1921 年 7 月中国共产党成立后，《新青年》成为理论刊物，1922 年 7 月停刊。

《新青年》是新文化运动兴起的标志。它反对各种旧的思想和习惯形态，反对旧迷信与旧宗教，提倡民主与科学；五四运动爆发后，它开始重视宣传社会主义思想。它提倡文学革命，鼓励语文改革，介绍标点符号的用法，提倡白话文。《新青年》旨在通过社会、政治和文化的改革，达成思想领域的解放。

> 但是追本溯源，本志同仁本来无罪，只因为拥护那德莫克拉西（democracy）和赛因斯（science）两位先生，才犯了这几条滔天的大罪。要拥护那德先生，便

不得不反对孔教、礼法、贞节、旧伦理、旧政治；要拥护那赛先生，便不得不反对旧艺术、旧宗教；要拥护德先生又要拥护赛先生，便不得不反对国粹和旧文学。

《新青年》1919 年 1 月，陈独秀

《新青年》是中国共产党的第一份刊物，对于中国共产党的建立发挥了重要作用。陈独秀辞去北京大学文科学长一职后，于 1920 年初返回上海，居住在法租界环龙路老渔阳里 2 号，楼上是陈独秀的卧室，楼下是《新青年》的编辑部和中国共产党上海发起组开会的地方。《新青年》编辑部成为中国共产党上海发起组的活动中心，党的一大召开后，这里又成为中央政治局机关所在地。

2.《每周评论》

每週評論
The Weekly Review
21
山東問題

图 14－7 1919 年 5 月 11 日的《每周评论》

1918 年 12 月 22 日《每周评论》（见图 14－7）创刊于北京，这是陈独秀、李大钊等《新青年》同人为适应新形势而创办的一份政治时事评论报纸，4 开 4 版，编辑部就设在北京大学红楼文科学长办公室，发行所则设在宣武门外骡马市大街米市胡同。《新青年》是月刊，出版周期较长，无法及时对时事政治发表评论，发挥舆论引导作用，创刊后的《每周评论》与《新青年》相配合，将新文化运动推向了一个新高潮。

陈独秀在《每周评论》的发刊词中提出“主张公理、反对强权”的办刊宗旨，周刊内容包括国外及国内大事述评、社论、文艺时评、随感录、新文艺、国内劳动状况、通信、评论之评论、读者言论、新刊批评和选论等专栏。1919 年，《每周评论》对五四运动进行了系统报道。5 月 4 日当天出版的第 20 号一版“国内大事述评”栏报道了巴黎和会上日本帝国主义的狡诈态度，披露了北洋政府外交部电令和与会代表对日本的妥协退让。从 5 月 11 日出版的第 21 号起，连续五期详细报道了五四运动的经过和前因后果，并发表评论。

1919 年 8 月 31 日《每周评论》被北洋政府查禁，共出版 37 期。前 25 期由陈独秀担任主编，李大钊是主要撰稿人，第 26 期开始由胡适担任主编。1919 年 7 月，胡适在《每周评论》上发表了《多研究些问题，少谈些主义》，开启了“问题与主义”之争。

在《新青年》和《每周评论》的带动下，全国各地涌现出了不少进步学生报刊，比如毛泽东主编的《湘江评论》，周恩来主编的《天津学生联合会报》，中国少年学会在北京创办的《少年中国》周刊，瞿秋白等人创办的《新社会》旬刊，恽代英、林育南等主持出版的《武汉星期评论》和《学生周刊》，仅 1919 年一年总量便达 400 种之多。

国人自办报刊的三次高潮一浪高过一浪，报业规模和影响力越来越大。在国人自办报刊的最早实践中，中国近代政论报刊诞生，这是中国知识分子文人论政传统与西方新式报刊的结合。从样式上看，早期的政论报刊采用书册形式，小开本，纸质粗糙，内容包括论说、外国报纸的翻译内容和报房《京报》的内容。从办报目的来看，很多办报人的初衷源于对国家与民族命运强烈的责任感。政论报刊在国人第一次办报高潮中获得了巨大发展。在第二次办报高潮中，一些报纸的创办人开始倾向于组建政党活动，政党报刊兴起；与此同时，另一些报纸注重经营与管理，以盈利为目的，发展为商业报纸，其中有些报纸在注重盈利的同时依然保持了中国知识分子文人论政的特质，是中国近代报刊史上极具特色的一类报纸。在第三次办报高潮中，国人在办报技术和内容架构上都有了很大的提高，读者范围更为广泛，这一时期不仅报刊数量激增，报刊对政治生活和社会生活的影响力也剧增。

第二节　五四以降的新闻业与新闻教育

五四运动之后，中国新闻业迎来了大发展阶段，报纸总量增加，商业报刊得到了较快发展，职业记者出现。在此背景下，中国的新闻教育产生并发展起来。

一　五四以降的新闻业

据不完全统计，1921 年全国共有报纸 600 多家，1937 年为 1 000 余家，而 1946 年仅国统区就有将近 2 000 家。大多数重要报刊都集中在东南一带，特别是宁沪等发达地区。[①] 这一时期，除了国共两党的政党报刊，萌芽于 19 世纪下半叶的中国商业报刊也真正兴盛起来，通讯社和广播电台兴起，中国最早的职业记者开始出现。

① 李彬．中国新闻社会史：插图版［M］．北京：清华大学出版社，2008：217.

（一）商业报刊

1.《申报》

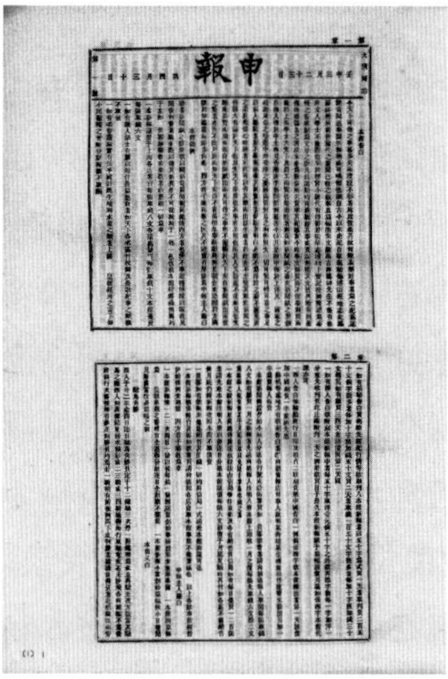
申報

图 14－8 《申报》创刊号

《申报》（见图 14－8）是近代中国发行时间最久，有广泛影响的一份商业报纸。《申报》原名《申江新报》，1872 年 4 月 30 日由来华从事茶叶、丝绸等贸易活动的英国商人美查（Ernest Major）在中国买办陈莘庚的建议下创办，为创办该报，美查与另外三位商人共筹备 1 600 两白银。与同时代的大部分在华外报不同，美查创办报纸的初衷是办一份能够赚钱的、针对中国读者的中文报纸："所卖之报皆属卖与华人，故依持者惟华人，对国家使除其弊，望其振兴，是本馆所以为忠之正道。"为此，他将报纸的笔政交付中国的主笔，聘请清朝举人蒋芷湘出任总主笔，钱昕伯、何桂笙为主笔，襄理编辑业务。① 为了更好地经营中文报纸，美查委派钱昕伯前往香港考察，根据香港的中文报纸来确定《申报》的经营计划。

《申报》共经营了 77 年，从 1872 年创刊至 1949 年停刊，几经转手，分别经历了美查时期（1872—1909）、席子佩时期（1909—1912）、史量才时期（1912—1934）、史咏赓时期（1934—1941）、沦陷时期（1941—1946）和国民党统治时期（1946—1949）。

美查时期，《申报》的主要办报策略可以归纳为以下几点：第一，降低报价。《申报》每份售价 8 文钱（上海地区 8 文，外埠 10 文，趸售 6 文），是同时期每份 30 文的《上海新报》价格的四分之一。为了降低成本，《申报》采用价格非常低廉的毛太纸单面印刷，1909 年开始改用成本比较高的白报纸印刷。第二，创新发行方式。《申报》在上海设立代销点，有专人负责给商号上门送报；同时首创雇用报童沿街售卖的发行方式。第三，采用新技术。1881 年 12 月 24 日，上海至天津的电报线路铺设完成。翌年 1 月 16 日，《申报》开始采用先进而昂贵的电报技术传送上谕，成为国内用电讯传递新闻的开端。第四，报纸版式和内容符合中国读者的阅读习惯和需求。《申报》采用了传

① 上海市地方志办公室．第一节 综合性报纸［EB/OL］.（2001-12-13）［2021-07-06］. http://www.shtong.gov.cn/newsite/node2/node2245/node4522/node5501/node5503/node63720/userobject1ai8647.html.

统的中式书册式排版，重点报道能引起市民读者兴趣的社会新闻，比如对“杨月楼案”“杨乃武与小白菜案”的连续报道就获得了较好的社会反响。《申报》还特辟刊登文艺类作品的版面，公开征集旧时文人喜欢的竹枝词发表，吸引了一批旧文人。在每次科举的时候，《申报》会刊登考试题目，并通过电报传送入选名单，及时刊登在报纸上，供读者参阅。第五，创办新闻画报。1877年6月6日《申报》出版图画增刊《寰瀛画报》，这是我国最早出版的画报，主要介绍国外的一些重要事件和盛大场景，但发行效果不佳，仅出版5卷后停刊。1884年5月9日《申报》创办以新闻时事画为主的《点石斋画报》，颇受读者欢迎，共出版近14年。

1889年，美查将申报馆、报馆地皮、书局及其他产业改组为股份有限公司，总资产达30万两白银。回国前，他出售了自己的股票，获得现金10万两白银。在美查返回英国后的过渡时期，《申报》由董事会经营，基本维持了美查时期的运营模式。1909年5月，席子佩以7.5万银元购入《申报》，次年2月28日《申报》第二版刊登《申报馆特别广告》，宣布报纸归席子佩所有。[①] 自此，《申报》完全由中国人所有。1911年，席子佩在《申报》首创副刊《自由谈》，第一期《自由谈》于1911年8月24日见报。

真正令《申报》成为上海乃至全国最大的商业日报之一的是被后人称为报业巨子的史量才（1880—1934）。1912年，因经营不善，席子佩将《申报》股权转售给了张謇、赵竹君、应德闳、史量才和陈冷五人，张、赵、应三人出资，史、陈出力，史量才任总经理，陈冷任总主笔。1915年，张謇等人相继退出《申报》，并将股份转手售予史量才，使得报纸所有股权均归史量才一人所有。史量才全面接手《申报》后，自任总经理，聘请张竹平任经理兼营业部主任。

史量才时期，《申报》的办报特点有以下几点：第一，重视广告经营，报馆内设置了广告推广科，聘用了专职的广告设计人员。第二，重视报纸发行。报馆设置报纸推广科，除上海本埠订户外，还拓展外埠订户。凡是火车、汽车和轮船当天能到达的上海邻近地区，报纸都力争当天送达，较远的地区，则通过邮局或代办处发行。第三，革新硬件设施。1918年，申报馆斥资70余万银元建造新的报馆大楼，先后从国外购入当时最先进的新式印报机、制铜版机等印报设备，当时申报馆的硬件设施在全国首屈一指。经营方式和设备的革新提高了《申报》的发行量，利润逐年攀升。1922年，《申

① 申报馆特别广告［N］. 申报，1910-02-28（2）.

报》发行 5 万份，1925 年，发行量超过了 10 万份。①

整体而言，史量才时期《申报》的经营模式类似于同时期西方的报业托拉斯，在经营报纸的同时，还涉足其他商业领域。史量才在经营《申报》的同时投资钱庄、金号和米行等，在《申报》经营比较成功后又开始涉足社会文化领域。1932 年起，他先后创办了图书馆、补习学校、新闻函授学校、《申报》服务部等一系列文化事业。

1931 年“九一八”事变前，史量才注重报纸的经营，《申报》也获得了商业上的成功，但在政治上却是保守的。“九一八”事变后，史量才及《申报》的态度发生了变化。对于国民政府的不抵抗政策，《申报》专门刊文进行抨击。1931 年 12 月 20 日，史量才策划并组织上海报界（除《民国日报》外）同时刊载《宋庆龄为邓演达被害宣言》一文。1932 年 6 月，《申报》连续发表三篇《剿匪与造匪》社评，抨击以蒋介石为首的国民党政权对江西工农红军发起的进攻的反动实质，这一系列社评使国民党当局十分不快，《申报》被禁止邮递。史量才及《申报》态度的变化为国民党当局所不容，1934 年 11 月 13 日下午，史量才在由杭州返回上海的沪杭公路上被特务枪杀。

《申报》在中国新闻事业发展史上居于重要地位，被视为中国近代报业改革的先驱，它刊载的稿件广泛涉及社会、政治、经济、文化等方面，内容丰富，记载翔实，因此被视为研究中国近现代历史的“百科全书”。

2.《大公报》

《大公报》的历史大致可以分为三个时期。1902 年 6 月 17 日，天主教徒英敛之、柴天宠，主教樊国梁，以及法国公使鲍渥等集资在天津法租界创办《大公报》，政治上支持变法维新，主张君主立宪，反对封建专制、黑暗吏治和国外侵略，在言论上以“敢言”著称，是当时华北地区十分引人注目的一份大型日报。1916 年 9 月，英敛之将报馆售予股东之一的王郅隆，后因王郅隆的后台安福系垮台，1925 年 11 月《大公报》停刊。这是《大公报》的第一个历史时期。第二个历史时期是指由吴鼎昌、胡政之和张季鸾共同主持的新记《大公报》阶段（见图 14－9）。第三个历史时期是指中华人民共和国成立至今的发展阶段。

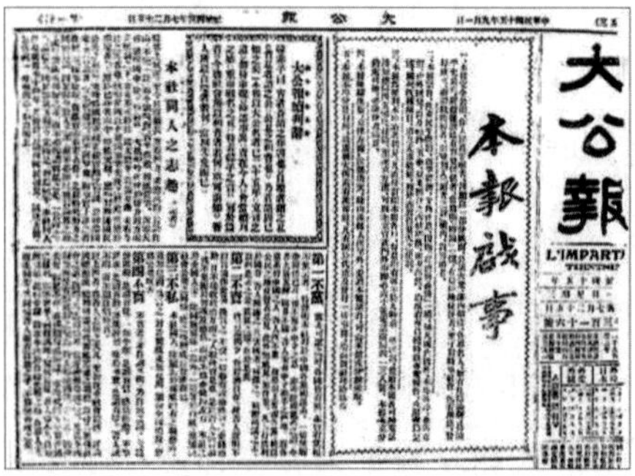
大公報
L'IMPARTIAL
本報啟事

图 14－9　新记《大公报》创刊号

① 方汉奇．中国新闻传播史［M］．2 版．北京：中国人民大学出版社，2009：194.

1926年9月1日，《大公报》在新记公司的接办下复刊，吴鼎昌任社长，胡政之任总经理，张季鸾任总编辑。复刊当天的《大公报》出两大张，共八版，头版发表了张季鸾署名“记者”的《本社同人之志趣》，明确提出“不党、不卖、不私、不盲”的办报方针。“不党”，即“纯以公民的地位发表意见，此外无成见、无背景，凡其行为利于国者拥护之，其害国者纠弹之”；“不卖”，即“声明不以言论做交易，不受一切带有政治性质之金钱辅助，且不接收政治方面之入股投资，是以吾人之言论或不免囿于智识及感情而断不为金钱所左右”；“不私”，即“本社同人除愿忠于报纸因有之职务外并无他图，易言之，对于报纸并无私用而愿向全国开放，使为公众喉舌”；“不盲”，即“随声附和是谓盲从、一知半解是为盲信、感情所动不事详求是谓盲动、评诋激烈昧于事实是谓盲争，吾人诚不明而不愿陷于盲”。“四不主义”的提出表明《大公报》虽按照商业报刊经营，但保持了中国传统知识分子“清谈”“论政”“文章报国”的精神。

新记《大公报》续刊时发行量不足2 000份，及至1927年5月增加至6 000余份，同期广告收入由每月200余元增至1 000余元，营业结算则由每月亏损4 000余元转为收支平衡。[①] 1935年后，鉴于平津局势紧张，《大公报》开始向南发展。1936年4月《大公报》创办上海版，此后，津沪版同时发行，《大公报》由此成为一张真正的全国性大报。1935年至1937年，《大公报》连续刊载了通讯记者范长江撰写的西北旅行通讯，公开报道了红军长征和西北现状。“七七事变”后，天津版和上海版先后停刊，《大公报》又相继创办了汉口版、重庆版、香港版和桂林版。

1941年5月，《大公报》获得美国密苏里大学新闻学院颁发的“密苏里荣誉奖章”，成为第一家获得国际性荣誉和奖项的中国报纸。密苏里新闻学院在颁奖词中说：“《大公报》对于国内新闻与国际新闻之报道，始终充实而精粹，其勇敢而锋利之社评影响于国内舆论者至巨。《大公报》自创办以来之奋斗史，已在中国新闻史上放一异彩，迄无可以颉颃者。”[②] 19世纪末20世纪初，王韬的《循环日报》和维新派人士创办的报刊都带有明显的中国传统知识分子“文人论政”的特征，新记《大公报》是民国时期“文人论政”报刊的典型代表。

① 王润泽．中国新闻媒介史（1949年前）[M]. 北京：北京大学出版社，2011：208.

② 唯一荣摘密苏里奖华文报章 百年大公驰誉他邦［EB/OL]．(2016-06-17)[2021-07-06]. http://news.takungpao.com/mainland/focus/2016-06/3334366.html.

（二）通讯社和广播电台的兴起

1. 通讯社的兴起

国内最早的通讯社也是由外国引入。1870 年哈瓦斯通讯社、沃尔夫通讯社和路透通讯社的“三社四边协定”规定，包括中国在内的远东地区成为英国路透社的报道范围。1872 年，路透社在上海设立远东分社，这是中国最早的通讯社。这一通讯社长期垄断了有关中国新闻的国际发布权，直到一战结束，这一局面才有所改变。

国人最早创办的通讯社是 1904 年 2 月 17 日骆侠挺在广州成立的中兴通讯社，地址在广州中华中路（今解放中路）回龙里，主要向广州、香港两地发刊发稿。中华民国政府成立后，媒体津贴制度导致国内通讯社数量激增，但其中有些通讯社只是为了获得津贴，每天随意出若干油印的稿件，分发给报社交差，至于是否被采用、质量如何，根本不考虑。到 1926 年，全国拥有通讯社 155 家。[①] 比较知名的是国闻通讯社和申时电讯社。

国闻通讯社由著名报人胡政之于 1921 年 8 月在上海创办，9 月 1 日正式发稿。创办初期由于资金不足，国闻通讯社接受了孙中山和浙江军阀卢永祥的资助，因而成为反对直系军阀联合势力的宣传机关，胡政之任社长，周培艺任总编辑。之后，国闻通讯社先后在汉口、北京、天津、长沙、广州、重庆、贵阳、哈尔滨、济南、杭州等地设立办事处或分社，在西安、兰州、洛阳、开封、蚌埠、青岛、福州、沈阳、梧州、吉林等地聘请通讯员，成为当时规模最大的民营通讯社。1924 年 8 月，国闻通讯社出版了综合性周刊《国闻周报》，记载每周国内外大事，并配以评论。不久，卢永祥在军阀战争中失败，国闻通讯社因此失去了资金来源。胡政之一方面开设广告部，试图增加收入；另一方面获得了留日期间的同学、金融巨头吴鼎昌每月 400 元的资助，通讯社才得以维持下去。1926 年新记公司成立后，国闻通讯社及其《国闻周报》实际上成了新记《大公报》的附属机构，国闻通讯社主要业务骨干也迁往天津。1936 年，国闻通讯社停办。1937 年 12 月《国闻周报》停刊。

申时电讯社发端于 1924 年，时任《申报》总经理的张竹平联合《申报》和《时事新报》的部分编辑人员，在工作之余将两报的各方专电加以编辑，然后拍发给外埠有合作关系的报社。发稿分为电讯和邮寄两类，各报社可以自由选择，但费用自理。最

---

① 方汉奇．中国新闻传播史［M］．2 版．北京：中国人民大学出版社，2009：195.

开始，这一做法得到了史量才的默许，并将申报馆的三楼提供给他们使用。这些稿件逐渐获得外埠报社的欢迎，采用者日益增多。1928 年，张竹平吸收资金并进行改组，招聘专职人员，正式注册成立申时电讯社，扩大业务范围，分别编发中英文电讯。同时，张竹平入股《时事新报》，1930 年 10 月又联合董显光等人接办英文《大陆报》（*China Press*），1932 年 2 月又创办《大晚报》，在此基础上建立了四社联合办事处，简称“四社”，张竹平任总经理，办事处设在大陆报馆三层。1934 年 2 月，申时电讯社改组为股份有限公司，在北京、天津、汉口、香港等地设有分社，1937 年上海沦陷时停办。

2. 广播电台的创办

中国的广播电台出现于 20 世纪 20 年代，与中国近代报刊、通讯社一样，也是由外国人最先创办。1922 年 12 月，美国人奥斯邦（E. G. Osborn）把一套无线电广播发送设备由美国运到上海，在上海开办了中国无线电公司（Radio Corporation of China），销售无线电产品。为了宣传推销产品，中国无线电公司与《大陆报》合作，租用外滩广东路 3 号大来洋行的屋顶，开办“大陆报-中国无线电公司广播电台”，并于 1923 年 1 月 23 日晚 8 时首次播音，呼号 XRO，频率 1 500 千赫，功率 50 瓦，这是中国境内开设的第一座广播电台。“大陆报-中国无线电公司广播电台”每晚播出 1 小时，内容以音乐、娱乐节目为主，也有新闻，包括本埠新闻、路透社电稿、市场与汇兑信息、《大陆报》刊载的消息等。1 月 26 日，该电台播出了孙中山当日在上海发表的《和平统一宣言》，次日，孙中山特向《大陆报》发表谈话，称赞他的讲话被“数百人所听闻，且远达天津及香港”①。由于奥斯邦当时引进无线电设备并建立广播电台的行为并未获得北洋政府相关部门的批准，“大陆报-中国无线电公司广播电台”在当年 4 月就被取缔，停止播音。

在早期外商开办的广播电台中，播出时间较长、影响较大的是 1924 年 4 月由美商开洛公司在上海法租界福开森路开办的开洛广播电台，呼号 KRC，发射功率 100 瓦，频率 822 千赫。电台开播后，开洛公司为了扩大公司收音机的销路，免费向一些报社提供电台播送设备，大晚报馆、申报馆和大陆报馆先后在同年开设了开洛广播电台分站，播出内容有商业消息、新闻和音乐节目等。当时，开洛广播电台的唯一收入是发行行情密码单，即将市面行情编写成密码，每月印行一次，听众欲知行情，就得出资

① 赵玉明．中国广播电视通史：新 1 版［M］．北京：中国广播影视出版社，2014：8.

购买密码单。[①] 1929 年 10 月底该电台停止播音。

我国自办的第一座广播电台——哈尔滨广播无线电台于 1926 年 10 月 1 日正式播音，呼号 XOH，发射功率 100 瓦，每天播音 2 小时，内容有新闻、音乐、演讲和物价报告等。1927 年 3 月 18 日，上海新新公司（现上海市第一食品商店）为了推销自己制造的矿石收音机，开办了新新广播电台，台址就位于公司六楼，呼号 XGX，发射功率 50 瓦，这是我国第一家民营广播电台。

（三）职业记者

我国最早的职业记者出现于民国初期。在此之前，王韬、梁启超等人也以办报著称，但是严格说来，他们或是思想家，或是革命家，或是宣传家，却不是严格意义上的新闻记者；他们所撰写的更多是政论文章，而不是新闻报道；报纸在他们眼中，更多是一种舆论动员和宣传的工具。可以说，从"文人论政"的士大夫到职业记者的出现，这是五四运动后中国新闻业"职业化"的标志。

图 14－10　黄远生

1. 黄远生

黄远生（1885—1915）（见图 14－10）原名黄为基，字远庸，远生为笔名，江西九江人。他 16 岁考取秀才，光绪三十年（1904 年）考中光绪甲辰进士，是清末最后一批进士中最年轻者。之后，他赴日本中央大学学习法律，1909 年回国，被清政府授予邮传部员外郎兼参议厅行走和编译局纂修官等职。辛亥革命爆发后，黄远生弃官投身报界。1912 年，黄远生在北京创办《少年中国》周刊，任主编，由此开始了记者生涯。黄远生先后主编过梁启超创办的《庸言》月刊，担任过上海《申报》《时报》《东方日报》的特约记者和北京《亚细亚报》的撰述，同时还经常为《东方杂志》《论衡》和《国民公报》等报刊撰稿，进入报界不久就凭借高超的采访写作技能被誉为"报界之奇才"，与刘少少、徐彬彬（凌霄）并称民国初年新闻界"三杰"。

袁世凯称帝前，想利用黄远生在舆论界的声望，力邀他担任"御用"的上海《亚细亚报》总撰述，但黄远生不肯为袁世凯背书。1915 年 9 月初，黄远生逃离北京，南

① 民国时期广播电台［EB/OL］.（2002-01-05）［2021-07-06］. http://61.129.65.112/dfz_web/DFZ/Info?idnode=63808&tableName=userobject1a&id=12104.

下上海，同时在上海各大报刊刊出《黄远生反对帝制并辞去袁系报纸聘约启事》，明确表示反对帝制，与袁世凯决裂。抵达上海后，他又连续九天在《申报》和《时事新报》上刊登启事，宣布自己与曾担任驻京通讯员的《申报》和担任撰述的《亚细亚报》脱离关系。但《亚细亚报》在出版广告中仍把他的名字列为总撰述，他只得又连续七天在报纸上声明与《亚细亚报》划清界限。为了彻底躲避袁世凯的追逼，1915年10月，黄远生乘坐轮船离开上海，前往美国旧金山。1915年12月25日下午，黄远生在旧金山唐人街被中华革命党枪杀，年仅30岁。

黄远生被后人称为“中国第一个真正现代意义上的记者”，他擅长新闻采访和写作，开创了新闻通讯这一新闻文体。黄远生具有很强的政治敏锐性和新闻敏感性，他的新闻通讯所报道的大都是重大政治新闻，或者是人们欲知而不得知的内幕新闻，比如宋教仁被刺、袁内阁两次倒台、唐绍仪被迫下野等重大事件。在写作上，黄远生对新闻背景、事件内幕的挖掘与分析及时而深入，见解独到。而且他的文笔生动，比如在《外交部之厨子》一文中，他从一个姓余的厨子的个人经历入手，写出了世态的复杂、官场的腐败和革命的不彻底等。

黄远生的新闻通讯具备了真实性、新闻性、生动性和评论性等现代通讯的基本特点。去世后，他的文章被整理成《远生遗著》一书出版，这是我国第一部新闻通讯集，黄远生则是我国新闻通讯的先驱。在黄远生四年左右的记者生涯中，尽管没有提出过系统的新闻理论，但他的一些新闻理念散落在所写的一些作品中。比如，报纸应该主持公理，指斥时弊；新闻报道要客观、公正、真实、全面；记者要加强自身的修养和基本功的训练，做到四能，即“脑筋能想，腿脚能奔走，耳能听，手能写”。

2. 邵飘萍

图14-11　邵飘萍

邵飘萍（1886—1926）（见图14-11）原名镜清，后改名振青，字飘萍，浙江金华人。他13岁中秀才，1906年考入浙江省立高等学堂（今浙江大学）师范科，开始接触维新共和思想，1911年大学毕业后被金华中学堂聘为国文和历史教员。辛亥革命后，邵飘萍前往杭州准备办报，在杭州期间与当时报界名人杭辛斋共筹《汉民日报》，从此进入报界。

邵飘萍爱憎分明、措辞犀利的文风很快受到读者喜爱，不久就主持《汉民日报》的笔政。二次革命失败后，袁世凯的势力扩大到了浙江，邵飘萍在《汉民日报》上对“盗民国之名，行独裁之实”的袁世凯的抨击导致报馆在 1913 年 8 月因“言论悖谬，扰害治安”的罪名而被查封，邵飘萍被捕入狱，后获亲友营救，保释出狱。

1914 年春，邵飘萍东渡日本，进入日本法政学院学习，在此期间结识了张季鸾、李大钊等友人，同时组建东京通讯社，为北京、上海等地著名报纸撰写通讯。1915 年 12 月袁世凯称帝，梁启超旋即返回上海，为《申报》《时报》和《时事新报》撰文讨袁。袁世凯倒台后，1916 年 6 月邵飘萍接受史量才的邀请，受聘为《申报》驻京特派记者。8 月抵京任职后，他开始创办新闻编译社，主编本国新闻，翻译重要外电，油印分发驻京各报馆和邮寄京外报馆。在担任《申报》驻京特派记者期间，邵飘萍共撰写《北京特别通讯》20 余万字，内容涉及社会、政治、经济各个方面，内容真实，文字清新刚直。1918 年 10 月 5 日，邵飘萍在北京创办《京报》，自任社长，由此开始独立办报生涯。

五四运动时期，邵飘萍和他主持的《京报》与全国进步报刊团结一致，支持群众的爱国行为。1919 年 8 月，京报社因不断揭露北洋政府袒护卖国贼的行径而遭到段祺瑞政府的制裁，报社被查封，邵飘萍逃入六国饭店，后经人帮助再次东渡日本。1920 年下半年段祺瑞垮台后，邵飘萍返回北京，并于 9 月恢复出版《京报》。

邵飘萍经常被称为“新闻全才”。他的特长是采访，而且常能采访到独家新闻，这与他广泛交友、随时把握采访线索密不可分。创办《京报》后，除了采写，邵飘萍还展现出在协调采访、筹划版面等方面的出色能力。1926 年“三一八”惨案发生。当天，邵飘萍安排报社文字记者和摄影记者第一时间赶到惨案现场和相关医院调查采访，自己完成采访后深夜回报馆写下了题为《世界之空前惨案——不要得意，不要大意》的檄文。3 月 19 日《京报》刊出了他自己撰写的檄文与控诉段祺瑞的消息，以及在北京城内各大医院获得的 70 余名伤亡者的详细信息，交代了“三一八”惨案的前因后果，引发了强烈的社会反响。除了新闻实践，邵飘萍在 1918 年北京大学新闻学研究会成立时受蔡元培邀请，担任导师。尽管当时《京报》刚刚成立，日常工作繁忙，但他坚持每周给研究会学员上 2 小时的业务课，先后著有《新闻学总论》和《实际应用新闻学》两本著作。

1926 年 4 月 18 日，奉系军阀进入北京，4 月 24 日以“宣传赤化”的罪名逮捕了邵飘萍，两天后邵飘萍被枪决于天桥，年仅 40 岁。1949 年，浙江金华解放后，当地政府追认邵飘萍为革命烈士。

二 五四以降的新闻教育

尽管在新闻实践方面，近代中国的新闻业落后于西方主要国家，但是就新闻教育而言，中国几乎与西方主要国家同步。1908 年，美国第一所正规新闻学院——密苏里大学新闻学院创立，中国的新闻教育也产生于同时期。

1917 年，时任北京大学校长的蔡元培聘请年仅 23 岁的徐宝璜担任文科教授，开始给北京大学文科各系开设新闻学的选修课，介绍欧美各国新闻概况和理论，培养新闻人才，这是中国高等学府中最早开设的正式新闻学课程。

图 14－12　徐宝璜

徐宝璜（1894—1930）（见图 14－12）字伯轩，江西九江人，辛亥革命前就读于北京大学，1912 年考取官费留学生，留学纽约州立林业工程学院。1913 年，他在密歇根大学选修暑期课程，并于 1914 年转入该校攻读经济学。在密歇根大学期间，他密切关注新闻学教育发展状况。当时，密歇根大学开办了一个报纸工作者的培训项目，学员完成报纸写作、报纸工作实践等课程后，可以获得一份特别证书。1916 年，徐宝璜选修了“修辞与批评”和“基础报纸写作”课程，这段新闻学专业学习经历，为他回国教授新闻学课程提供了可直接借鉴的经验。1916 年夏，徐宝璜获得密歇根大学文学学士学位毕业回国，先在北京《晨报》做编辑工作，1917 年被聘为北京大学文科教授，成为北大 80 多位教授中最年轻的教授，同年开设新闻学课程。不久，徐宝璜把讲稿整理成《新闻学大意》，在《东方杂志》上连载。1918 年暑假，徐宝璜将连载内容整理成《新闻学》一书，1919 年由北京大学出版部出版，这是中国人自撰并正式出版的第一本新闻学教材及专著。

1923 年秋，北京平民大学报学系正式成立后，徐宝璜被聘为系主任，主持该系工作。1930 年 5 月 29 日，徐宝璜在给北大学生上课时突发脑出血，中风晕厥，两天后在北京协和医院去世，年仅 36 岁。

1918 年 10 月 14 日，中国第一个新闻学研究团体——北京大学新闻学研究会成立[①]，

① 1918 年 10 月 14 日研究会成立时，名为“北京大学新闻研究会”。1919 年 2 月，新闻研究会召开改组大会，将“北京大学新闻研究会”改为“北京大学新闻学研究会”，增加了一个“学”字，突出学理性。

该研究会由校长蔡元培亲自发起并担任会长，这标志着中国新闻教育的开端（见图 14 - 13）。蔡元培邀请徐宝璜和邵飘萍担任导师，李大钊、高一涵等知名学者则为学员做演讲。从 1918 年 10 月到 1920 年 12 月的两年零两个月的时间里，共有 100 多位学员在北京大学新闻学研究会学习，他们大都是文、史、哲、法律系的学生，也有校外学员。毛泽东曾在新闻学研究会听了半年的新闻课程。

图 14 - 13　北京大学新闻学研究会第一届学员合影

自 20 世纪 20 年代起，国内先后创立了一批新闻院系。1920 年 9 月，上海圣约翰大学报学系（后称新闻系）成立，这是中国的第一个新闻系，聘请《密勒氏评论报》主笔、毕业于美国密苏里大学新闻学院的毕德生（D. D. Patterson）担任系主任。设系初期，主要利用晚间授课，选修学生达四五十人。1921 年，厦门大学设立报学系，这是中国人自办的第一个新闻系。该系初创时仅有一个学生，1922 年增至六人，孙贵定为系主任。1923 年，厦门大学发生学生运动，师生宣布离校，报学系由此停办。中国人自办的第一个正规四年制新闻系是北京平民大学报学系。平民大学成立于 1921 年 11 月，1923 年秋平民大学报学系成立，徐宝璜任系主任，邵飘萍、吴天生为教授，学制为四年。1924 年秋，北京燕京大学设立报学系（后称新闻系），由燕京大学首任校长司徒雷登倡议，并在美国新闻界和美国密苏里大学新闻学院的帮助下组建，首任系主任为白瑞登（R. S. Britton）。1927 年，燕京大学新闻系因为经费困难停办，1929 年 9 月恢复，并与美国密苏里大学新闻学院交换教授和研究生。抗战之前，燕京大学新闻系是远东地区最新式而且设备最完备的新闻院系。

中国新闻界与国际新闻界的交流也始于这一时期。仅 1921 年到 1922 年间，来华访问的西方新闻界知名人士有：英国《泰晤士报》社长北岩勋爵，美国密苏里大学新闻学院院长、世界报界大会主席沃尔特·威廉博士（Dr. Walter William），美国新闻出版界协会会长，美联社社长等。1921 年 10 月，上海日报公会代表许建屏等六人参加了在美国檀香山召开的世界报界大会，这是中国新闻界代表第一次出席国际新闻学术会议。1932 年 9 月和 1933 年 11 月，上海日报公会先后两次委托中国著名学者戈公振出席日内瓦召开的国际新闻会议和国际联盟在马德里召开的第二届国际新闻专家会议。

第三节 中国共产党新闻事业的建立与发展

1921 年 7 月，中国共产党诞生。在继承与发扬五四运动时期报刊的革命精神的基础上，中国共产党在共产国际的帮助下开始创办自己的报刊，逐步建立与发展起中国共产党新闻事业，揭开了中国新闻史崭新的一页。

一 中共早期的新闻事业

中国共产党成立之初，中共中央尚未创办机关报刊，只是将原来的《新青年》作为党的理论刊物继续出版，直到 1922 年 7 月党的第二次全国代表大会开过以后，才筹办了《向导》周报（见图 14 - 14）。

《向导》是一份时事政治评论性周报，是中共中央的第一份机关报，1922 年 9 月 13 日在上海创刊，1927 年 5 月迁至武汉，7 月停刊，共出版 201 期。

作为中共中央的机关报，《向导》集中宣传了党的二大制定的民主革命纲领，即打倒帝国主义，打倒封建军阀，统一中国为真正的民主共和国。《向导》用大量事实报道和马克思列宁主义理论分析了中国贫穷落后、战乱不安的根源，明确指出打倒帝国主义是中国人民民主革命的基本任务之一；同时，还大力宣传打倒封建军阀，批驳各种错误思想和主张。经过两年多的宣传，“打倒帝国主义”“打倒军阀”等口号深入人心。

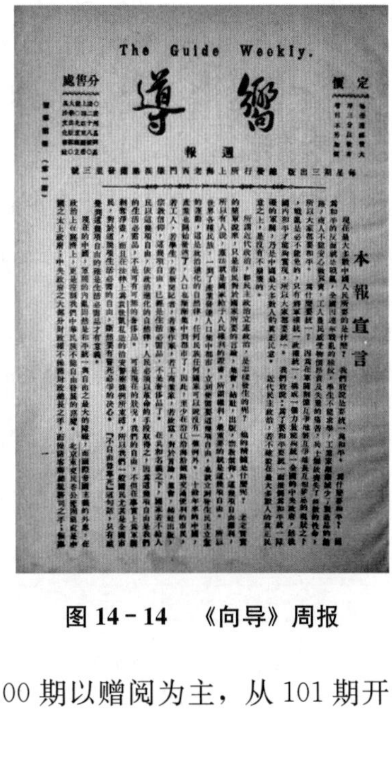
The Guide Weekly.
嚮導
週報
分售處
定價
本報宣言

图 14 - 14 《向导》周报

《向导》的办刊经费来自共产国际提供的党费，前 100 期以赠阅为主，从 101 期开始不再赠阅，105 期开始部分恢复赠阅。[①]《向导》最初的发行量不大，1 000 份左右，后来增加到三四千份，分别在上海、武汉、广州、北京、杭州等地发行，发行方式主要依靠党员的传递和民信局邮递。

中共早期报刊主要是在共产国际的帮助下，借鉴列宁党报刊思想和俄国党报经验创办起来的，继承和发扬了五四运动时期报刊的革命精神，以宣传马列主义和党的纲领、路线、方针和政策，指导革命斗争为基本任务。继《向导》之后，中共中央又分别在广州和上海创办了《新青年》季刊和《前锋》月刊，介绍和宣传马列主义理论、中国共产党的纲领和主张。

1927 年 4 月 12 日，蒋介石在上海发动反革命政变，共产党的报刊一概被查封，国民党左派报刊或被查封或被改组。同年 7 月 15 日，汪精卫在武汉发动反革命政变。随后，以蒋介石为首的国民党政权在全国取得统治地位，共产党人成为被捕杀的对象，共产党的报刊被取缔。在中共临时中央迁至中央革命根据地之前，国统区的共产党报刊转向“地下”，秘密出版，革命根据地以办壁报的形式开展新闻宣传，壁报统一被称为《时事简报》。《时事简报》不是印的，是写的，用大张大字写，内容包括群众斗争消息、苏维埃的活动、红军的活动和统治阶级情形。登消息的次序是本乡的、本区的、本县的、本省的、本国的、外国的，由近及远。《时事简报》一般三天出一张，一个月出十张，斗争紧张的地方可以一天出一张。[②] 1931 年 11 月 7 日，中华苏维埃共和国临时中央政府在江西瑞金成立，中国共产党初步形成以红色中华通讯社、《红色中华》报、《青年实话》《红星报》《斗争》等为基础的中共早期新闻事业系统。

1934 年 10 月，中国工农红军主力开始实施战略转移；1935 年 10 月红军长征到达陕北；11 月 25 日《红色中华》报在瓦窑堡复刊，红色中华通讯社也恢复工作，两者一个机构、两块牌子，统称“红色中华社”。1936 年 12 月 12 日西安事变之后，为了促进抗日民族统一战线的建立，1937 年 1 月《红色中华》报改名为《新中华报》，红色中华通讯社也改名为新华通讯社，同时迁往延安。1937 年 9 月 6 日，陕甘宁边区政府成立，《新中华报》成为陕甘宁边区政府的机关报，由油印改为铅印。1939 年初，《新中华报》和新华通讯社分家，各自成立独立的编辑机构，由此结束了报、社一家的历史。1939 年 2 月 7 日，《新中华报》改组为中共中央机关报兼陕甘宁边区政府机关报，三日刊，4 开小

---

① 王润泽．中国新闻媒介史（1949 年前）[M]．北京：北京大学出版社，2011：159.

② 毛泽东新闻工作文选 [M]．北京：新华出版社，2014：28－34.

报，在陕甘宁边区和各抗日民主根据地发行。1940年12月30日，延安新华广播电台建成并开播，发射功率为300瓦，波长28米，呼号XNCR，标志着我国无产阶级广播事业诞生。自此，由报纸、通讯社和无线广播电台组成的中国共产党新闻事业系统建成。

二 中共党报理论的确立

长征之后，中国共产党新闻事业获得了一定的发展，出现了不少较有影响力的革命报刊，比如国统区重庆的《新华日报》、晋察冀根据地的《晋察冀日报》。但是，当时的革命报刊分属不同的系统和部门，在办报方针上往往各行其是，在理论和实践上尚未做到“与党中央保持高度一致”。1941年皖南事变发生后，党内一部分同志的“左”倾观点抬头，个别根据地的新闻宣传中出现过宣传内容不符合党的政策的情况，甚至公开提出“另立中央政府”的主张，这时，统一全党的宣传思想成为一个亟待解决的问题。[①] 与此同时，抗日战争进入困难阶段，日军的“三光政策”“铁壁合围”等给抗日根据地造成了巨大的压力。除了日军对根据地的疯狂进攻，国民党顽固派制造的一系列摩擦也令以延安为中心的陕甘宁边区物资奇缺。鉴于客观上困难的经济条件和主观上对一张能够指导全国革命、统领全党意志的大报的需求，1941年中共中央决定创办一份大型日报作为中共中央机关报，即在原《新中华报》和新华通讯社内部刊物《今日新闻》的基础上推出对开大报《解放日报》，“一切党的政策，将经过《解放日报》与新华社向全国宣达”[②]。

解放日報
蘇援華堅定不變

图 14－15 《解放日报》创刊号

1941年5月16日《解放日报》创刊（见图14－15），日出对开半大张，9月16日起扩版为日出对开一大张。第一任社长是博古，之后是廖承志。历任总编辑为杨松、陆定一和余光生。毛泽东为《解放日报》题写了报头，撰写了发刊词：

> 本报之使命为何？团结全国人民战胜日本帝国主义一语足以尽之。
>
> 这是中国共产党的总路线，也就是本报的使命……
>
> …………

① 王敬．延安《解放日报》史［M］．北京：新华出版社，1998：4.

② 中国社会科学院新闻研究所．中国共产党新闻工作文件汇编：上卷［M］．北京：新华出版社，1980：97.

中国共产党的使命就是本报的使命，本报同人完全相信，由于世界人民与中国人民协力斗争的结果，世界必然要变成一个世界人民的光明世界，中国必然要变成一个中国人民独立自主的中国，日本帝国主义的一切企图，我们是能够粉碎的。团结，团结，团结，这就是我们的武器，也就是我们的口号。今当本报发刊之始，愿掬至诚，以告国人。

（一）《解放日报》改版

1942 年春天，中国共产党在全党范围内开展整风运动，反对主观主义以整顿学风、反对宗派主义以整顿党风、反对党八股以整顿文风，旨在从思想上清算中国共产党成立二十多年来在党内发生的历次“左”倾、右倾错误路线及其流毒，在全党范围内进行一次马列主义的教育运动。中共中央机关报《解放日报》成为整风运动的重要组成部分，一方面承担报道和宣传整风运动的工作，另一方面通过自身的改版纠正了国内外资产阶级办报思想和做法对报纸的影响，确立了中共党报的办报思想和方针。

《解放日报》创刊之初，基本照搬了苏联《真理报》的办报模式和报道的价值取向。在内容上，主要关注国际消息和国民党抗战的新闻，忽视对共产党及其军队和陕甘宁边区的报道。比如，《解放日报》创刊号的头版头条是综述性消息《苏援华坚定不变》，二条位置刊发的是德国法西斯党的二把手赫斯出奔英国的突发事件，而毛泽东撰写的发刊词则被编排在了不大显著的左下方。在版面编排上，第一、二版大量刊载国际新闻，第三版刊登国内新闻，第四版才是陕甘宁边区新闻和副刊，严重脱离了当时党的工作中心和陕甘宁边区的实际。比如，《解放日报》创刊号的头版下半版是各国主要通讯社的电讯，共 17 条。1942 年 2 月 1 日毛泽东在延安中共中央党校开学典礼上做了《整顿党的作风》的报告，标志着整风运动的开始，但第二天出版的《解放日报》却将这一重要新闻放在了第三版右下角不太显著的位置。2 月 10 日，《解放日报》又在第三版左下角不显著的位置发表了毛泽东的《反对党八股》。

1942 年 3 月 16 日，中共中央宣传部发出《为改造党报的通知》，明确提出“报纸的主要任务就是要宣传党的政策，贯彻党的政策，反映党的工作，反映群众生活，要这样做，才是名副其实的党报，如果报纸只是或者以极大篇幅为国内外通讯社登载消息，那末这样的报纸是党性不强，不过为别人的通讯社充当义务的宣传员而已，这样的报纸是不能完成党的任务的”[①]。1942年4月1日，《解放日报》在中共中央的直接指导下改版。改版当天的报纸刊登了《为改造党报的通知》和改版社论《致读者》。

> 什么是党报？……第一，贯彻着坚强的党性。……第二，密切地与群众联系，反映群众的情绪、生活需求和要求，记载他们的可歌可泣的英勇奋斗的事迹，反映他们身受的苦难和惨痛，宣达他们的意见和呼声。……第三，洋溢着战斗性。……第四，响应党的、政府的号召，或者根据党的方针倡导各种群众运动，经常注视和指导运动的展开，具体地帮助各种群众运动和工农大众的斗争……
>
> 如果从这样的观点去检查我们十个月的工作，实在是惶恐得很，……我们以最大的篇幅供给了国际新闻，而对于全国人民和各抗日根据地的生活、奋斗，缺乏系统的记载；我们孤立登载着中央的决议指示，领导同志的论文，而没有加以发挥和阐明，对于政策和决议的执行情形经验检讨则毫无反映；我们以巨大的篇幅登载枯燥乏味的论文和译文，而不能以生动活泼通俗易解的文字解释迫切的问题，对于敌对思想缺乏应有的批评……
>
> 尤其重大的弱点是，最近中央号召全党反主观主义、反宗派主义、反党八股，进行思想革命与改造全党工作的时候，党报没有能尽其应尽的责任……
>
> 在检讨我们过去的工作之后，我们认为需要使我们的工作，有一个彻底的改革。改革的目的，就是要使《解放日报》能够成为真正战斗的党的机关报。要达到这个目的主要的环节，就是要使我们整个篇幅贯彻党的路线，反映群众情况，加强思想斗争，帮助全党工作的改进。这样来贯彻我们报纸的党性、群众性、战斗性和组织性！
>
> 《致读者》，1942年4月1日

改版后的《解放日报》把报道抗日民主根据地新闻作为首要任务。在版面编排上，第一版是反映各抗日民主根据地的要闻版，第二版是陕甘宁边区版，第三版是国际版，第四版是副刊和各种专论。在内容上，没有要事，不发社论；外国通讯社的稿件必须改写。在报道文风上，摒弃了长篇大论、欧式句子，改用新鲜活泼、中国老百姓喜闻乐见的语言风格写作。1944年2月16日，《解放日报》发表社论《本报创刊一千期》，宣布初步实现改版目标。《解放日报》的改版适应了当时抗日民主

① 中国社会科学院新闻研究所．中国共产党新闻工作文件汇编：上卷［M］．北京：新华出版社，1980：126－127.

根据地的实际情况，改版后的党报极大地推进了党的各项工作，发挥了联系群众、动员群众的作用。

（二）中共党报理论的确立

所谓改版，最直接的体现是版面编排的变化，其实质是对办报思想、方针及相应业务的全面系统调整。[①] 在改版期间，《解放日报》发表了一系列重要社论和文章，对中国共产党新闻工作的重大方针和基本原则进行了阐述，形成了一整套独立完整的中国共产党新闻理论或党报理论。在整风运动过程中，中共中央以《解放日报》的改版为中心工作，逐步建立起以《解放日报》和新华通讯社为核心，涵盖各根据地的报纸、分社等的有机的新闻宣传网络。

围绕《解放日报》改版形成的中国共产党党报理论可以归纳为以下几点：

第一，党报具有“党性、群众性、战斗性、组织性”四项品质。党性是指政治上、组织上、思想上与党中央保持一致；群众性是指全心全意为人民服务；战斗性是指报刊要成为革命事业的一支方面军，鼓舞人民，打击敌人；组织性是指党报要成为发动群众、组织群众的工具。

第二，确立“全党办报、联系群众”的工作方针。党报必须由全党来办，而不是依靠几个报馆工作人员来办，党报工作者是党组织的一部分，一切要依照党的意志办事。党的领导机关要看重报纸，制定报纸的宣传方针，并随时进行指导。各级党组织和全体党员都对党报负有责任，要经常看党报，协助党报的发行工作及组织党报的通讯工作。在日常新闻报道中，党报记者要深入实际、深入群众生活。改版前的《解放日报》，主要工作是抄录各国电讯稿进行编辑，及参加党的会议，发一些会议相关的消息。这种新闻工作方式严重脱离了边区群众，因此，群众不会关心报纸，也很难理解报纸上的新闻报道。党报记者必须了解群众的生活，与群众打成一片，才能将党中央的精神写成适合群众阅读的新闻报道。

《解放日报》改版期间发表了三十多篇理论文章，其中1943年9月1日总编辑陆定一发表的《我们对于新闻学的基本观点》堪称经典。陆定一从马列主义唯物论的哲学角度厘清了新闻的本源和新闻的真实性问题，文章给“新闻”下的定义沿用至今。

> 唯物论者认为，新闻的本源乃是物质的东西，乃是事实。就是人类在与自然

① 李彬．中国新闻社会史：插图版［M］．北京：清华大学出版社，2008：155．

斗争中所发生的事实。因此，新闻的定义，就是新近发生的事实的报道。

《我们对于新闻学的基本观点》，1943

三 中共新闻事业的重要调整和发展

抗战胜利后，中国共产党在解放区的办报条件大为改善，大部分报纸由油印改为铅印，城市报刊出现，报刊数量增加。1946 年 6 月，国民党当局挑起全面内战，中共报刊再次被迫由城市迁往农村，铅印改回油印，日刊改为双日刊、三日刊、周刊和不定期刊，还有一些报刊被迫停刊。中共中央机关报《解放日报》在 1947 年 3 月 27 日出至第 2 130 期后停刊。

1947 年下半年，中共领导的解放军由战略防御转入战略进攻。1948 年秋天，解放战争向全国推进，大批城市解放，中共新闻事业再次由农村转移到城市。在此期间，毛泽东和刘少奇分别与解放区的编辑和记者谈话，谈话内容丰富了中共党报理论。1949 年 10 月 1 日，中华人民共和国成立，以北京为中心、遍布全国各地的公营新闻事业网络逐渐建立了起来。

（一）中共党报理论的发展

1. 毛泽东《对晋绥日报编辑人员的谈话》

抗战胜利后，中国共产党在解放区开展土地改革运动，及时调整土地政策，将抗战时期的减租减息政策调整为没收地主土地分配给农民。土改运动中，新华通讯社和解放区的报刊、广播电台进行了大量的宣传报道，一方面宣传中国共产党的土改路线、方针与政策，将土改与人民解放战争联系起来，同时刊发土改工作的典型经验，推进土改运动；另一方面大量刊载揭发地主阶级剥削罪恶的报道，反映农民的呼声。当时中共晋冀鲁豫边区中央局机关报《人民日报》就专门开设“农民呼声”专栏，控诉地主的罪恶，揭发土改工作中的缺点，宣扬土改工作中的先进事迹。但是，土改宣传报道在实际操作过程中出现了右倾思想。有的报纸过分渲染地主“拥护土改”、自动“献地”，“献地”后马上变成了“劳动人民”，并且受到政府“赞誉”，忽略了作为阶级斗争的土改运动的矛盾性，刻画出“和平土改”的不实景象。与此同时，报纸上出现不少失实报道，比如一些凭空塑造的“英雄”和“模范”、夸大和捏造的土地改革成绩等。

1947年6月，在中共中央晋绥分局的领导下，《晋绥日报》最先检查了新闻报道中存在的右倾错误和新闻失实的问题，在报纸上公开进行批评与自我批评，发动群众揭露虚假新闻，由此掀起了反“客里空”运动（见图14－16），旨在维护新闻真实性原则。

晋绥日报

图14－16 《晋绥日报》反“客里空”运动报道

“客里空”是俄语单词“Крикун”的音译，是苏联作家科尔内楚克在1942年9月发表的话剧作品《前线》中塑造的一个惯于信口开河、捏造事实的记者。客里空最大的本事是坐在总指挥部将打听来的材料编写成新闻，虽然缺乏采访材料，却能把新闻写得活灵活现。客里空的造假行为最终还是暴露了，被红军军官从前线赶走了。

1947年6月15日，《晋绥日报》用第四版整版刊登了《前线》剧本中有关“客里空”的情节，并在编者按中写道：“我们的编者作者应该更加警惕，并勇敢地严格地检讨与揭露自己不正确的采访编写的思想作风，更希望我们每一个读者都起来认真、负责、大胆地揭发客里空和比客里空更坏的新闻通讯及其作者，在我们的新闻阵营中肃清客里空。”《晋绥日报》发起的反“客里空”运动得到了中共中央的肯定，并通过新华通讯社的宣传报道，从晋绥解放区推广到了其他解放区。1947年9月18日，《晋绥日报》在创刊七周年之际与新华通讯社晋绥总分社联名发表文章《关于“客里空”的检查》，连载四天，将检查的重点指向报社的领导人员，提出把肃清“客里空”与端正领导作风结合起来。自此，由《晋绥日报》发起的解放区新闻战线的反“客里空”运动向纵深发展，由纠查新闻报道的失实问题深入到了检查新闻工作者的立场与作风上，旨在提高新闻工作者的政治素质。反“客里空”运动开展至1948年春才告一段落。

然而，反“客里空”运动在纠正右倾思想的过程中，又出现了“左”的偏向，片面强调“走贫雇农路线”，排斥和打击了中农和其他工商业者，误伤了一些人，对土改运动起了误导作用。在此背景下，1948年4月2日毛泽东接见了《晋绥日报》编辑部人员，发表了《对晋绥日报编辑人员的谈话》，在总结解放区新闻工作经历的“左”倾、右倾两条战线的斗争的基础上，阐明了无产阶级党报理论的几个基本问题。

第一，关于无产阶级党报的作用与任务。“报纸的作用和力量，就在它能使党的纲领路线，方针政策，工作任务和工作方法，最迅速最广泛地同群众见面。”“办好报纸，把报纸办得引人入胜，在报纸上正确地宣传党的方针政策，通过报纸加强党和群众的联系，这是党的工作中的一项不可小看的、有重大原则意义的问题。”

第二，关于办报的路线与方针。“我们的报纸也要靠大家来办，靠全体人民群众来办，靠全党来办，而不能只靠少数人关起门来办。”

第三，关于无产阶级党报的风格。“我们党所办的报纸，我们党所进行的一切宣传工作，都应当是生动的，鲜明的，尖锐的，毫不吞吞吐吐。这是我们革命无产阶级应有的战斗风格。”

第四，关于党报工作者的学习与修养问题。“报纸工作人员为了教育群众，首先要向群众学习。”“要使不懂得变成懂得，就要去做去看，这就是学习。报社的同志应当轮流出去参加一个时期的群众工作，参加一个时期的土地改革工作，这是很必要的。在没有出去参加群众工作的时候，也应当多听多看关于群众运动的材料，并且下工夫研究这些材料。”①

2. 刘少奇的《对华北记者团的谈话》

1948 年 9 月和 10 月，中共中央工作委员会在其所在地河北平山县西柏坡举办了由人民日报社、新华通讯社华北总分社的部分记者参加的学习班。这些记者主要由“在抗日战争初期参加革命，有一定文化程度，有丰富的革命经验，但是他们初当记者，因此迫切需要了解新闻工作”的“新记者”和“已经有了五年以上的新闻工作经历的党报记者或编辑。但是，他们长期在根据地（农村）办报，对城市还不熟悉，对将来进城以后如何开展工作需要进行研究”的“老记者”构成。② 10 月 2 日，刘少奇向学习班成员发表讲话，这一系列讲话后被整理成《对华北记者团的谈话》文稿。在讲话中，刘少奇主要阐明了以下两点。

第一，新闻工作的作用与任务。“我们党要通过千百条线索和群众联系起来，而你们的工作、你们的事业，就是千百条线索中很重要的一条。报纸每天和群众见面，每天把党的政策告诉群众。”“党依靠你们的工作，指导群众，向群众学习。”“人民也是依靠你们的。”“依靠你们把他们的呼声、要求、困难、经验以至我们工作中的错误反映上来，变成新闻、通讯，反映给各级党委，反映给中央，这就把党和群众联系起来了。”

---

① 中国社会科学院新闻研究所．中国共产党新闻工作文件汇编：下卷［M］．北京：新华出版社，1980：233-237.

② 钱江．失落的记忆：刘少奇同志对华北记者团讲话的补证［J］．新闻与写作，2007（7）：42.

第二，党和人民的新闻工作者必备的四个条件：马列主义的修养；政策路线的知识；正确的基本态度；独立地做相当艰苦的工作。[①]

（二）中华人民共和国成立初期的新闻事业网络

1949 年 10 月 1 日，中华人民共和国成立，中共中央和中央人民政府对在革命战争中发展起来的党的新闻事业进行调整和充实，建立起了以《人民日报》为中心、以党报为主体的公营报刊网，以新华通讯社为主体的国家通讯社网和以中央人民广播电台为中心的国营人民广播电台网。

《人民日报》的前身是 1946 年 5 月 15 日创刊于邯郸的中共晋冀鲁豫边区中央局机关报。1948 年 6 月 15 日，晋冀鲁豫《人民日报》和《晋察冀日报》在河北平山县合并改组，中共中央华北局机关报《人民日报》创刊，实际发挥党的全国性机关报作用，毛泽东为其题写了报名。1949 年 3 月 15 日，《人民日报》随中央机关迁入北平。同年 8 月 1 日，中共中央决定将《人民日报》定为中国共产党中央委员会机关报，沿用 1948 年 6 月 15 日的期号。

新华通讯社的前身是 1931 年 11 月 7 日在江西瑞金成立的红色中华通讯社，1937 年 1 月，红色中华通讯社在陕西延安改为新华通讯社，简称新华社。抗战胜利后，新华社进入了新的发展阶段，工作机构分设国内新闻、国际新闻、英文广播和口语广播四个编辑部门，到 1946 年 4 月，新华社在解放区的分社数量已达 40 多个。1947 年 3 月 27 日《解放日报》停刊后，新华社实际上成了集党中央机关报、通讯社和广播电台三种身份于一体的重要媒体。1948 年 6 月，新华社总社随党中央迁至河北平山县。1948 年 11 月，全社人员共 754 人，其中编辑人员 129 人，电务人员 215 人，各地总分社和分社达 20 个。[②]

中央人民广播电台的前身是 1940 年 12 月 30 日在延安创办的延安新华广播电台。当时的延安新华广播电台设备简陋，机器经常发生故障，有时甚至不得不暂时停止播音，这种时断时续的播音一直坚持到 1943 年春天。那时，因为环境越来越艰苦，无线电器材来源得不到保障，电子管损坏，播出音质差，收听效果不好，只得暂时停止播

---

① 中国社会科学院新闻研究所．中国共产党新闻工作文件汇编：下卷［M］．北京：新华出版社，1980：248-263.

② 方汉奇．中国新闻传播史［M］．2 版．北京：中国人民大学出版社，2009：282.

音。直到 1945 年 8 月抗战胜利后，延安新华广播电台才恢复广播。[①] 1945 年 9 月 11 日，《解放日报》刊登了延安新华广播电台恢复播音的新闻（呼号仍为 XNCR）。恢复播音后，延安新华广播电台的广播稿件仍由新华社提供。1947 年初，国共谈判彻底破裂，国民党军队集中兵力进攻陕甘宁解放区，延安新华广播电台被迫秘密转移至陕北瓦窑堡的好坪沟，于 3 月 21 日改名为陕北新华广播电台继续播音。1948 年 5 月下旬，陕北新华广播电台随新华社总社一起迁至河北平山县，于 5 月 23 日开始在平山播音。1949 年 3 月 25 日，陕北新华广播电台迁进北平，改名为北平新华广播电台，开始对全国广播，每天播音 5 小时；9 月 27 日改名为北京新华广播电台；10 月 1 日，北京新华广播电台向全国实况转播了开国大典，总时长六个半小时；12 月 5 日，北京新华广播电台第一台定名为中央人民广播电台，成为国家广播电台。

第四节　改革开放以来的新闻业

1978 年 5 月 11 日，《光明日报》在头版显著位置发表特约评论员文章《实践是检验真理的唯一标准》。同一天，新华社向全国播发全文，《人民日报》《解放军报》和其他七家省市级报纸也转载了此文。这篇文章引发了关于真理标准问题的大讨论，为重新确立党的解放思想、实事求是的思想路线做好了理论和舆论上的准备。1978 年 12 月 18 日，中国共产党十一届三中全会召开，中国由此进入了新的发展阶段，中国的新闻业也开始摒弃“文化大革命”时期的“报纸是阶级斗争的工具”这一论断，努力探索新闻传播规律。

一　经济类报刊猛增，晚报复刊与创刊

“文化大革命”刚结束时，全国只有 186 种报纸。1984 年，《中共中央关于经济体制改革的决定》发布，当年报纸总量很快增加到了 1 041 家，1985 年增加至 1 445 家，1986 年达到了 1 574 家。其中，经济类报纸增速最快，1979 年仅为 5 家，1986 年就达到了 112 家。[②]

① 赵玉明．中国广播电视通史：新 1 版［M］．北京：中国广播影视出版社，2014：80.
② 方汉奇．中国新闻传播史［M］．2 版．北京：中国人民大学出版社，2009：382.

1979年10月1日，人民日报社旗下的《市场报》创刊，这是我国第一份经济类报纸，也是全国第一家彩色报纸，报名由郭沫若题写。《市场报》以“维护市场秩序，提供商情商机”为办报宗旨，创刊号刊登了70条报道商品和市场的新闻及29条广告，内容涵盖了商品信息、批评产品质量问题的报道、征购、寻人、征婚等。

1981年7月，新华社主办的《经济参考报》创刊，这是我国第一份综合类经济报纸，开辟了中国财经报道的先河。《经济参考报》创刊三周年时，邓小平为报社题词“开发信息资源，服务四化建设”；创刊十周年时，邓小平为报纸题写了报名。

1983年元旦，《中国财贸报》更名为《经济日报》出版，这是一份由国务院主办的以经济报道为主的综合性中央级党报。1984年，邓小平为报纸题写了报名。

改革开放之初创办的《市场报》《经济参考报》和《经济日报》被视为中国经济类报纸的元老，报道领域涉及与经济相关的政治、社会等方方面面。1989年10月在北京创刊的《中华工商时报》则与这三家报纸不同，它由中华全国工商业联合会主管主办，不享受“价拨纸张”，自主经营、自负盈亏，完全走市场化路线。《中华工商时报》是一份以财经报道为主要内容的全国性综合经济类日报，它的特点还体现在该报与台湾地区的《工商时报》建立了交换稿件的合作关系，充分展现了“统战性、经济性、民间性”的办报思想。

改革开放之初，一批停刊的晚报纷纷复刊，也有一些新的晚报创刊。1980年初，《北京晚报》和《羊城晚报》同时复刊。1982年元旦，被迫停刊15年的《新民晚报》复刊。同一时期，天津的《今晚报》、南京的《扬子晚报》和杭州的《钱江晚报》先后创刊。

二 广播电台的“珠江模式”

1979年底，全国拥有中央和地方各级广播电台99座，电视发射台和转播台502座，调频台99座，电视台38座，1千瓦以上的电视发射台和电视转播台238座，2 300多个县、旗、市都建立了农村有线广播站。到1982年底，全国广播电台增加到了118座，电视台增加到了47座，电视发射台和转播台增加到了5 635座。广播的人口覆盖率达到了64.1%，电视的人口覆盖率提高到了57.3%。[①]

在改革开放前沿的广东出现了我国改革开放后的第一家经济广播电台。1986年

① 赵玉明．中国广播电视通史：新1版［M］．北京：中国广播影视出版社，2014：302-303.

12 月 15 日，建立在广东电台第二台基础上的珠江经济广播电台开播。珠江经济广播电台的全部节目都设主持人，以 2～3 小时为一节，大板块节目以综合性内容为主，逢整点播出信息，逢半点播出新闻。珠江经济广播电台的大部分节目采用直播形式，大量播出群众来信，听众可以通过点播、提问、评论等形式参与节目。此后，上海经济台、辽宁经济台、郑州经济台、沈阳经济台、重庆经济台等先后创立，全国掀起了“经济台热”。这些经济台普遍采用了珠江经济广播电台率先实行的“大板块、主持人直播、听众参与”的播出方式，业内人士将这种方式称作“珠江模式”。

三 周末版与扩版热潮

改革开放后，报刊数量的增加导致了报刊行业竞争的加剧。20 世纪 80 年代开始出现的“周末版”与“扩版”热潮是报刊行业竞争的具体表现。

1981 年，《中国青年报》最先推出《星期刊》；1984 年，《南方日报》创办《南方周末》；90 年代初，《光明日报》《工人日报》《北京日报》等省级以上报纸也开始出版周末增刊或星期刊。据不完全统计，1991 年时，全国 100 多家大报中有 54 家开办周末版；到 1993 年，全国创办了周末版的报社达到 200 多家。[①] 周末版主要报道“软新闻”，即可读性较强、贴近老百姓生活的社会新闻、娱乐新闻和服务性新闻。

1987 年，中共广州市委机关报《广州日报》率先由 4 版扩为 8 版，由此在全国掀起了扩版浪潮。1992 年，《广州日报》又推出了 12 版大报，《文汇报》《福建日报》和《黑龙江日报》扩为 8 版。1993 年，《解放日报》《经济日报》《光明日报》《辽宁日报》《大众日报》等也扩为 8 版。与周末版增加“软新闻”不同，扩版的主要目的是增加“硬新闻”，扩充报纸的信息量，同时增加广告的刊载量，适应在经济的高速发展下社会各个领域对广告的需求。

四 都市报的崛起

1995 年 1 月 1 日，中国第一份都市报《华西都市报》创刊。《华西都市报》率先提出了“市民生活报”的办报定位，创立了报纸市场化的运作理念和全新的竞争策略，

① 方汉奇．中国新闻传播史［M］．2 版．北京：中国人民大学出版社，2009：386.

创刊之初的报纸为 4 开 8 版。1997 年，《华西都市报》推出具有独创性的“敲门发行”理念，当年发行量突破了 50 万份，广告收入从 1995 年的 1 000 万元增长到了 9 000 余万元。可以说，《华西都市报》开启了中国报业的“都市报时代”。

在《华西都市报》大举成功后，全国各地纷纷引进“华西模式”，创办都市报。陕西的《华商报》、河南的《大河报》、湖北的《楚天都市报》、广州的《南方都市报》等先后创办，很快赢得了自己的受众。

都市报的崛起打破了改革开放后晚报在普通受众中的垄断地位，都市报以社会新闻和低价受到了普通受众的青睐。在办报理念上，都市报的崛起意味着报纸与受众之间的关系发生了根本性变化，报纸在采编时由思考“我想让你知道什么”转变为“读者喜欢什么”，受众成为各类报刊争相追逐的对象，“受众本位”意识日益确立。

但是，诚如西方主要国家所经历的报刊商业化发展过程那样，都市报刻意迎合受众、一味追求高额广告利润会导致报业市场低价竞争、广告杀价、报道内容低俗甚至不惜代价制造假新闻等不良现象。1998 年 3 月，《华西都市报》又率先提出“迈向主流媒体的”的理念，跳出市井新闻的报道模式，压缩社会新闻的报道版面，强化时政新闻的报道质量，加大对国内外重大新闻的及时、全面的报道，提升报纸的舆论监督功能。同一时期，广州的《南方都市报》和北京的《新京报》也转型发展模式，努力打造时事评论类内容。

五 “东广模式”与电视湘军的崛起

1992 年，邓小平南方谈话加速了中国改革开放的进程。同年 10 月 28 日，上海因浦东开发开放政策的实际需要而创办了继上海人民广播电台之后的第二家省级电台，即上海东方广播电台，由此形成了一个城市有两家同级别电台平行运作、平等竞争的局面。

相较于老牌的上海人民广播电台，上海东方广播电台强调内容的信息性、服务性和参与性。第一，信息性。在新闻节目编排上，以信息性为着眼点，强调密集播报。早晨的新闻板块长达 3 小时，大容量、高密度、快节奏地播出国内外重大新闻。在新闻内容来源上，除本台记者采编外，大量使用兄弟电台的电传，如新华社、中央人民广播电台、中国国际广播电台及各报驻外记者的供稿。第二，服务性。《东方大哥大》反映百姓呼声，为听众排忧解难；《上海潮》中的“热线急诊室”栏目接受消费者投诉，带领广大消费者抵制假冒伪劣产品；《夜鹰热线》为听众提供心理咨询、释疑解惑。这些节目充分体现了电台的服务性。第三，参与性。上海东方广播电台为了能让听众积极参与节目，打破封闭的直播空间，多次将直播现场搬到公共场所。比如，1992 年 11 月 24 日 22 时至翌日凌晨，《夜鹰热线》和《相伴到黎明》节目组联合在丝绸之路大酒店举行“今夜不寂寞——主持人与听众见面会”活动。[①]

上海东方广播电台在建台之初开展了一系列活动，比如，公开招聘节目主持人，向社会各界征集台标，召开新闻单位座谈会、特约记者会、新闻通讯员大会、东方论坛组稿会、音乐歌迷会等，引入竞争机制，加强电台与听众之间的互动。上海东方广播电台还尝试通过主办活动和打造知名主持人来树立电台的品牌形象，使广播电台在内容、主持人、运营机制等方面向纵深方向拓展，业内人士将其称为“东广模式”。

在电视领域，1997 年 1 月 1 日湖南电视台第一套节目上星播出，呼号“湖南卫视”，而湖南卫视真正引起观众与业界关注是在当年 7 月 11 日综艺类娱乐栏目《快乐大本营》开播之后。《快乐大本营》采用了当时国内没有的节目制作方式，内容以明星及普通观众参与的互动游戏环节为主，节目主持人则有点“装疯卖傻”。这种形式的节目使普通观众有机会到节目中露个脸。基于《快乐大本营》这档节目的成功，2003 年 1 月，湖南卫视明确将自己定位为“娱乐、信息为主的个性化综合频道”，采用“锁定年轻，锁定娱乐，锁定全国”的整体策略。2005 年，湖南卫视主办的大众歌手选秀节目《超级女声》凭借广泛的观众参与性、娱乐性和话题性取得空前成功，“超女”热潮席卷全国。借助品牌性综艺娱乐节目，湖南卫视的收视率和广告投放费连续刷新全国第一的纪录，成为中国省级卫视的“领头羊”，这种经营模式也被称为“电视湘军”。

六 报业集团和广电集团的涌现

20 世纪 90 年代中期，国内开始出现报纸兼并现象，报业集团出现。1996 年，国家新闻出版署批准成立了我国第一家报业集团——广州日报报业集团。1998 年，羊城晚报报业集团、南方日报报业集团、光明日报报业集团、经济日报报业集团和文汇新民报业集团分别成立。据统计，至 2003 年 6 月，新闻出版总署正式批准成立的报业集

① 第五节 上海东方广播电台［EB/OL］.（2003-08-04）［2021-07-06］. http://www.shtong.gov.cn/Newsite/node2/node2245/node4510/node10159/node10168/node63808/userobject1ai54375.html.

团共39家，其中中央级2家，省或直辖市24家，市级13家，分布于25个城市。这39家报业集团的总资产达384.46亿元。[①] 报业集团一般包含1家主报（党报），6～12家子报、1家出版社、若干杂志、1家印刷厂，还有一些其他经营性公司。

相较于报业集团，广电集团的建立尽管在技术层面更有难度，但是在行政层面具有先天优势。报纸归口不同的行政单位，广播电视机构则归属同一个行政单位领导，国家广电总局主导了广播电视机构“大整合”的方案与进程，大量广电集团（或广电总台）在合并原有的无线、有线和教育台，打破原有建制的基础上成立。例如，2001年8月，上海文广新闻传媒集团（SMG）在整合上海电视台、上海东方电视台、上海有线电视台、上海人民广播电台和上海东方广播电台的基础上成立，取消了原有的三个电视台和两个广播电台，撤台建频道，实行频道专业化。上海文广新闻传媒集团通过内部整合，把相关的节目、人员聚合在一个频道，避免因内部竞争而浪费资源，提升了节目内容和广电从业者的专业性。

21世纪初，一些报业集团和广电集团又向“跨媒体、跨行业、跨区域”迈进。“三跨”有三种基本模式：一是两家或数家媒体实行跨区域联合，共同出资、出人，创办一家新的媒体，比如广东的《南方日报》与北京的《光明日报》在北京联合创办《新京报》。二是两家或数家媒体实行跨区域合作，对已有的一两家媒体注资改造、重新包装。三是大型国企注资媒体，实行跨行业经营。比如2005年四川的五粮液公司出资近4 000万和新华社共同成立瞭望东方传媒有限公司，并对《瞭望东方周刊》进行改组。[②]

自改革开放以来，中国新闻业从最初的一报（党委机关报）两台（广播电视的新闻综合频率和频道）起步，20世纪80年代出现了大量经济类报纸和经济台，90年代则经历周末版、扩版和都市报热，广播电视机构也在不断增设影视、体育、财经等专业频率和频道。这一系列发展变化被称为增量改革。

中国新闻业的增量改革具有以下特点：

第一，从1978年底到20世纪90年代后期，新闻业的改革基本是自下而上进行的。21世纪初，中共中央和国务院的主管部门就新闻出版、广播电视深化改革做出了系统、全面的部署，涉及中国传媒业结构调整、运作模式转型、宏观管理体制等方面，由此进入了中央掌握主导权的自上而下式的新闻改革阶段。

---

① 方汉奇．中国新闻传播史［M］．2版．北京：中国人民大学出版社，2009：399.

② 李良荣．新闻学概论［M］．6版．上海：复旦大学出版社，2019：361.

第二，新闻业的增量改革是从边缘突破开始的，即从传媒行业的经营管理领域开始。1979 年开始恢复广告经营，1985 年开始报纸自办发行，开展多种经营，随之而来的是人事用工制度、工资资金制度等改革。新闻业的核心领域，即新闻报道的改革起步稍晚。20 世纪 80 年代，经济新闻兴盛；90 年代开始，娱乐报道、国际报道、财经报道，以及崛起的都市报的社会新闻、民生新闻逐渐抢占新闻市场。1994 年 4 月 1 日，中央电视台《焦点访谈》的开播掀起了舆论监督的热潮。2003 年 4 月 25 日，《南方都市报》刊登的《被收容者孙志刚之死》一文引发了全国媒体和公众的关注，在众多法律人士和知识分子的联合倡议下，收容遣送制度被国务院废止，一项国家法例因一篇新闻报道而终止，这在中国当代新闻史上还是第一次。2003 年 5 月 1 日，中央电视台新闻频道开播，国家级 24 小时电视新闻频道的创立标志着信息化时代的到来和人民知情权的进一步开放。

【推荐阅读】

[1] 方汉奇．中国新闻传播史［M］．3 版．北京：中国人民大学出版社，2014.

[2] 苏精．马礼逊与中文印刷出版［M］．台北：台湾学生书局，2000.

[3] 戈公振．中国报学史［M］．北京：中国传媒大学出版社，2016.

[4] 李彬．中国新闻社会史：插图版［M］．北京：清华大学出版社，2008.

[5] 赵玉明．中国广播电视通史：新 1 版［M］．北京：中国广播影视出版社，2014.

[6] 中国社会科学院新闻研究所．中国共产党新闻工作文件汇编：上卷［M］．北京：新华出版社，1980.

[7] 中国社会科学院新闻研究所．中国共产党新闻工作文件汇编：下卷［M］．北京：新华出版社，1980.

【思考题】

1. 请列举 19 世纪的在华外报，阐述其对中国新闻业的影响。
2. 请列举清末民初的三次国人自办报刊高潮的代表人物和刊物，分析三次自办报高潮的特点，阐述其意义。

3. 请简述《申报》和《大公报》的办报过程和办报特点。

4. 请简述 20 世纪初中国新闻教育的发端。

5. 请简述《解放日报》改版的背景、过程和意义。

6. 请简述改革开放以来中国新闻业的发展特点。

【关键词】

伟烈亚力 Alexander Wylie

《察世俗每月统记传》*Chinese Monthly Magazine*

毕德生 D. D. Patterson

沃尔特・威廉博士 Dr. Walter William

《东西洋考每月统记传》*Eastern Western Monthly Magazine*

《香港钞报》*Hongkong Gazette*

理雅各 James Legge

马儒翰 John Robert Morrison

郭士立 Karl Friedrich August Gützlaff

《新青年》*La Jeunesse*

罗伯特・马礼逊 Robert Morrison

麦都思 Walter Henry Medhurst

米怜 William Milne

第十五章

互联网新闻

【本章学习要点】

1. 了解互联网的发展历程。
2. 理解并掌握互联网新闻的发展历程。
3. 理解并掌握互联网时代的三种新闻生产方式。

第一节 第四媒体与互联网新闻

1998 年 5 月，联合国新闻委员会在年会上正式将互联网定义为继报刊、广播与电视之后的“第四媒体”。自此，互联网的发展与应用对新闻传播活动产生了深远影响。

一 第四媒体的出现与发展

互联网（internet）诞生于 20 世纪 60 年代，作为互联网扩增功能的 Web（网站）则晚于互联网出现。1990 年，蒂姆·伯纳斯-李（Tim Berners-Lee）设计制作了第一个网页浏览器 World Wide Web（简称 WWW），后来该浏览器更名为 Nexus。World Wide Web 的核心思想是利用互联网传送超文本信息，即包括文字、图像、声音、视频等在内的多媒体化信息，且信息之间可以用超链接进行关联。[1] WWW 浏览器至今仍是网民使用最多的互联网应用，以至于很多人将 WWW 等同于互联网。

互联网经历了从 Web 1.0 到 Web 2.0，及至当下的 Web 3.0 的发展过程（见图 15－1）。

Web 1.0 的关键词是"information"（信息）。Web 1.0 是静态的信息门户网站的时代，互联网用户被动地接收信息，没有机会发表评论和反馈。在 Web 1.0 时代，网站只提供"可读"短语，内容由少数人创建，互联网用户可以在网站上搜索和阅读信息，但网站不提供筛选网页的算法，因此用户很难快速找到所需信息，网站上几乎没有用户交互与内容生成。

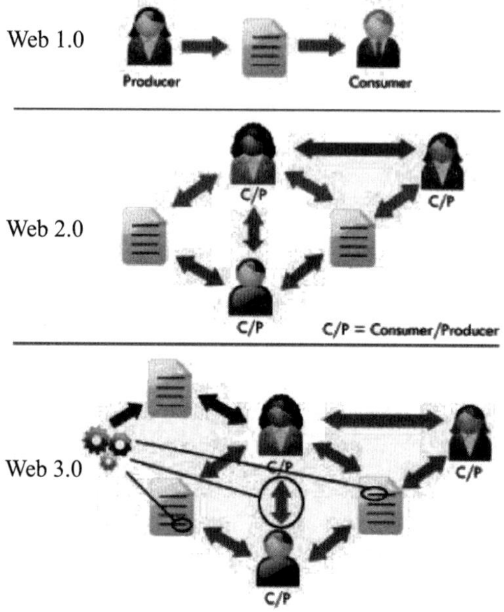

图 15－1　Web 1.0、Web 2.0 和 Web 3.0

Web 2.0 的关键词是"interaction"（互动）。Web 2.0 是参与、协作和信息共享的时代。与 Web 1.0 不同，Web 2.0 拥有了 Javascript、HTML5、CSS3 等网络技术的支持，实现了网站用户和站点之间的交互。在 Web 2.0 时代，网站提供交互式"可写"短语，互联网用户不仅可以搜索和阅读网站信息，还能生成和分享内容，拓展自己的人际关系资源，构建与延伸自己的人际关系网络。因此，如果说 Web 1.0 是以内容为王，强调的是人与内容的关系的话，那么 Web 2.0 是以人为中心，指向的是人与人之间的关系。

① 彭兰．网络传播概论［M］．4 版．北京：中国人民大学出版社，2017：5．

Web 3.0 的关键词是“intelligence”（智能）。Web 3.0 的本质是一个语义网，它具有动态应用程序、交互式服务和“机器对机器”交互作用的“可执行”短语。在 Web 3.0 时代，计算机可以像人类一样解释信息，即互联网中的计算机能利用自己的智能软件，在搜索数以万计的网页时，通过“智能代理”筛选出有用的信息，并根据互联网用户的需求智能地生成和分发这些信息。在 Web 3.0 时代，内容创建和决策过程将涉及人和机器，人类可以从网络搜索等劳动中解放出来，但距离完全建成语义网，人类还有很长的路要走。

Web 1.0 通常被称为“大众门户”的时代，以网站为主要平台、以网站内容为核心，延续了传统媒体“点对面”的大众传播模式。早期的雅虎网（Yahoo!）、美国在线（AOL）、新浪网（sina. com. cn）、搜狐网（SOHU. com）都是典型的“大众门户”模式的门户网站，它们提供无差异化的信息服务，通过内容来聚集用户，网站之间的竞争主要体现为用户规模的竞争。

Web 2.0 是“个人门户”的时代。鉴于网站内容不仅可读，而且可写，用户可以广泛参与网站内容建设与交互，由个人用户、媒体用户或其他用户生成的网络节点成为一个个传播中心，每位用户都同时扮演着信息内容的生产者、传播者与接收者的角色，整个传播网络呈现出去中心化的特点。早期的博客（blog）、脸书（Facebook）、聚友网（MySpace）、领英（LinkedIn）都采用了典型的“个人门户”模式，它们主要提供个性化信息服务，关系成为传播渠道，社交和分享成为传播动力。

与 Web 2.0 如影随形的是“社会化媒体”（social media）这个词，学者彭兰概括了社会化媒体的两大特征：第一，内容生产与社交的结合，即社会关系与内容生产交织在一起；第二，社会化媒体的主角是用户，而不是网站的运营者。一般而言，社会化媒体以 Web 2.0 应用为主，但不仅限于此。早期的网络论坛、社交游戏，目前流行的即时通信软件、博客、视频网站，甚至电子商务平台中的评论区等，都可以被看作社会化媒体。可以说，现在的互联网上除了 Web 网站、资讯类客户端和搜索引擎外的绝大多数应用，都属于社会化媒体，至少具有一定的社会化媒体属性。①

在 Web 3.0 时代，借助语义网和人工智能技术，人类将进入万物皆媒、人机合一和自我进化的智能化传播阶段，这会导致新闻生产的机器化和智能化，带来新闻传播方式的泛在化和智能化，带来新闻体验的临场化。2010 年美国 Narrative Science 公司

---

① 彭兰．网络传播概论［M］．4 版．北京：中国人民大学出版社，2017：6－7.

推出的机器新闻写作工具，国内腾讯网的 Dreamwriter、新华社的快笔小新、今日头条的 Xiaomingbot 都是典型的新闻生产机器化的案例。从 GPS、监控摄像头、无人机等处获取数据生成的传感器新闻则促成了新闻传播的泛在化。网络视频直播、VR/AR 新闻、VR/AR 直播改变了受众被动的观看状态，使受众获得了新闻体验的临场感或在场感。

二 互联网新闻的发展历程

（一）传统媒体上网

一般认为，世界上最早上网的报纸是位于美国高科技中心硅谷——加州圣何塞的一份日报《圣何塞信使报》（*San Jose Mercury News*）。1987 年，该报首先通过尚处于初级阶段的互联网传送报纸内容，但由于当时网页浏览器 WWW 还未诞生，因此只能传送文字信息。

中国传统媒体上网稍晚于美国。1995 年 1 月，由国家教育委员会主办的《神州学人》杂志经中国教育和科研计算机网（CERNET）进入互联网，向广大在外留学人员及时传递新闻和信息，是我国第一份互联网中文电子杂志。1995 年 10 月 20 日，《中国贸易报》正式上网，成为我国第一家通过互联网发行的报纸。1995 年 12 月，英文报纸《中国日报》（*China Daily*）网站开通，开启了全国性日报开办网站的先河。1997 年 1 月 1 日，《人民日报》网络版创刊，揭开了国内媒体大批上网的序幕。

综观国内外传统媒体的上网过程，大致可分为翻版和联合发展两个阶段。

1. 传统媒体上网的翻版阶段

1996 年 11 月 22 日，美国《纽约时报》开始推出网络版（见图 15－2），全世界的读者都可以通过《纽约时报》网站（nytimes. com）访问报纸的大部分内容。《纽约时报》网站最初上线时采用了对美国国内用户免费、国外用户收费的策略。在商业策略上，《纽约时报》瞄准了在线广告。为了能拥有更加庞大的网络用户群，上线 18 个月后，网站对国内外用户全部免费。[①]

① LICHTERMAN J. 20 Years Ago Today，NYTimes. com Debuted “On-line” on the Web [EB/OL]. (2016-01-22) [2021 - 07 - 06]. https：//www. niemanlab. org/2016/01/20-years-ago-today-nytimes-com-debuted-on-line-on-the-web/.

图 15-2 《纽约时报》最早的网络版

英国广播公司的上网历史可以追溯到 1989 年 BBC 的网络实验。1991 年，颇有远见的 BBC 研究员抢注了 bbc. co. uk 这个域名。1994 年，BBC 推出了早期网站 BBC 在线（BBC Online)，内容主要是 BBC 电台、电视频道节目的介绍，以及新闻、体育、财经、天气等方面的信息。1998 年，BBC 在线被打造为门户网站，在线提供 BBC 电台和电视台很多重要新闻的背景材料和深度报道、由 BBC 各个分支机构提供的主题广泛的多媒体资源，以及网络内容搜寻指南。BBC 在线提供的本土内容很快赢得了英国和欧洲其他地区网民的喜爱。1999 年，BBC 的网络站点发展到了 200 多个，访问量突破 300 万，成为欧洲访问率最高的网站。①

2. 传统媒体上网的合作发展阶段

2000 年前后，传统媒体在网络化发展过程中逐渐摆脱了传统媒体的思维方式和制作方式，综合采用声音、图像、影像、动画等多媒体形式，不再受制于母体，以合作发展的方式探索经营之道。

一种合作发展方式是指多家媒体联合经营一家新闻网站，但各家媒体的内容相对独立。1995 年，美国大型媒体集团奈特-里德报业集团（Knight-Ridder)、论坛媒体集

① 付晓燕．媒体网站在媒介融合进程中的角色与作用：以新版 BBC 官方网站为例［EB/OL]．(2009-12-22)［2021-07-06]．http://www.scio.gov.cn/wlcb/llyj/Document/501040/501040.htm.

团（Tribune Company）、时代镜报公司（Times Mirror Company）、先进出版公司（Advance Publications）、考克斯企业（Cox Enterprises）、甘尼特集团（Gannett Company）、赫斯特集团（Hearst Corporation）、华盛顿邮报公司和《纽约时报》9 家公司各出资 100 万美元成立了新世纪网络（New Century Networks）。新世纪网络类似于一个新闻聚合器，9 家成员公司先后投入了 2 500 万美元，但是因为每家媒体集团的定位不同，新世纪网络的发展方向一直不甚明确。其中的一些小规模报纸担心自己在新世纪网络中会因权力过小而被忽视，一些大报则担心新世纪网络过于受欢迎，会导致自家报纸网页的浏览量受到影响。逐渐一些成员报纸的官方网站开始将新世纪网络的官方链接放在不显眼的角落，甚至隐藏了起来。1998 年 2 月，新世纪网络停止运营。

另一种合作发展方式是互联网技术推动下的跨媒体、跨行业合作。2000 年 1 月，美国在线与老牌媒体公司时代华纳（Time Warner）合并，建立了市值 3 500 亿美元的大型跨媒体公司"美国在线时代华纳"，业务涉及音乐、出版、新闻、娱乐、有线电视和互联网等多个领域，用户规模达 1 亿。这一合并案例被视为"互联网泡沫"顶峰时期的大新闻。遗憾的是，两家公司最终因为经营理念和文化差异而分道扬镳。

同一时期，国内传统媒体也采用了横向联合的方式实现信息资源的整合。1999 年 1 月上线的四川新闻网（www. newssc. org）在一年之内整合了四川省内的 9 家综合类报纸、42 家专业类报纸、16 家杂志、21 家广播电视台。2000 年 5 月 25 日，《北京晨报》《北京日报》《北京晚报》《北京青年报》《北京经济报》《北京广播电视报》和北京人民广播电台、北京电视台、北京有线广播电视台 9 家北京市属新闻媒体联合成立了国内第一家综合性新闻网站千龙网（http://www. qianlong. com），也称"中国首都网"。2000 年 5 月 28 日，由上海解放日报社、文汇新民报业集团、上海人民广播电台、上海电视台、东方广播电台、东方电视台、上海有线电视台、青年报社、劳动报社、上海教育电视台集中资源联合成立的综合新闻网站东方网（www. eastday. com）上线。与国外不同的是，国内新闻媒体在互联网平台的合作发展之路通常是行政干预的结果。

在传统媒体上网的过程中，特别是纸质媒体的网络化发展过程中，最实际的问题是网络内容如何变现、纸质媒体如何在互联网平台盈利。依据学者彭增军的观察与分析，目前最主要的变现手段是付费墙。在具体的媒体实践中，付费墙大致有以下几种模式：

第一种是额度收费（metered paywall），即设定免费额度，超出额度后便需要付费订阅。《纽约时报》从 2011 年开始采用这种付费模式（见图 15－3），并获得了成功。

截至 2021 年 2 月，《纽约时报》的数字订阅用户数近 700 万。①

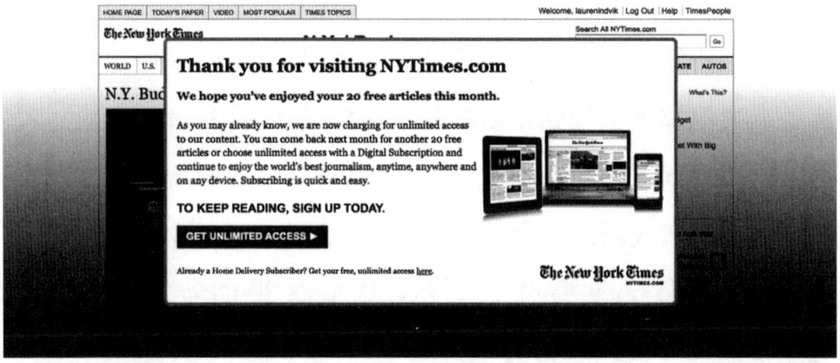

图 15-3　《纽约时报》网站的付费墙

第二种是全部收费（hard paywall），即硬收费模式，代表性报纸是美国的《华尔街日报》。《华尔街日报》早在 1993 年就推出了网络版，1996 年开始全面收费，它是第一个也是当年唯一一个网上收费的报纸，全年的订阅费为 50 美元。英国的《金融时报》和《经济学人》杂志也采用这种付费模式，这两家媒体的数字订阅用户数都超过百万。图 15-4 展示的是《金融时报》网站的付费墙。

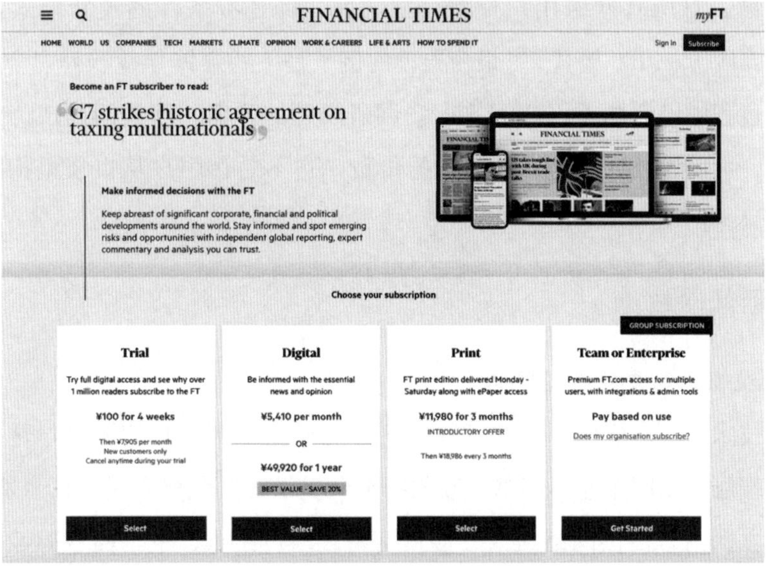

图 15-4　《金融时报》网站的付费墙

硬收费模式只适用于在经济数据、财经新闻和分析等领域占据垄断地位的专业金

---

① TRACY M. The New York Times Tops 7.5 Million Subscriptions as Ads Decline [EB/OL]. (2021-02-04) [2021-07-06]. https://www.nytimes.com/2021/02/04/business/media/new-york-times-earnings.html.

融信息类媒体，这是因为它们在业内具有不可替代的领袖地位，而且对于需要订阅这类媒体的用户来说，几十美元的订阅费根本不值一提。英国《泰晤士报》曾尝试过这种硬收费模式，但很快失败了，原因就在于《泰晤士报》是一份综合性报纸，它所提供的内容很容易在其他媒体上找到，不具备不可替代性和垄断性。

第三种是微收费（micropayment），即按照单篇文章收取费用。2014 年，汇集各种报纸和杂志文章的荷兰在线新闻平台 Blendle 率先尝试按单篇文章收费的模式，这种方式也被称为“新闻界的 iTunes 模式”。但是，Blendle 平台至 2019 年 6 月仍未实现盈利，平台因此宣布将收费模式改为高级订阅模式。① 2015 年，加拿大的《温尼伯自由报》（*Winnipeg Free Press*）也开始采用这种收费模式，它为用户提供了两种付费方案，一是每月 17 加元的包月无限制阅读，二是每篇文章 27 加分。试行半年后，《温尼伯自由报》感到收益太少，又改回了免费模式。

传统媒体在网络化发展过程中的免费模式也分为两种：一种是无条件的免费模式，典型代表是英国《卫报》。《卫报》坚持互联网的开放性理念，同时坚信该报的新闻能够吸引尽可能多的读者，进而对社会产生影响，因此报纸的网络版（theguardian. com）不设付费专区，对所有网络用户免费开放。另一种是有条件的免费模式，也被称为“调查墙”（survey wall）模式。② 最为典型的例子是一些媒体与谷歌公司合作，在阅读网络内容的过程中设置要求用户回答市场调研问题的弹窗，回答问题成为进一步阅读内容的前提，可以说，这是另一种形式的付费，它不是让用户从口袋里掏钱，而是提供个人数据（见图 15 - 5）。

（二）新闻网站

1. 非传统媒体背景的新闻网站

互联网技术的广泛应用令一些互联网企业开始提供新闻报道服务，这些互联网企业主要是终端层互联网企业，即基于互联网平台提供相关免费和增值信息服务的公司。它们通过建立网站，提供网络接入、搜索引擎、门户站点、电子商务等业务，吸引大

---

① SCHMIDT C. Micropayments-for-news Pioneer Blendle Is Pivoting from Micropayments [EB/OL]. (2019 - 06 - 10) [2021 - 07 - 06]. https://www. niemanlab. org/2019/06/micropayments-for-news-pioneer-blendle-is-pivoting-from-micropayments/.

② ELLIS J. How Google Is Quietly Experimenting in New Ways for Readers to Access Publishers' Content [EB/OL]. (2011 - 10 - 31) [2021 - 07 - 06]. https://www. niemanlab. org/2011/10/how-google-is-quietly-experimenting-in-new-ways-for-readers-to-access-publishers-content/.

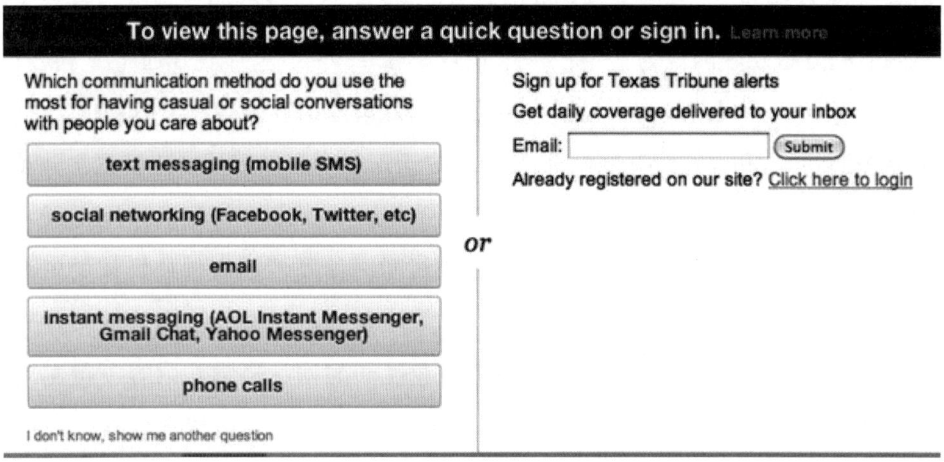

图 15－5　谷歌设置的“调查墙”

量用户，从而获得巨大商机。雅虎、谷歌和新浪都是典型的新闻网站。

1994 年 1 月创立的雅虎（Yahoo!）是互联网发展早期阶段的代表性门户网站，曾在 2000 年被评为全球最受欢迎的网站。1996 年 8 月，雅虎基于互联网搜索功能创建了新闻聚合型网站——雅虎新闻（Yahoo! News），雅虎新闻最初的内容主要来源于美联社、路透社、福克斯新闻网、半岛电视台、美国广播公司、《今日美国》、美国有线电视网和英国广播公司等传统媒体。2011 年开始，雅虎新闻将重心调整至原创内容上，先后聘请了资深记者加入其新闻团队，2012 年 2 月首次向白宫记者团派驻特派记者，这让雅虎新闻一度成为世界顶级新闻网站之一。不过，面对社会化媒体和移动互联网的迅速发展，雅虎公司未能及时调整策略。2016 年 7 月，雅虎公司的核心互联网业务被威瑞森电信（Verizon Communications）收购，这被视为传统门户网站时代转向移动传播时代的一个标志。[①] 谷歌公司在 2002 年 9 月推出了谷歌新闻网（Google News），它也是一个利用搜索引擎生成的聚合型新闻网站，但不同于雅虎新闻的人工推荐与算法自动推荐相结合的方式，谷歌新闻的首页更新和新闻推荐完全不依赖人工操作，全部由后台的聚合算法实现。

国内非传统媒体背景的新闻网站始于 1998 年下半年，当时一些商业网站开始向门户网站转型，将新闻内容视为一个增长点，于是在网站上开辟了“新闻中心”或“新闻频道”，其中最具代表性的是新浪网（http://www.sina.com.cn/）。作为门户网站

① 彭兰．网络传播概论［M］．4 版．北京：中国人民大学出版社，2017：150.

的新浪网成立于1998年12月1日，其前身是1993年底成立的四通利方信息技术有限公司。四通利方将互联网视为一个技术增长点，在1996年4月底开通了“利方在线”网站（SISNET），该网站最初只包括售后服务、公司介绍等内容，没有新闻。1998年法国世界杯期间，“利方在线”网站开通的BBS论坛对赛事进行了快速且图文并茂的报道，吸引了很多网民，形成了自己的影响力。受此影响，1998年底新浪网上线，正式进入新闻传播领域。不过，国内早期的商业性新闻网站既不拥有传统媒体的资源，也不具有采编权，因此主要采用“整合新闻”的策略，即广泛搜索国内外网站发布的新闻，加工整理后发布。这一策略导致早期的商业性新闻网站经常在内容上侵犯其他媒体的知识产权。1999年4月，《人民日报》、新华社等23家传统媒体联合商议并通过《中国新闻界网络媒体公约》，在让商业网站意识到自身的侵权行为的同时，传统媒体也开始增加与商业网站在新闻发布方面的合作。2000年11月，《互联网站从事登载新闻业务管理暂行规定》出台，标志着商业网站进入新闻传播领域的资格获得了官方认可。自2014年开始，一些有媒体背景的新闻网站编辑记者获得了国家新闻出版广电总局颁发的记者证；2015年开始，具有一类资质的新闻网站（中央或地方重点新闻网站、全国性行业新闻网站等）开始全面获得记者证。

2. 原生网络媒体

创立于2005年5月的美国“互联网第一大报”《赫芬顿邮报》（*The Huffington Post*）是一家典型的原生网络媒体，即它没有传统媒体背景，完全生长于互联网平台。创立之初，《赫芬顿邮报》主要根据热门关键词编辑和制作经搜索引擎优化的内容，向用户提供新闻、博客和原创内容，涵盖政治、商业、娱乐、环境、技术、生活方式、文化和地方新闻。2008年，《赫芬顿邮报》获得融资后开始将重心转向原创内容，主要刊发调查性新闻和地方新闻。2011年3月，美国在线以3.15亿美元的价格收购了《赫芬顿邮报》。2013年底，《赫芬顿邮报》作为美国在线内部的独立业务运营，对自身内容和广告业务具有主导权。

2012年，《赫芬顿邮报》刊发的讲述2003年伊拉克战争中重伤退伍军人及其家庭生活的10篇连续报道《超越战场：十年战争，重伤员的无尽斗争》（*Beyond the Battlefield: From a Decade of War, an Endless Struggle for the Severely Wounded*）获得普利策国内报道奖，成为第一个荣获普利策奖的美国商业性数字媒体企业。2018年1月，《赫芬顿邮报》宣布停止提供无偿撰稿人（博客作者）的内容，减少未经审查的内容，以提高新闻网站的编辑质量。[①]

（三）自媒体

随着 Web 2.0 技术的广泛使用，一些不属于专业媒体的个人或组织开始利用互联网技术手段从事新闻传播，这种传播被称为自媒体传播。自媒体传播始于博客（blogging）的应用。博客，即网络日志（web-logging），其根源可以追溯至互联网发展初期的网络留言板（message boards）。2004 年，博客首度参与美国总统大选的报道。目前，推特、微博和微信是自媒体传播的主要平台。

由马特·德拉吉（Matt Drudge）创办的“德拉吉报道”（Drudge Report）是早期自媒体传播的代表。早在 1995 年，德拉吉就利用自己与娱乐行业和媒体内部人士的私人关系获得政治中心华盛顿和娱乐中心好莱坞的小道消息，经常抢在主流媒体之前，采用电子邮件订阅的方式为互联网用户提供这些消息。1997 年，德拉吉开设了“德拉吉报道”网站。1998 年 1 月 17 日，德拉吉在网站上以“世界独家新闻”（world exclusive）的名义爆出“《新闻周刊》毙掉了白宫实习生的报道”，最先通过互联网向全世界互联网用户披露时任美国总统克林顿与白宫实习生之间的性丑闻（见图 15－6），瞬间在美国国内和世界范围内掀起轩然大波。克林顿因这项丑闻成为美国历史上第二位被弹劾的总统，但最终因为美国参议院否决了这些弹劾而未被定罪。

DRUDGE REPORT

Web Posted: 01/17/98 21:32:02 PST -- NEWSWEEK KILLS STORY ON WHITE HOUSE INTERN X X X X X BLOCKBUSTER REPORT: 23-YEAR OLD, FORMER WHITE HOUSE INTERN, SEX RELATIONSHIP WITH PRESIDENT

Web Posted: 01/17/98 23:32:47 PST -- NEWSWEEK KILLS STORY ON WHITE HOUSE INTERN

BLOCKBUSTER REPORT: 23-YEAR OLD, FORMER WHITE HOUSE INTERN, SEX RELATIONSHIP WITH PRESIDENT

World Exclusive
Must Credit the DRUDGE REPORT

At the last minute, at 6 p.m. on Saturday evening, NEWSWEEK magazine killed a story that was destined to shake official Washington to its foundation: A White House intern carried on a sexual affair with the President of the United States!

The DRUDGE REPORT has learned that reporter Michael Isikoff developed the story of his career, only to have it spiked by top NEWSWEEK suits hours before publication. A young woman, 23, sexually involved with the love of her life, the President of the United States, since she was a 21-year-old intern at the White House. She was a frequent visitor to a small study just off the Oval Office where she claims to have indulged the president's sexual preference. Reports of the relationship spread in White House quarters and she was moved to a job at the Pentagon, where she worked until last month.

The young intern wrote long love letters to President Clinton, which she delivered through a delivery service. She was a frequent visitor at the White House after midnight, where she checked in the WAVE logs as visiting a secretary named Betty Curry, 57.

The DRUDGE REPORT has learned that tapes of intimate phone conversations exist.

The relationship between the president and the young woman become strained when the president believed that the young woman was bragging about the affair to others.

NEWSWEEK and Isikoff were planning to name the woman. Word of the story's impeding release caused blind chaos in media circles; TIME magazine spent Saturday scrambling for its own version of the story, the DRUDGE REPORT has learned. The NEW YORK POST on Sunday was set to front the young intern's affair, but was forced to fall back on the dated ABC NEWS Kathleen Willey break.

图 15－6　“德拉吉报道”曝光克林顿丑闻

---

① SPANGLER T. HuffPost Shuts Down Unpaid Contributor Blogger Program [EB/OL]. (2018－01－18) [2021－07－06]. https://variety.com/2018/digital/news/huffington-post-ends-unpaid-contributor-blogger-program-1202668053/.

2010 年起，德拉吉先后邀请曾供职于《华盛顿时报》《纽约邮报》等报纸的专栏作家加入德拉吉报道团队。目前“德拉吉报道”网站的内容主要由精选的超链接组成，这些链接连接着世界各地的新闻网站，德拉吉自己偶尔也会撰写报道发布在网站上。

伴随着博客、微博和移动互联网时代的微信的广泛应用，国内自媒体发展迅速。自媒体发展的第一阶段主要在博客平台中，大量知名作家、明星开设的博客成为当时影响力最大的自媒体。第二阶段的发展由微博带动，除了文艺圈、文化圈、财经圈等名人开设了微博账号外，专业媒体、政府机构、企业和其他组织也纷纷开设微博官方账号，实时发布信息，与微博用户即时互动。第三阶段的发展由微信带动，相较于之前的博客和微博，微信融合了大众传播、人际传播和群体传播，为自媒体内容提供了多元化的传播渠道。

第二节 互联网时代的新闻生产

以互联网技术为核心的新兴媒体改变了传统媒体时代的新闻生产方式，除了传统的职业化生产（生产主体为新闻媒体等专业组织机构），社会化生产（生产主体包括所有个人和组织机构）和智能化生产（生产主体为机器人）也得到了迅速发展，以上三种新闻生产方式共同构建了互联网时代更为丰富的新闻图景。

一 社会化新闻生产

社会化新闻生产自人类社会出现就已经存在。在口头新闻传播时代，部落首领通过信使、喊叫者向民众传递新闻，普通民众以游走吟唱、加入咖啡馆讨论等方式传递新闻，这是初民社会社会化新闻生产的主要形式。互联网技术的广泛应用带来了社会化新闻生产的再度兴盛，具体表现为各类组织机构通过自建门户网站，在博客、推特、微博、微信等平台开设官方账号直接向公众发布各类公务信息（见图 15－7 和图 15－8），以及公众利用各类社会化媒体直接讲述和呈现亲身经历的各类事件（见图 15－9）。

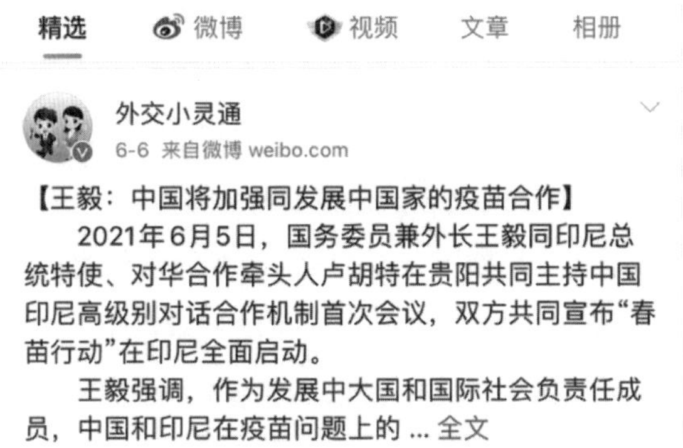

精选　微博　视频　文章　相册

外交小灵通
6-6 来自微博 weibo.com

【王毅：中国将加强同发展中国家的疫苗合作】
2021年6月5日，国务委员兼外长王毅同印尼总统特使、对华合作牵头人卢胡特在贵阳共同主持中国印尼高级别对话合作机制首次会议，双方共同宣布"春苗行动"在印尼全面启动。
王毅强调，作为发展中大国和国际社会负责任成员，中国和印尼在疫苗问题上的 ... 全文

图 15－7　外交部公共外交办公室开设官方微博"外交小灵通"

精选　微博　视频　文章　相册

平安北京
6-21 来自微博视频号

#北京交警提示# 为保障2021年6月22日和25日庆祝中国共产党成立100周年大型文艺演出专场演出活动安全、顺利进行，根据《北京市实施〈中华人民共和国道路交通安全法〉办法》的有关规定，决定专场演出活动当天对国家体育场周边及相关道路分时、分段采取交通管制措施。#庆贺建党百年# ... 全文

图 15－8　北京市公安局开设官方微博"平安北京"

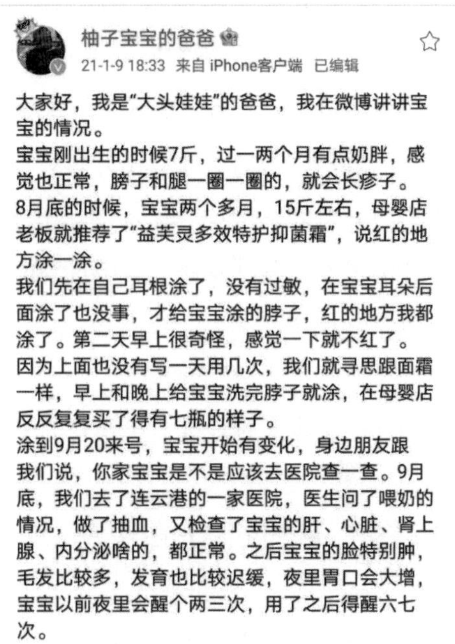

柚子宝宝的爸爸
21-1-9 18:33 来自 iPhone客户端 已编辑

大家好，我是"大头娃娃"的爸爸，我在微博讲讲宝宝的情况。
宝宝刚出生的时候7斤，过一两个月有点奶胖，感觉也正常，膀子和腿一圈一圈的，就会长疹子。
8月底的时候，宝宝两个多月，15斤左右，母婴店老板就推荐了"益芙灵多效特护抑菌霜"，说红的地方涂一涂。
我们先在自己耳根涂了，没有过敏，在宝宝耳朵后面涂了也没事，才给宝宝涂的脖子，红的地方我都涂了。第二天早上很奇怪，感觉一下就不红了。
因为上面也没有写一天用几次，我们就寻思跟面霜一样，早上和晚上给宝宝洗完脖子就涂，在母婴店反反复复买了得有七瓶的样子。
涂到9月20来号，宝宝开始有变化，身边朋友跟我们说，你家宝宝是不是应该去医院查一查。9月底，我们去了连云港的一家医院，医生问了喂奶的情况，做了抽血，又检查了宝宝的肝、心脏、肾上腺、内分泌啥的，都正常。之后宝宝的脸特别肿，毛发比较多，发育也比较迟缓，夜里胃口会大增，宝宝以前夜里会醒个两三次，用了之后得醒六七次。

图 15－9　婴儿霜"大头宝宝"事件当事人的个人微博

二　智能化新闻生产

智能化新闻生产是人工智能技术在新闻生产领域的应用，指基于人工智能、数据挖掘、自然语言处理等技术的机器装置，根据特定的程序与算法，根据主动获取或被动输入的数据与信息自动生成新闻。

智能化新闻生产最早被运用于需要进行数据处理的财经、体育等领域，后在地质、气象、健康等领域得到了拓展。2014 年 3 月 17 日当地时间早上 6 时 25 分，加州发生 4.4 级地震，《洛杉矶时报》自主研发的地震新闻自动生成系统 Quakebot，仅用 3 分钟就生成了新闻，使得该报成为首发此新闻的媒体。

我国首条智能生成的新闻是 2015 年 9 月 10 日由腾讯公司开发的自动化新闻写作机器人 Dreamwriter 发布的财经报道《8 月 CPI 同比上涨 2.0% 创 12 个月新高》。2015 年 11 月 7 日，新华社推出“快笔小新”机器人，供职于体育部、经济信息部和《中国证券报》。

智能新闻的生成步骤大致如下：第一，获取数据。根据不同报道领域，智能生成新闻平台会与相关领域的数据库直接相连，如上述《洛杉矶时报》的地震新闻系统 Quakebot 便直接与美国地质勘探局的动态数据监测系统相连。第二，分析数据。这些软件不仅会分析通过各种途径获取的各种形式或格式的新数据，还会将它们与相关的旧数据进行横向与纵向的对比分析，以找出新闻点。第三，提炼观点。根据所搜集的数据和所分析的结果，寻找数据之中的相关关系和其中的新闻价值，揭示数据的意义与趋势。第四，合理叙述。利用自然语言生成技术将数据与观点进行结构化，并根据需要进行合理化甚至个性化叙述，以生成各种形式的文本。比如，腾讯财经发布智能新闻通常有“常规版”“研判版”和“民生版”三个版本。第五，推送文本。将得到合理化叙述的文本实时地推送给指定的平台。①

三 职业化新闻生产

职业化新闻生产在互联网时代不可避免地面临着与其他新闻生产主体的竞争，面对互联网信息碎片化、良莠不齐、真假难辨的现实语境，职业化新闻生产也发展出了新型新闻生产方式——策展新闻。策展（curation）意为策划、筛选并展示，是西方艺术展览领域的术语。专业的策展人（curator）会从众多艺术作品中筛选出质量上乘的作品，通过策划、布展等流程将作品公开展示出来。互联网背景下，专业新闻媒体策展新闻主要包括两项工作：专业化筛选与结构化呈现。

专业化筛选包括以下两方面内容。一是从不计其数的事件流中打捞出具有新闻价

① 曾庆香，陆佳怡．新媒体语境下的新闻生产：主体网络与主体间性 [J]．新闻记者，2018 (4)：82-84.

值的事件，就像艺术策展人从众多艺术品中挑选出高品质的作品一样；二是从有关被打捞出的事件的碎片化的、鱼龙混杂的新闻流（包括公民新闻、官方回应、媒体报道、受众评论等）中筛选出最真实、最有价值的新闻信息。

结构化呈现也包括两方面：一是缝合碎片化信息，即把筛选出的有关事件的碎片化新闻进行梳理、结构化组合和穿针引线式的缝合，以呈现事件发展脉络，还原事件真相；二是提炼主题，即对事件语境进行解读，对事件发展进行点评，对事件趋势进行预测，对事件本身进行评论等等，以深化报道，提炼主题。①

互联网语境下的新闻生产具有主体多元化特征，全体社会的行为主体，甚至智能机器人，都变成了新闻生产主体。新闻生产主体无所不在、无时不在，形成了一个面向所有人的新闻生产主体网络，构建了多维度、多层次的合作性或冲突性的新闻图景。其中，职业化新闻生产远未到退出历史舞台的阶段，在信息超载的互联网时代依旧能凸显其专业性。

【推荐阅读】

彭兰．网络传播概论［M］．4版．北京：中国人民大学出版社，2017.

【思考题】

1. 请简述社会化媒体的特征。
2. 请简述互联网新闻的发展历程。
3. 请简述互联网时代的三种新闻生产方式。

【关键词】

策展 curation　　德拉吉报道 Drudge Report

谷歌新闻 GoogleNews　　全部收费 hard paywall

① 彭兰．网络传播概论［M］．4版．北京：中国人民大学出版社，2017：81－82.

马特·德拉吉 Matt Drudge
微收费 micropayment
《圣何塞信使报》*San Jose Mercury News*
调查墙 survey wall
蒂姆·伯纳斯-李 Tim Berners-Lee
额度收费 metered paywall
新世纪网络 New Century Networks
社会化媒体 social media
《赫芬顿邮报》*The Huffington Post*
威瑞森电信 Verizon Communications

图书在版编目（CIP）数据

新闻学基础：历史与理论／陆佳怡著．-- 北京：
中国人民大学出版社，2022.7
普通高等学校应用型教材．新闻传播学
ISBN 978-7-300-30668-1

Ⅰ．①新… Ⅱ．①陆… Ⅲ．①新闻学-高等学校-教
材 Ⅳ．①G210

中国版本图书馆 CIP 数据核字（2022）第 092060 号

普通高等学校应用型教材·新闻传播学
新闻学基础
历史与理论
陆佳怡　著
Xinwenxue Jichu

出版发行	中国人民大学出版社		
社　址	北京中关村大街 31 号	**邮政编码**	100080
电　话	010－62511242（总编室）		010－62511770（质管部）
	010－82501766（邮购部）		010－62514148（门市部）
	010－62515195（发行公司）		010－62515275（盗版举报）
网　址	http://www.crup.com.cn		
经　销	新华书店		
印　刷	涿州市星河印刷有限公司		
规　格	185 mm×260 mm　16 开本	**版　次**	2022 年 7 月第 1 版
印　张	16.75 插页 1	**印　次**	2022 年 7 月第 1 次印刷
字　数	284 000	**定　价**	48.00 元